名家领衔　诵读经典

重读

毛泽东

诗词

毛新宇 审定

中华书局

图书在版编目（CIP）数据

重读毛泽东诗词/陈晋主编. —北京:中华书局,2024.8
（2025.3 重印）
ISBN 978-7-101-16567-8

Ⅰ.重… Ⅱ.陈… Ⅲ.毛主席诗词-鉴赏 Ⅳ.A841.4

中国国家版本馆 CIP 数据核字（2024）第 021016 号

书　　名	重读毛泽东诗词	
主　　编	陈　晋	
责任编辑	杨　帆　任凯龙	
装帧设计	毛　淳	
技术编辑	刘　萤	
责任印制	陈丽娜	
出版发行	中华书局	

（北京市丰台区太平桥西里 38 号　100073）
http://www.zhbc.com.cn
E-mail:zhbc@zhbc.com.cn

印　　刷	北京新华印刷有限公司
版　　次	2024 年 8 月第 1 版
	2025 年 3 月第 2 次印刷
规　　格	开本/710×1000 毫米　1/16
	印张 30½　插页 18　字数 310 千字
印　　数	10001-15000 册
国际书号	ISBN 978-7-101-16567-8
定　　价	198.00 元

1913年，在湖南省立第四师范学校求学时的毛泽东

1919年，毛泽东（右一）、毛泽民（右三）、毛泽覃同母亲文七妹在长沙合影

1919年，湖南省立第一师范学校湘潭学友会合影，二排左三为毛泽东

杨开慧与长子毛岸英（右）、次子毛岸青合影

1925年，毛泽东在广州

1936年，毛泽东在陕北保安与红四军部分干部合影

1936年，毛泽东在陕北保安

一九二七秋收暴动成立工农革命军第一军第一师
至今尚存之人约数十人此为一部分 一九三七,在延
安经毛主席介绍

1937年，毛泽东在延安与当年参加秋收起义的部分同志合影

1938年，毛泽东在延安鲁迅艺术学院讲演

1945年，毛泽东在延安机场

1945年，毛泽东在延安

1946年，毛泽东和毛岸英的合影

1947年，毛泽东在转战途中

1949年5月28日，毛泽东在北平香山双清别墅驻地

1949年10月1日，在开国大典上，毛泽东向全世界庄严宣告中华人民共和国的成立

1950年，毛泽东主持全国政协一届二次会议，讨论通过了中华人民共和国国徽图案

1952年，毛泽东视察黄河

1953年，毛泽东和李敏、李讷等在北京玉泉山

1954年夏，毛泽东在秦皇岛北戴河海滨

1958年10月29日，毛泽东接见中国人民志愿军代表团

1959年夏，毛泽东和柳直荀烈士的夫人李淑一在长沙合影

1959年6月，毛泽东在韶山同乡亲们亲切交谈

1961年，毛泽东在庐山查阅图书

1962年，毛泽东和儿子毛岸青（左一）、儿媳刘松林（右二）、邵华（右一）等在一起

1965年，毛泽东在井冈山留影

1966年，毛泽东在武汉畅游长江

目 录

正 编

副 编

附 录

正编

贺新郎·别友

一九二三年

挥手从兹去。更那堪凄然相向，苦情重诉。眼角眉梢都似恨，热泪欲零还住。知误会前番书语。过眼滔滔云共雾，算人间知己吾和汝。人有病，天知否？　　今朝霜重东门路，照横塘半天残月，凄清如许。汽笛一声肠已断，从此天涯孤旅。凭割断愁丝恨缕。要似昆仑崩绝壁，又恰像台风扫寰宇。重比翼，和云翥。

这首词最早发表在一九七八年九月九日《人民日报》。

‖ 注　释 ‖

挥手从兹去　这句本于唐李白《送友人》："挥手自兹去，萧萧班马鸣。"挥手，即挥动手臂，以示告别。从兹，从此。

更那堪凄然相向，苦情重诉　本句意为临别之际，不免生出离愁别绪，虽然已经互诉苦情，爱人相向，仍不免再次诉说与叮嘱。堪，经得起。那堪，怎么能忍受，一说作"兼之"解，加上，更加。宋柳永《雨霖铃·寒蝉凄切》："多情自古伤离别，更那堪冷落清秋节。"凄然，凄凉悲伤的样子。

眼角眉梢都似恨　眼角眉梢，代指面部表情。恨，本义为怨恨、后悔或遗憾，此处作愁恨解。

前番书语　前番，指上次。书语，书信中的话。

过眼滔滔云共雾　本句意为误会犹如烟云，很快就会消失。过眼，即经过眼前，迅疾短暂。宋苏轼《吉祥寺僧求阁名》："过眼荣枯电与风，久长那得似花红。"滔滔，流逝、消失。云雾，比喻误会。过眼云雾，犹过眼云烟。

知己　彼此相知而情谊深切的人，意指彼此之间的误会可以化解。

人有病　一说指作者内心因误会和惜别而产生的痛楚，一说比喻人民面对三座大山的压迫所造成的病痛。

半天　半空中。

肠已断　形容极度悲痛。唐白居易《长恨歌》："行宫见月伤心色，夜雨闻铃肠断声。"

天涯孤旅　天涯，形容极远的地方。《古诗十九首·行行重行行》："相去万余里，各在天一涯。"孤旅，孤身行旅，独自在外的人。

凭　倚仗，借助。

愁丝恨缕　愁如丝，恨如缕。意谓两情深重，不忍离别。

昆仑崩绝壁　意为昆仑山的峭壁倒塌，和下面的"台风扫寰宇"都用来表示"割断愁丝恨缕"，参加革命斗争的强大决心，同时也烘托了未来的大革命的声威。

寰宇　犹天下，旧指国家全境，今亦指全世界。

重比翼，和云翥（zhù）　指重逢时再一起投入革命斗争，宛如在云霄中比翼双飞。比翼，翅膀挨着翅膀，《韩诗外传》卷五："南方有鸟名曰鹣，比翼而飞，不相得不能举"；亦为"比翼鸟"的略称，喻夫妇相伴，后多指夫妇、情侣，三国魏曹植《释思赋》："乐鸳鸯之同池，羡比翼之共林。"翥，向上飞。《说文解字》："翥，飞举也。"

打手段多承此情。
共鸣同声情重诉。隆音颇持
起却恨轻漂云霄去话
无零翻出情。运眠沼沼多少事
算人百出已多卸海。人有病天
不。人间雪童来一涤。愁暗郎
中来夜郎月清清入诉。汽油郎
绝跌泄此了虚好旅。凭割对
世愁但端离。风顺凡歌当尾飞动碧里
不恰像飓风扬锦字。章此云
和平去了。

‖ 赏　析 ‖

国尔忘家：凭割断愁丝恨缕

——重读《贺新郎·别友》

　　1978 年 9 月 9 日，为纪念毛泽东逝世两周年，《人民日报》发表毛泽东的《诗词三首》。《贺新郎·别友》是其中之一，标题为《贺新郎》，写作时间标明为"一九二三年"，并附有作者手迹一件。1986 年 9 月，人民文学出版社出版的《毛泽东诗词选》收入"正编"，标题仍为"贺新郎"。1996 年 9 月，中央文献出版社出版《毛泽东诗词集》时，收入"正编"，标题改为《贺新郎·别友》。现在通行的这首词，以《人民日报》刊载的手迹为底本，只是订正了手迹中的笔误，如"前翻"订正为"前番"，另将"环宇"写为"寰宇"。

　　1992 年 12 月，《中国风》创刊号发表了该词的另一件手迹，词牌名为"贺新凉"，是毛泽东 1937 年在延安书赠丁玲的。这份手迹印证了美国作家艾格尼丝·史沫特莱在《中国的战歌》中的记述："有时他（毛泽东——引者注）引述中国古代诗人的诗句，或者背诵他自己的诗词。有一首是怀念他第一个妻子的。她已经由于是他的妻子而被国民党杀害。"史沫特莱 1937 年春由丁玲陪同从前线回到延安，史沫特莱提到的词作，应当就是丁玲珍藏的那首《贺新凉》。该书注释写道："本词最近发现作者又一件手迹，标题为《别友》。这首词是作者写给夫人杨开慧的。"该词还有一份手迹，是 1961 年毛泽东在中南海菊香书屋书赠副卫士长张仙朋的。

　　这首词是离别感怀之作。逢先知、金冲及主编的《毛泽东传》也记载说，1923 年 9 月，毛泽东由上海回到湖南。"这次回湘，毛泽东和杨开慧仍住长沙小吴门外的清水塘二十二号。开慧上有老母，下有孩子，负担很重，生活清苦。毛泽东回来后她格外高兴。他们的第二个孩子毛岸青也于十一月降生了。可是刚住了三个月，毛泽东就接到中共中央的通知，要他离湘赴上海。临行前，毛泽东强抑感情，作《贺新郎》相慰。"《贺新郎·别友》倾诉了毛泽东一种复杂而又矛盾的深刻体验：一方面，他与杨开慧难舍难分，写得缠绵酸楚、黯然神伤；另一方面，为了革命事业，他又必须毅然前行。

《贺新郎·别友》上阕写离别之际无限依恋的惜别之情。"挥手从兹去"，化用李白《送友人》"挥手自兹去，萧萧班马鸣"和宋代张孝祥《水调歌头·金山观月》"挥手从此去，翳凤更骖鸾"。"更那堪凄然相向，苦情重诉"，相濡以沫的夫妻又要分别，苦衷情思倾吐不尽。"眼角眉梢都似恨，热泪欲零还住"，情感的潮水汹涌激荡，颇似宋代柳永《雨霖铃·寒蝉凄切》中"执手相看泪眼，竟无语凝噎"，可"热泪欲零还住"又使刚强的理性形象跃然纸上，这和唐代陆龟蒙《别离》诗所言"丈夫非无泪，不洒离别间"异曲同工。

"知误会前番书语"，指毛泽东抄赠元稹的《菟丝》一事。（诗题亦作《兔丝》——编者注）杨开慧是中国共产党最早的女党员之一，她在毛泽东身边工作，身兼秘书、机要、文印、联络、总务等多种事务。但她还有繁重的家庭负担，忙里忙外，也渴望得到丈夫的关心体贴。而毛泽东则认为儿女情长会削弱革命意志，为鼓励杨开慧更加刚强，他把唐代元稹的《菟丝》抄写给她："人生莫依倚，依倚事不成。君看菟丝蔓，依倚榛与荆。荆榛易蒙密，百鸟撩乱鸣。下有狐兔穴，奔走亦纵横。樵童斫将去，柔蔓与之并……"杨开慧觉得把她比作"菟丝"是轻视她。"过眼滔滔云共雾"，夫妻间产生误会在所难免，一旦解释清楚，自然成了过眼云烟。"算人间知己吾和汝"，这极感人肺腑之言，既是感情上的海誓山盟，也是理智上的深情抚慰。"人有病，天知否？"这不但流露出夫妻离别的苦衷，更是诗人对人民疾苦的忧虑。正如《史记·屈原贾生列传》所云："人穷则反本，故劳苦倦极，未尝不呼天也。"自屈原以后的诗人，往往一有"苦情"便有仰首问苍天的诗句。这同《沁园春·长沙》中"问苍茫大地，谁主沉浮"一样，表达了"心忧天下"的博大情怀。

词的下阕写离别时的所见所感，彼此间的眷恋之情，对杨开慧的激励以及投身伟大革命的豪情壮志。"今朝霜重东门路"，"东门路"既实指当时长沙东门之一小吴门外通往火车站的道路，又借用古诗中的典故。《诗经》中有《东门之墠（shàn）》《出其东门》《东门之枌（fén）》《东门之池》《东门之杨》五首诗，全是写男女爱情的，故事地点都在东门之外，故后人有借东门之行表示夫妻离愁别绪。"照横塘半天残月"，此处的"横塘"指长沙小吴门外的清水塘，当时作者和杨开慧住在这里。因塘东西长，南北窄，作者特称横塘。横塘本指三国时吴国都城建业（今江苏南京）沿秦淮河至长江口修筑的长堤，因当时建业是繁华帝都，横塘便成为人们远行来去之所。横塘在古代诗词中多借指妇女居住的地方或送别的地方，如南朝梁人萧纲《药名诗》有"朝风动春草，落日照横塘"，宋代范成大《横塘》有"年年送客横塘路，细雨垂杨系画船"。

"汽笛一声肠已断，从此天涯孤旅"，作者重任在肩，只能承受别离之痛，独自远行，投身于斗争实践。"要似昆仑崩绝壁，又恰像台风扫寰宇。重比翼，和云翥"四句，曾写成"我自精禽填恨海，愿君为翠鸟巢珠树。重感慨，泪如雨！""我自欲为江海客，再不为昵昵儿女语。山欲堕，云横翥"，远不及现有的句子来得果敢坚定。诗人用比兴象征表达了革命的豪情壮志和对未来的热切期盼，以昆仑山绝壁崩塌，台风席卷天下的气势，誓把旧世界打个天翻地覆。同时，又表达了与杨开慧比翼双飞、共同奋斗的坚强决心。毛泽东和杨开慧是搏击时代浪潮的弄潮儿，是叱咤风云、振翅双飞的比翼鸟。

《贺新郎·别友》围绕一个"别"字来铺写，从话别、送别写到别后，脉络分明。特别值得注意的是，词的上下阕重复使用了一个"恨"字，"爱并恨着"，这是人类情感的一种复杂现象。爱之深，恨之切，正如唐代白居易《长相思·汴水流》所写："思悠悠，恨悠悠，恨到归时方始休，月明人倚楼"。该词始发于情，而终归于理；落笔于别情，收笔于革命。刚健中含柔情，婉约中寓豪放，意境开阔宏大，使儿女情长得以升华。

1941年，曾当过毛泽东塾师的毛宇居主持编撰《韶山毛氏四修族谱》，他在"毛泽东"条目中写了"闳中肆外，国尔忘家"八个字。新中国诞生后，毛宇居又欣然写下《七律·颂导师》，深情赞颂毛泽东"一腔铁血关天下，国尔忘家志不移"。用毛宇居的赞语来解读《贺新郎·别友》，可谓一语中的。这首词抒发了难分难舍的夫妻情、为理想共同奋斗的同志情和战友情，表现了一个革命家"闳中肆外，国尔忘家"的崇高境界。

（汪建新）

沁园春·长沙

一九二五年

独立寒秋，湘江北去，橘子洲头。看万山红遍，层林尽染；漫江碧透，百舸争流。鹰击长空，鱼翔浅底，万类霜天竞自由。怅寥廓，问苍茫大地，谁主沉浮？　　携来百侣曾游。忆往昔峥嵘岁月稠。恰同学少年，风华正茂；书生意气，挥斥方遒。指点江山，激扬文字，粪土当年万户侯。曾记否，到中流击水，浪遏飞舟？

这首词最早发表在《诗刊》一九五七年一月号。

‖ 注 释 ‖

独立　单独站立。宋晏几道《临江仙·梦后楼台高锁》："落花人独立，微雨燕双飞。"也有卓然特立、有所思虑之意。唐杜甫《独立》："天机近人事，独立万端忧。"

湘江　长江流域洞庭湖水系，是湖南省的最大河流。

橘子洲　是长沙城西湘江中的一个狭长小岛，西面靠近岳麓山。古时以盛产美橘而得名，相传是潇湘八景之一"江天暮雪"的所在地。

万山红遍　万山，指岳麓山及长沙周围的群山。岳麓山上多枫树，秋天经霜后枫叶变成红色。

百舸（gě）争流 众多船只争相行驶。舸，大船。汉扬雄《方言》卷九："南楚江湘，凡船大者谓之舸。"争流，竞逐涌流。

鹰击长空，鱼翔浅底 指雄鹰搏击长天，鱼儿悠游绿水。化用《诗经·大雅·旱麓》："鸢飞戾天，鱼跃于渊。"浅底，指清澈见底的水下。北魏郦道元《水经注·湘水》引《湘中记》："湘川清照五六丈，下见底。"

万类霜天竞自由 天地间的众多生物都在秋天的自然环境中争着自由地活动。霜天，深秋天气。北周庾信《和裴仪同秋日》："霜天林木燥，秋气风云高。"《月令七十二候集解》："九月中，气肃而凝，露结为霜矣。"

寥廓 广远空阔，这里用来描写宇宙之大。《楚辞·远游》："下峥嵘而无地兮，上寥廓而无天。"

沉浮 泛指世间一切事物的升沉起伏。

携来百侣曾游 这句是说自己曾领着许多同伴到此地来游历。"百侣"和诗中的"同学少年"指作者1914年至1918年在长沙湖南省立第一师范学校读书时的同学和革命友好。

峥嵘岁月稠 这句是说过得不平常的日子是很多的。峥嵘，本义形容山势高峻，引申为不平常。南宋陆游《十二月二十九日夜半雨雪作披衣起听》："明朝遂除夕，岁月惊峥嵘。"稠，多。

挥斥方遒（qiú） 这里是说热情奔放，劲头正足。挥斥，奔放。《庄子·田子方》："挥斥八极。"遒，强劲。

指点江山 指点，意为批评、评论。唐杜甫《咏怀古迹》其二："最是楚宫俱泯灭，舟人指点到今疑。"江山，喻指国家、国是。

激扬文字 文章充溢着宣扬真理和革命思想的豪情。激扬，激励宣扬。《后汉书·虞傅盖臧列传》："洪辞气慷慨，闻其言者，无不激扬。"

粪土当年万户侯 这里喻指把当时的反动军阀和政客看作粪土一般。

忆往昔峥嵘岁月稠。恰同学少年，风华正茂；书生意气，挥斥方遒。指点江山，激扬文字，粪土当年万户侯。曾记否，到中流击水，浪遏飞舟。

独立寒秋，湘江北去，橘子洲头。看万山红遍，层林尽染；漫江碧透，百舸争流。鹰击长空，鱼翔浅底，万类霜天竞自由。怅寥廓，问苍茫大地，谁主沉浮？携来百侣曾游，

《后汉书·李固传论》："其顾视胡广、赵戒，犹粪土也。"万户侯，古代食邑万户的侯爵。

中流 水流的中央。《史记·周本纪》："武王渡河，中流，白鱼跃入王舟中。"

遏 阻止。

‖ 作者自注自解 ‖

关于"击水"，1958 年 12 月 21 日，毛泽东在文物出版社同年 9 月刻印的大字本《毛主席诗词十九首》的书眉上批注道："击水：游泳。那时初学，盛夏水涨，几死者数。一群人终于坚持，直到隆冬，犹在江中。当时有一篇诗，都忘记了，只记得两句：'自信人生二百年，会当水击三千里。'"

关于"怅寥廓，问苍茫大地，谁主沉浮"，1964 年 1 月 27 日，毛泽东口头答复外国文书籍出版局《毛主席诗词》英译者说："这句是指：在北伐以前，军阀统治，中国的命运究竟由哪一个阶级做主？"

‖ 赏 析 ‖

问苍茫大地，谁主沉浮？
——重读《沁园春·长沙》

长沙是毛泽东世界观、价值观、人生观形成的重要地方，是毛泽东早期革命实践活动的中心。1911 年到 1925 年，毛泽东数度在长沙学习、工作和从事革命活动。1918 年，他在湖南第一师范学校毕业前夕，与蔡和森等人发起成立新民学会，这是他革命活动开端的重要事件。1924 年底，毛泽东回乡养病并继续开展农民运动，遭到军阀通缉。1925 年 8 月 28 日，毛泽东在党组织和人民群众的帮助、掩护下，摆脱了敌人的追捕，经长沙等地准备前往广州。在长沙期间，他重游当年求学时代与同学、朋友常常游览的岳麓山、橘子洲头等地。在橘子洲头，他看着眼前浓烈的秋光，回忆起往日奋斗的峥嵘岁月，感受到"万山红遍"的革命高潮即将来临，感慨万千，写下了这首《沁园春·长沙》。

"秋风萧瑟天气凉，草木摇落露为霜。"秋天花叶凋落，秋风凄冷，一片衰败之景。自古诗人们笔下多写悲秋之景和哀伤之情。如柳永的"渐霜风凄紧，关河冷落，残照当楼""是处红衰翠减，苒苒物华休"（《八声甘州·对潇潇暮雨洒江天》）、杜甫的"万里悲秋常作客，百年多病独登台"（《登高》）等。毛泽东这首词同样写秋景秋情，却充满了勃勃生机和澎湃激情。上阕起句"独立寒秋，湘江北去，橘子洲头"，点明时间和地点，"独立"一词也暗含了词人人格、精神与情感的独立和强大。"看万山红遍，层林尽染；漫江碧透，百舸争流。鹰击长空，鱼翔浅底，万类霜天竞自由"，以一个"看"字领起，世界万象，尽收眼底，以"争""击""翔"展现了大自然的一切都在跃动当中，这种动态的意象，其实代表了一种新兴的生命力量。"万类霜天竞自由"是一个精妙的总结，"竞"也写出了笔下意象所蕴含的对外在世界的抗争性。词人笔下的秋景不再是衰败之象，而是呈现出一片勃勃生机。那么又是谁在"看万山红遍"，看这生机勃勃的霜天万类呢？其实就是下阕中的"恰同学少年"。这是毛泽东这首词中的第一个伏笔。看这辽阔世界，"万类霜天竞自由"的苍茫大地，谁又是这一切命运变化的主宰呢？是造物主吗？还是另有其人？这是毛泽东这首词的第二个伏笔。词人思绪万端起伏之下的这个考问实际暗含了他的雄心壮志和博大情怀，自然地转入下阕，同时也回答这个很重大的问题。毛泽东这首词逻辑的谨严周密也可见一斑。

1925 年正是大革命高潮的时候，各地革命活动风起云涌，长沙又是革命的中心之一，也是毛泽东求学、奋战多年的地方。站在橘子洲头，往日一幕幕不禁涌上词人的心头。湘江畔，秋景如此浓烈，革命形势也有如这秋景一般"万山红遍"，这时的毛泽东才三十出头，胸怀壮志，意气风发，豪迈地问出"谁主沉浮"这样宏大的问题。词人的回答就是"恰同学少年，风华正茂；书生意气，挥斥方遒。指点江山，激扬文字，粪土当年万户侯"，这一群志同道合的朋友们风华正茂、指斥时弊、慷慨激昂，充满了青春飞扬的革命激情。"恰"字引领七句，形象地概括了革命者的青春风貌和革命气概。这一群人心怀理想、豪迈自信，一同游泳激起的浪花都可以遏止前行的飞舟，可见革命的激情、汹涌浪潮和强大信心。这里词人也暗用了祖逖"中流击楫"的典故，用来喻指众人的革命理想。浪潮可以遏止飞舟，革命的理想也一定能够实现。毛泽东在 1958 年《毛主席诗词十九首》自注中，特别提到当年写过的两句诗："自信人生二百年，会当水击三千里。"可以看到其中蕴含的充沛激情和坚定信念。与上阕结尾类似，下阕也以问句收尾，不过这里是反问，是肯定式的发问，我们都已经知道了答案。至此，词人在上阕结尾的提问得到了完美的回答，主宰苍茫大地的，正是心怀伟大理想，为之奋力斗争的热血青年和革命者们！

毛泽东的词意象丰富，意境雄阔，擅于在情景融合中体现革命豪情。《沁园春·长沙》就是典型代表。繁富的空间意象是词人博大胸怀和豪迈气概的体现，上阕中密集的动态意象既是词人站在橘子洲头所见实景的描绘，同时也有词人心头的想象，从"万山红遍"到"万类霜天竞自由"也是当时革命形势的写照。这种宏大背景下的发问引入抒情，"问苍茫大地，谁主沉浮？"过渡自然而贴切。下阕的回答同样也是密集的人物情态描摹，生动而壮阔地展现了革命者的慷慨激情和豪迈情怀。十几年后的《沁园春·雪》同样如此，有着高度的相似性。"北国风光，千里冰封，万里雪飘。望长城内外，惟余莽莽；大河上下，顿失滔滔……"上阕展现了北方雪景的宏大与奇特，引出了"江山如此多娇，引无数英雄竞折腰"，结构模式与《沁园春·长沙》相似。下阕结句的"俱往矣，数风流人物，还看今朝"，既是对前述英雄人物的总结，体现出词人的自信和中国共产党的胸怀，同时也是对《沁园春·长沙》"曾记否，到中流击水，浪遏飞舟"革命豪情的遥相呼应。当年的青春革命者要做这个世界的主宰，如今正是这伟大的新世界的开辟者和创造者，真正成为了时代的主人！两首《沁园春》，一写秋景，一写雪景，都落实在人，归结于革命者的壮志豪情，充分展现了毛泽东词的革命浪漫主义情怀。从《沁园春·长沙》到《沁园春·雪》，这一路诗词的历程，既是一个伟人的历程，一个时代的历程，更是一个革命家、军事家、战略家跟随着一个时代，创造着一个时代的伟大历程。

　　毛泽东特别擅长用古典诗词来展示时代精神。作为诗词创作的主体，毛泽东在诗词中记录自己对时代的思考和判断，始终保持着革命的激情和创造的雄心。革命浪潮风起云涌的 1925 年，毛泽东重游橘子洲头，用《沁园春·长沙》展现了当时青年的风采，回应了"谁主沉浮"的时代之问，展现了青年对于时代责任的担当。在充满革命激情和信念的青年手中，我们必然会创造出一个新的世界，带来新的气象。

（康　震）

菩萨蛮·黄鹤楼

一九二七年春

茫茫九派流中国，沉沉一线穿南北。烟雨莽苍苍，龟蛇锁大江。　　黄鹤知何去？剩有游人处。把酒酹滔滔，心潮逐浪高！

这首词最早发表在《诗刊》一九五七年一月号。

‖ 注　释 ‖

茫茫九派流中国　茫茫，辽阔、深远。派，水的支流。相传在长江中游一带有九条支流同长江汇合，所以称"九派"。唐王维《汉江临眺》："楚塞三湘接，荆门九派通。"中国，即"国中"，指我国中部地区。

沉沉一线穿南北　沉沉：深沉，有负重致远之意。一线，指当时长江以南的粤汉铁路和以北的京汉铁路；另一说指长江。穿，穿连。

莽苍苍　旷远迷茫，不甚分明。

龟蛇锁大江　龟山和蛇山夹江对峙，好像要把长江锁住一样。龟蛇指汉阳的龟山和武昌的蛇山。

把酒酹（lèi）滔滔　这里是指对着滔滔的长江表示同反动势力斗争到底的决心。把，持。酹，古人祭奠或盟誓用酒浇在地上的一种习俗。（作者留存的手迹中将"酹"写作"酎"，系笔误——编者注）宋苏轼《念奴娇·赤壁怀古》："一樽还酹江月。"滔滔，指代奔腾的江水。《诗经·小雅·四月》："滔滔江汉，南国之纪。"

道之九而流中国沌之旅
宇宙如何而差矣
气吃吃诸决江
去到者如人变很注
滔滔以流匹注于

‖ **作者自注自解** ‖

关于"心潮"，1958 年 12 月 21 日，毛泽东在文物出版社同年 9 月刻印的大字本《毛主席诗词十九首》的书眉上批注道："一九二七年，大革命失败的前夕，心情苍凉，一时不知如何是好，这是那年的春季。夏季，八月七号，党的紧急会议，决定武装反击，从此找到了出路。"

‖ **赏　析** ‖

听，那个苍凉而惊心的春天

——重读《菩萨蛮·黄鹤楼》

读懂《菩萨蛮·黄鹤楼》一词，离不开毛泽东本人在多年以后对词中的"心潮"所作的"自注"："一九二七年，大革命失败的前夕，心情苍凉，一时不知如何是好，这是那年的春季。夏季，八月七号，党的紧急会议，决定武装反击，从此找到了出路。"这个"自注"的字字句句，仿佛一串秘钥，握在手里，可以轻轻拂去时间的烟尘，打开历史之门，在沉浸式体验中，窥见那年春季惊心动魄的历史场景，深刻领会毛泽东那"苍凉"的心境。

黄鹤楼，坐落于武昌城之西，长江东岸之蛇山。这座始建于三国东吴时期的名楼，自古为文人骚客登高怀古的胜地。1927 年春，大约四五月间的一天，雨雾濛濛，一位身着长衫、手持雨伞，身形清癯、神情萧然的游人，来到了这里。悠悠斯楼，历朝曾几经损毁坍塌，此时空余一座警钟楼。雨中静默、近乎废墟的黄鹤楼，可激发多少古今之慨，是绝佳的吟咏对象。

不过心事重重的游人，把目光先投向了江岸的方向。在他眼前，徐徐展开了一幅极富冲击力的宏阔画面："茫茫九派流中国，沉沉一线穿南北。"这，既是诗人才有的跳出地心引力的"云端之眼"，俯瞰广袤江汉大地的"航拍"式效果，也是毛泽东头脑中既有的地理知识所构成的思维导图。江上及两岸雨雾茫茫，而江面一片阴沉，仿佛风暴随时即将来临、吞噬一切。"烟雨莽苍苍，龟蛇锁大江。"茫茫天地中，烟雨笼罩下，对峙相望的龟蛇二山，夹着一条暗沉沉的大江，由南向北穿流而过，一片莽莽苍苍。一个"锁"字，透露出毛泽东那被无边无际、茫茫苍苍雨雾笼罩，压抑窒息、郁闷至极的情绪。

此刻，他来到这里，就是想吹吹江风，用凭古吊今的诗情，放松一下头脑，舒缓一下精神。

回想这一年的年初，冬春时节，他曾历时 32 天，行程 700 公里，赴湖南考察农村革命，写出洋洋洒洒两万字的《湖南农民运动考察报告》。他为农村蓬蓬勃勃的革命形势兴奋不已，决心在推动全国土地革命中大展宏图。但党的总书记陈独秀，却看不到农民运动改变历史的意义，反而和国民党右派一样，指责农民运动"过火"、"幼稚"、"动摇北伐军心"、"妨碍统一战线"。

就在 3 月春浓之际，广州国民政府迁至武汉。毛泽东忙着与国民党左派邓演达等人一起，大规模举办中央农民运动讲习所，培养农运骨干，负责全国农协工作，还受国民党中常会之命参与五人土地委员会，拟"由此会确定一个实行分给土地与农民的步骤"，"做成乡间普遍的革命现象"。

然而，到了 4 月，远在长江尾的上海滩风云突变。蒋介石突然发动了"四一二"反革命政变，包括陈独秀、谭平山、毛泽东在内的共产党人和国民党左派193人，上了"南京国民政府"的第一号通缉令。4月27日，中共五大开幕，研究应对之策。最牵挂农民问题的毛泽东，向大会提交了一个重新分配土地的方案，但陈独秀甚至没有把它拿出来讨论。最终五大虽肯定了土地革命的重要性，但仍把希望寄托于汪精卫等把持的武汉国民党、国民政府及其军队。5月9日，五大闭幕。也是在同日，毛泽东等五人联名向国民党中执委上报了《解决土地问题决议案》，然而，三天后（5月12日）即被国民党中央政治委员会否决。

想到这一切，毛泽东内心怎能不感到深深的孤寂和苍凉。他并非愤懑于自己的意见遭冷落，而是心中充满了对党和革命前途的极度忧虑。眼看着武汉的国共合作已难维系，一场劫难恐将很快来临。然而党的五大没有解决任何实际问题，自己的想法也不被陈独秀为代表的党的领导层理解，他实在不知如何是好！

春天烟雨中的黄鹤楼，虽然楼台建筑损毁坍塌，但荒草茂盛，荒花怒放，雨中情致必可吟咏怀古佳唱。然而在这烟雨苍茫的时刻，或许也仅有一袭长衫、手撑雨伞的毛泽东，独自在此驻足。"黄鹤知何去？剩有游人处。"

此时的毛泽东，面对这颓垣荒丛，感怀黄鹤楼千年兴衰、历遭劫难，亦正如多灾多难的"中国"这广阔的大地。他转而走下蛇山，漫步江边。只见，茫茫天地间，烟雨莽苍里，暗沉沉的江面并不平静，反而风高浪急，波涛汹涌！江潮拍岸，潮声阵阵，一阵更比一阵高！这正是毛泽东所感知的党和革命事业所处的极为凶险、危机四伏的形势，稍有不慎，必然被江浪吞噬！想及此事，怎不令诗人心潮逐浪而起伏澎湃！"把酒酹滔滔，心潮逐浪高！"

"把酒"一语，或为虚指。因一是当时的危急形势下，毛泽东恐难有饮酒之雅兴；二是他本人亦不善饮，借酒浇愁似非他志趣所在。

或为借古人"把酒"怀古抒怀之经典意趣，来诗意表达他的"愁而更愁"的心境吧！

形势果然急转直下。——5 月 17 日，驻宜昌的夏斗寅率部进攻武汉，发表反共通电；5 月 21 日，驻长沙的许克祥发动"马日事变"，毛泽东寄予极大革命期望的湖南，顿时一片血雨腥风；6 月 5 日，朱培德在江西"礼送"大批共产党员和国民党左派人士出境。不久，唐生智回到长沙，明令取消工农团体，公开打出反共旗帜……

越来越多的共产党人意识到一场劫难就要来临，努力寻找出路。毛泽东心急如焚，大声疾呼：马日事变是上海事件的继续，随之而来将有无数个马日事变在全国发生！工农武装应一律迅速集中，不要分散，要以枪杆子对付枪杆子，不要再徘徊观望！他在中央政治局会议上激烈发声："不保存武力，则将来一到事变，我们即无办法！"（《毛泽东年谱》）果然，11 天后，汪精卫发动"七一五"事变，公开宣布"分共"。轰轰烈烈的大革命正式宣告失败。

从尸山血海中起来的共产党人，只能拿起武器，奋起反抗了。8 月 1 日，南昌起义打响了第一枪。此时，毛泽东正隐蔽在环境极为险恶的武汉，筹划发动湖南秋收起义。8 月 7 日，中共中央在汉口秘密举行紧急会议，即八七会议。会议总结大革命失败的经验教训，坚决批判以陈独秀为代表的右倾投降错误，确定了实行土地革命和武装反抗国民党反动派的总方针。毛泽东当选为中共中央临时政治局候补委员。会议决定，毛泽东以中央特派员的身份回湖南，领导秋收起义！

"夏季，八月七号，党的紧急会议，决定武装反击，从此找到了出路。"

那一刻，虽然明知前有万般艰难凶险，毛泽东的心境却不再"苍凉"，而是，炎炎夏日，火热的战斗即将打响时的壮怀激烈。

（李　琦）

西江月·井冈山

一九二八年秋

山下旌旗在望，山头鼓角相闻。敌军围困万千重，我自岿然不动。　　早已森严壁垒，更加众志成城。黄洋界上炮声隆，报道敌军宵遁。

这首词最早发表在《诗刊》一九五七年一月号。

‖ 注　释 ‖

旌旗在望　喻指山下的部分红军和井冈山一带的赤卫队、暴动队等地方武装。

鼓角　战鼓和号角，古代军中用以报时、传令，这里指红军的军号等声音。《孙子兵法·军争》："言不相闻，故为金鼓；视不相见，故为旌旗。"唐杜甫《阁夜》："五更鼓角声悲壮，三峡星河影动摇。"

岿（kuī）然　高大挺立的样子，形容红军在强敌围困下稳如泰山的气概。《梦溪笔谈》卷二十四："唯巨石岿然挺立耳。"

森严壁垒　指防备严密，工事（壁垒）牢固，不可侵犯。森严，即整齐、严肃；壁垒，即古代军营周围的防御围墙。

众志成城　《国语·周语下》："故谚曰：'众心成城，众口铄金。'"比喻团结一致，力量强大，以此形容军民同仇敌忾，万众一心，成为牢不可破的城堡。

黄洋界　井冈山"五大哨口"之一，地势险要，是永新、宁冈进入井冈山腹地茨坪的必经之地。另四大哨口为桐木岭、双马石、朱砂冲、八面山。

宵遁 乘夜逃跑。《左传·成公十六年》："王曰：'天败楚也夫！余不可以待。'乃宵遁。"

‖ 作者自注自解 ‖

1964 年 1 月 27 日，毛泽东口头答复外国文书籍出版局《毛主席诗词》英译者说："'旌旗'和'鼓角'都是指我军。黄洋界很陡，阵地在山腰，指挥在山头，敌人仰攻。山下并没有都被敌人占领，没有严重到这个程度。'旌旗在望'，其实没有飘扬的旗子，都是卷起的。"

‖ 赏　析 ‖

星星之火：黄洋界上炮声隆

——重读《西江月·井冈山》

《西江月·井冈山》最早刊于 1948 年 7 月 1 日东北解放区出版、东北书店发行的《知识》杂志第 7 卷第 6 期蒋锡金的文章《毛主席诗词四首臆解》。1949 年 8 月 2 日上海《解放日报》发表《毛主席诗词三首》，这首词题为《井冈山》。在 1956 年 8 月《中学生》杂志所载谢觉哉《关于红军的几首词和歌》一文中，此词题为《井冈山（西江月）》。1957 年 1 月《解放军文艺》杂志也刊载了《井冈山（西江月）》。这首词最早正式发表于《诗刊》杂志 1957 年 1 月号，内容经作者审定，但未标明写作时间。1963 年 12 月人民文学出版社出版《毛主席诗词》时，标明写作时间为"一九二八年秋"。

1927 年 9 月，湘赣边界秋收起义失利后，毛泽东审时度势，独辟蹊早已森严壁垒，更加众志成城。黄洋界上炮声隆，报道敌军宵遁。

毛泽东

西江月　井冈山

山下旌旗在望，山头鼓角相闻。敌人围困万千重，我自岿然不动。

径，毅然引兵井冈。1928年4月，朱毛会师井冈山，创建中国工农红军第四军。1928年7月，湘赣敌军"会剿"井冈山。湖南省委代表杜修经等人错误决策，指令红四军二十八团、二十九团分兵向湘南冒进，遭致"八月失败"。毛泽东当时正在江西永新指挥三十一团作战，闻讯后当即命其第一营迅速撤回井冈山，他自己亲率第三十一团第三营前往湖南桂东方向迎还红军大队。8月下旬，就在朱德、陈毅率领的第二十八团还在湘南，毛泽东率部前往桂东迎还红军大部队之际，湘敌吴尚三个团，赣敌王均一个团，从湖南酃县向井冈山猛扑而来。8月30日，敌军开始进攻黄洋界哨口。红军守军不足一营，凭险据守。31日中午，战士们从茨坪军械所搬来一门迫击炮，一发炮弹命中敌指挥所。随后，各个山头吹起军号，喊杀声一片。敌人误以为红军主力已经杀回山上，仓惶逃窜。9月26日，毛泽东和朱德率红四军主力回到井冈山。据《毛泽东年谱（1893—1949）》上卷记载："九月，毛泽东为这一胜利作《西江月·井冈山》。"

词的上阕描写黄洋界保卫战敌我双方的态势。"山下旌旗在望，山头鼓角相闻"，单刀直入，展现了战火纷飞的现场。旌旗和鼓角都是古代用于指挥战斗、助扬军威的器具。南朝梁刘峻《出塞》有"陷敌挫金鼓，摧锋扬旆旌"；明代谢榛《塞上曲》有"旌旗荡野塞云开，金鼓连天朔雁回"。过去有一种解释，认为"山下"指敌方，"山头"指我方。1964年1月27日，毛泽东口头答复外国文书籍出版局《毛主席诗词》英译者时说："'旌旗'和'鼓角'都是指我军。黄洋界很陡，阵地在山腰，指挥在山头，敌人仰攻。山下并没有都被敌人占领，没有严重到这个程度。'旌旗在望'，其实没有飘扬的旗子，都是卷起的。""敌军围困万千重"，敌军来势汹汹，井冈山处在敌军的重重包围之中。"我自岿然不动"，此语气势非凡，根据地军民临危不惧、屹如泰山的英雄风貌跃然纸上。

　　词的下阕进一步指出黄洋界保卫战取得胜利的原因。"早已森严壁垒，更加众志成城"，"壁垒"指严密牢固的工事。"森严壁垒""众志成城"与"岿然不动"前后照应，既显得庄重雄浑，又韵味深长，这是黄洋界保卫战取胜的重要前提。毛泽东在《中国的红色政权为什么能够存在？》中指出："巩固此根据地的方法：第一，修筑完备的工事；第二，储备充足的粮食；第三，建设较好的红军医院。"（《毛泽东选集》第一卷，人民出版社，1991年6月版）毛泽东在《井冈山的斗争》中也强调："边界的斗争，完全是军事的斗争，党和群众不得不一齐军事化。怎样对付敌人，怎样作战，成了日常生活的中心问题。"（《毛泽东选集》第一卷）"黄洋界上炮声隆，报道敌军宵遁"，渲染那门迫击炮退敌的戏剧性情节。"敌军宵遁"与"敌军围困万千重"前后呼应，对比鲜明。毛泽东没有过多描写黄洋界保卫战的具体经过，以战斗结局收尾，点到为止，从而更体现了小令的特点。

　　井冈山，位于湘赣边界罗霄山脉的中段，20世纪20年代以前名不见经传。毛泽东开展井冈山斗争之后，井冈山名扬天下，成为中国革命的摇篮。正如毛泽东在《井冈山的斗争》中所说："边界红旗子始终不倒，不但表示了共产党的力量，而且表示了统治阶级的破产，在全国政治上有重大的意义。"（《毛泽东选集》第一卷）1959年3月5日，谢觉哉初到井冈山时，诗赞井冈山："祝贺你以前是中国的第一山，今后永远是中国的第一山。"1962年3月，朱德重访井冈山时，挥毫题写"天下第一山"。2016年2月2日，习近平总书记视察井冈山时深情地说：井冈山是革命的山、战斗的山，也是英雄的山、光荣的山，每次来缅怀革命先烈，思想都受到洗礼，心灵都产生触动。（《习近平春节前夕赴江西看望慰问广大干部群众：祝全国各族人民健康快乐吉祥，祝改革发展人民生活蒸蒸日上》，《人民日报》2016年2月4日第1版）

　　"黄洋界上炮声隆"这一名句，使"黄洋界"几乎成为井冈山的代名词。很多人一到了井冈山，都要去黄洋界，寻访保卫战的战场遗迹，去体悟"炮声隆"的历史回响。但人们更多的只是就事说事，未必真正读懂了《西江月·井冈山》的深刻历史意味。这首词描写黄洋界保卫战，可毛泽东为什么不以《西江月·黄洋界》为题，而要以《西江月·井冈山》为题呢？特别值得注意的是，毛泽东为井冈山创作了三首诗词，即《西江月·井冈山》《水调歌头·重上井冈山》《念奴娇·井冈山》，它们都提到了黄洋界："黄洋界上炮声隆"、"过了黄洋界，险处不须看"、"黄洋界上，车子飞如跃"。这一现象，在毛泽东诗词中绝无仅有。

　　在毛泽东全部军旅诗词所纪实的革命战争、战役、战斗中，唯独黄洋界保卫战，毛泽东既未亲身经历，事先也并不知情。在中国革命史上，就战役规模、持续时间、激烈程度、战略战术而言，黄洋界保卫战并不突出，但毛泽东却对其格外高看一眼。要解释这一现象，必须认真研读毛泽东《井冈山的斗争》对这次战斗的描述："八月三十日敌湘赣两军各一部乘我军欲归未归之际，攻击井冈山。我守军不足一营，凭险抵抗，将敌击溃，保存了这个根据地。""八月三十日井冈山一战，湘敌始退往酃县，赣敌仍盘踞各县城及大部乡村。"毛泽东在文中的用词是"井冈山"，而不是"黄洋界"。黄洋界保卫战胜利守住了井冈山，守住了根据地，捍卫了毛泽东苦苦寻求的井冈山革命道路。这是毛泽东写此役以"井冈山"为题，而不以"黄洋界"为题的深层原因。

　　《西江月·井冈山》是反映井冈山斗争的史诗华章。1933 年 12 月底，冯雪峰到瑞金后，对毛泽东说：鲁迅读过他的《西江月·井冈山》等词，认为有"山大王"气概。毛泽东听后开怀大笑。鲁迅的点评一语中的，与毛泽东可谓是"心有灵犀一点通"。

（汪建新）

清平乐·蒋桂战争

一九二九年秋

风云突变，军阀重开战。洒向人间都是怨，一枕黄粱
再现。　　　红旗跃过汀江，直下龙岩上杭。收拾金瓯
一片，分田分地真忙。

这首词最早发表在《人民文学》一九六二年五月号。

‖ 注　释 ‖

　　风云突变　比喻局势突然发生巨大的变化。以"风云"论时势，《后汉书·皇甫嵩传》："指拨足以振风云，叱咤可以兴雷电。"

　　洒向人间都是怨　军阀战争如同祸水一般，激起苦难人民的愤怒。

　　一枕黄粱再现　一枕黄粱，形容虚幻的梦。唐代沈既济小说《枕中记》说，有一位贫困失意的书生卢生在邯郸客店里向道士吕翁诉说自己的穷困不得志，当时店主正在蒸小米饭。吕翁给卢生一个瓷枕，要他枕了睡，卢生枕后在梦里享尽荣华富贵并登高寿，可他一觉醒来，小米饭还没蒸熟。后以"一枕黄粱"表示世事无常，转眼成空。袁枚《梦》："古今最是梦难留，一枕黄粱醒即休。"

　　汀江　又作汀水、大溪等名，韩江上游，源出福建省西部长汀，南流入广东省境内。《读史方舆纪要》："志云，天下之水皆东，惟丁水独南。南，丁位也，以水合丁为汀。"故以为名。

　　龙岩上杭　当时是福建西南部的两个县，上杭位于龙岩之西。

生此今云露一尺砚旌收据金新名气直不烂已行法

现黄花乐向城重国
琵琶再现部洪北用

收拾金瓯一片 瓯本是古代盆、盂一类的容器。古人借"金瓯"比喻国家疆域之完整无缺，亦用以指国土。《南史·朱异传》："武帝欲纳之……独言'我国家犹若金瓯，无一伤缺'。"近人秋瑾作《鹧鸪天·祖国沉沦感不禁》词曰："金瓯已缺总须补，为国牺牲敢惜身。""金瓯一片"，在这里比喻宝贵的革命根据地。

‖ 作者自注自解 ‖

关于"一枕黄粱再现"，1964 年 1 月 27 日，毛泽东口头答复外国文书籍出版局《毛主席诗词》英译者说："指军阀的黄粱梦。"

‖ 赏　析 ‖

两类战争，两种命运
——重读《清平乐·蒋桂战争》

《清平乐·蒋桂战争》最早发表于《人民文学》1962 年 5 月号上。发表时该词仅有词牌却无词题，亦无具体写作时间。1963 年 12 月人民文学出版社出版的《毛主席诗词》中，经过毛泽东修改审定，该词增补了词题"蒋桂战争"，标明写作时间是"1929 年秋"。这两处增补明确了词题和创作时间，为我们理解该词的创作背景和主旨要义提供了指引。

随着 1928 年底北伐战争结束，国民党新军阀之间的矛盾开始凸显。对此，早在 1928 年 10 月，毛泽东在《中国的红色政权为什么能够存在？》一文中，就作了预判："国民党新军阀蒋桂冯阎四派，在北京天津没有打下以前，有一个对张作霖的临时的团结。北京天津打下以后，这个团结立即解散，变为四派内部激烈斗争的局面，蒋桂两派且在酝酿战争中。"不出所料，1929年三四月间，蒋桂两派军阀爆发战争。蒋介石从江西、福建等地征调了大量"进剿"红军的军队投入到战争中，客观上为红军的发展壮大提供了有利时机。毛泽东、朱德率领红军抓住时机，在赣南、闽西地区放手发动群众，开展武装斗争，进行土地革命。到1929年秋时，赣南、闽西地区的革命形势为之一变，开辟了武装割据的新局面。正是在这样的形势下，毛泽东兴之所至、有感而发，创作了这首词。

全词紧扣"战争"这个关键词展开。上阕写带给人民无尽灾难的蒋桂战争，下阕写军阀混战背景下中国共产党领导红军和人民进行的土地革命战争。全词在对这两类战争的比较和反衬中次第展开。

先说上阕。

全词以"风云突变，军阀重开战"起笔，直接而凌厉，一笔即将读者带入到词境之中。先是用一个"突"字，渲染了形势的骤然变化，烘托出一种浓重的大战气氛；继而用一个"重"字，直接点出了军阀混战的无休无止，表达出对军阀混战的厌恶和鄙夷。军阀之间战端再开，这样的时局变化看似突然，实则在词人那里早已了然于胸，"风云突变"不过是印证了词人早在1928年10月就作出的预言。这里指出词人对形势演变的准确预判，实际上是为下阕描写红军和人民从容主动地应对"突变"埋下伏笔。

紧接着，词人以极具感情色彩的"洒向人间都是怨"一句，言简意赅但精确到位地指出了"军阀重开战"的后果。这里的"洒"字，与前一句的"突"字相互映衬、相得益彰，以诗意化的语言揭示了军阀混战的非正义性质及其对人民利益造成的危害。军阀混战，争的是地盘、权力，是为了一己之私，但遭殃受难的却是人民大众。战火带来的灾难如同飞来横祸般洒落到了无辜的人民头上，结果自然可想而知："都是怨"。一个"都"字，突出强调了人民所持的态度的一致性。一个"怨"字，生动传神地表达出了人民对军阀战争鲜明的反对态度。"洒向人间都是怨"，这一句既指出了军阀混战带给人民的苦难，也体现了词人对人民遭受深重苦难的深深同情，还强调了军阀战争的不得民心，为下一句的展开作了铺垫。

由于不得民心，也就注定了军阀必败的结局。词人巧妙化用"黄粱一梦"的典故，以"一枕黄粱再现"为上阕收笔，讽刺而辛辣地指出，军阀们争权夺利、统治人民的企图不过是美梦一场，注定要落得失败的下场。从"军阀战"，到"人民怨"，再到"黄粱现"，逻辑层层递进，词境步步深化，上阕自然收尾的同时，也给下阕开启留足了余地。

再看下阕。

下阕的视角既陡然又自然地进行了转换。虽然描述的还是战争，但与上阕描述的军阀战争导致的世事乱局、天怒人怨的局面形成鲜明对比——中国共产党领导红军发动人民大众，深入开展土地革命，呈现出一幅团结一致同心干、雄伟壮丽开新局的画面。

"红旗跃过汀江，直下龙岩上杭。"1929年3月，红军由赣南入闽西，占领长汀；5月到6月，三次占领龙岩；9月，攻占上杭，闽西革命根据地得以形成并不断巩固。这一句即以诗化的语言描述了这一过程。"红旗"代指中国共产党领导下的红军队伍，"跃过"、"直下"两个动词则生动形象地呈现出红军战士龙腾虎跃、英姿勃发，英勇无敌、一往无前，势如破竹、所向披靡的战斗场景。

　　与军阀混战迥异，中国共产党领导红军开展的革命战争，从来不是为了争夺地盘和谋一己之私，而是肩负伟大光荣的历史使命：打土豪、分田地，开展土地革命，让穷人翻身得解放，当家做主人。

　　接下来，词人宕开一笔："收拾金瓯一片"。"金瓯"本义为古代用金子制作的杯盆一类的容器，后延伸代指国土、疆土。鸦片战争以后，在帝国主义列强的侵略和国内封建反动势力的腐朽统治下，特别是后来在北洋军阀和国民党新军阀的不断混战下，神州大地四分五裂、一盘散沙，中国这个金瓯已经破碎不堪、残缺不全。词人在"金瓯"前面妙用一个"收拾"，将重整山河之意体现得淋漓尽致。在词人心中，中国共产党领导红军开展土地革命战争，进行工农武装割据，建立革命根据地，就是收拾金瓯、重整山河的必经途径。当然，党和红军的目标可不止是赣南、闽西这一片金瓯，而是全中国。

　　末了一句，"分田分地真忙"，写实超脱，简朴庄重，极富有动态感和画面感。1929年4月，毛泽东主持制定江西兴国县《土地法》；同年7月，中共闽西第一次代表大会通过《土地问题决议案》。此后，长汀、连城、上杭、龙岩、永定等多地开展了分田分地运动，约60万贫苦农民分得了土地。这一句不仅用白描的笔法客观描述了当时革命根据地忙着分田分地的热闹场面，而且真切地写出了贫苦农民实现耕者有其田、翻身做主人后的内心欢喜，更是深刻揭示了土地革命战争的要旨和真谛。如何巩固红军浴血奋战打下的城池？如何收拾整个金瓯？主要靠把人民群众发动和组织起来，一起闹革命。如何取得人民的支持？必须"分田分地"，广泛开展土地革命。正是从这个意义上，毛泽东深刻指出，"农民问题乃国民革命的中心问题"。也正是因为有了这层意义，全词以这一句收篇和压轴，足够分量。

　　这首词以军阀混战起笔却以分田分地收笔，貌似突兀却又自然，上下阕之间前后关联、层层递进、步步铺陈、融为一体。全词以马克思主义的战争观和群众观，揭示了军阀混战惹民怨与土地革命让民喜的内在逻辑，表明了反对军阀混战的非正义战争、讴歌人民求解放的正义战争的基本态度，阐述了农村包围城市、武装夺取政权的工农武装割据思想的基本观点。因此，赏此词，在艺术性之外，更应该关注其思想性。

（高长武）

采桑子·重阳

一九二九年十月

人生易老天难老，岁岁重阳。今又重阳，战地黄花分外香。　　一年一度秋风劲，不似春光。胜似春光，寥廓江天万里霜。

这首词最早发表在《人民文学》一九六二年五月号。

‖ 注 释 ‖

重阳　阴历的九月初九日。古人以"九"为阳数，月、日都逢"九"，故称"重阳"。

战地黄花分外香　战地，战场。1929 年秋，红四军攻克长汀以南龙岩以西的上杭，所以词中称上杭等地为"战地"。黄花，指菊花，秋日开放。

胜似春光　胜于春光之美。唐刘禹锡《秋词》："自古逢秋悲寂寥，我言秋日胜春朝。"

寥廓　形容广远开阔。

风劲，不似春光，胜似春光，寥廓江天万里霜。

人生易老天难老，岁岁重阳。今又重阳，战地黄花分外香。

逆境超越：战地黄花分外香

——重读《采桑子·重阳》

这首词最早发表在《人民文学》1962 年 5 月号，以词牌为题，没有标明写作时间。1963 年 12 月人民文学出版社出版《毛主席诗词》时，标题为《采桑子·重阳》，并标明写作时间为"一九二九年十月"。《人民文学》编辑部寄呈毛泽东审定的传抄稿与正式发表稿有以下不同：传抄稿的词题为《有赠·采桑子》，且上、下半阕的次序是相反的，毛泽东修改时，调整为现在的次序。"人生易老天难老，岁岁重阳"，传抄稿第一句作"人生易老天无老"，"岁岁重阳"后为逗号。"战地黄花分外香"，传抄稿作"但看黄花不用伤"，后改为"大地黄花分外香"，发表时作"战地黄花分外香"。"一年一度秋风劲，不似春光"，传抄稿句末为逗号，正式发表时改为句号。

1929 年 1 月，毛泽东、朱德率红四军主力离开井冈山，转战赣南、闽西。6 月下旬，在龙岩召开的红四军第七次党代表大会上，红四军内部围绕建军原则和建立巩固革命根据地等问题出现意见分歧。毛泽东的正确主张未被接受，他落选前委书记。此后，他身患疾病，在闽西一边养病，一边开展地方工作。10 月 10 日，毛泽东带病坐担架赶到上杭，住在汀江岸边的临江楼。第二天，适逢重阳节，毛泽东倚楼远眺，诗兴油然而生，吟成这首《采桑子·重阳》。

《采桑子·重阳》是毛泽东身处逆境时写的感怀之作，通过度重阳，咏菊花，赞秋色，抒发了诗人的人生感悟和革命豪情，独具神韵。毛泽东以特有的胸怀、气魄和艺术眼光，谱写了一曲革命人生的壮美颂歌。

上阕起句"人生易老天难老"，人生短暂，而自然界的发展变化则比较缓慢，不易衰老。李贺《金铜仙人辞汉歌》中有"衰兰送客咸阳道，天若有情天亦老"之句，这里反用其意，以"天难老"反衬"人生易老"。"岁岁重阳，今又重阳"，既是"天难老"的特点，也是"人生易老"的证明。每年都有重阳节，想到人生短暂，悲观者叹息"夕阳无限好，只是近黄昏"；乐观者表达"莫道桑榆晚，为霞尚满天"。1929年的毛泽东年富力强，但身处逆境，深感创业维艰。开头这几句似乎有些沉闷，略感压抑，但毛泽东终究是有伟大抱负的政治家，不会因时间无涯、人生有涯的感慨而消沉衰颓，反而更加激发起"及时当勉励"的紧迫感。

"战地黄花分外香"，作者笔锋突然一转，写出今年重阳节独特的感受和不同寻常的意义。"黄花"即菊花，典出《礼记》："季秋之月，鞠有黄华。"重阳节也被称作菊花节，早在西汉，我国就有重阳节登高、饮菊花酒的习俗。重阳节登高赏菊，是千百年来诗人吟咏的传统主题。如王勃《九日》："九日重阳节，开门有菊花。不知来送酒，若个是陶家"；杜甫《复愁》："每恨陶彭泽，无钱对菊花。如今九日至，自觉酒须赊"；苏轼《南乡子·重九涵辉楼呈徐君猷》："佳节若为酬。但把清尊断送秋。万事到头都是梦，休休。明日黄花蝶也愁。"客观地说，初稿的"但看黄花不用伤"句，虽境界不如定稿句那么高，但准确反映出当年写作时的复杂心境。而改成"战地黄花分外香"之后，给读者创造出一个色香俱佳的非凡意境，原来的感伤情绪一扫而空，显得格外开朗洒脱。

古代诗人也有把菊花和战争、战场联系在一起的。唐代岑参《行军九日思长安故园》中写道:"强欲登高去,无人送酒来。遥怜故园菊,应傍战场开。"表达了诗人浓重的思乡之情。唐末黄巢《不第后赋菊》:"待到秋来九月八,我花开后百花杀。冲天香阵透长安,满城尽带黄金甲。"诗人把菊花与战争相提并论,但充满了血腥杀气。

"战地黄花分外香",化用杨万里的"若言佳节如常日,为底寒花分外香",与元好问"高原水出山河改,战地风来草木腥"的句意完全相反,将消沉情绪转化为激扬的格调。毛泽东笔下的战地菊花与革命战争联系在一起,经受丹心热血抚育,因而更加芳香四溢。1996年1月28日,《文汇报》所载《舒同与毛泽东》一文中写道:"1932年春漳州战役结束,毛泽东同舒同第一次会面。打扫战场时,毛泽东握着舒同的手说,早就知道你了,看过你的文章,见过你的字。毛泽东边走边从弹痕遍地的地上捡起一颗弹壳,轻轻地说:'战地黄花呵!'舒同会心地一笑,他为毛泽东如此丰富的情感世界和如此神妙的结句所触动。"这是革命家的视角,这是思想家的气魄,这是革命乐观主义的自然流露。

词的下阕通过吟咏秋景表达对待秋天的态度。"一年一度秋风劲,不似春光",一年一度的秋风猛烈地吹来,与春天明媚和煦的春光迥然不同。秋季不及春天那样万紫千红,嫩绿娇黄,香郁迷人,但秋风具有扫荡酷暑、荡涤尘埃的巨大威力。"劲"字写出了秋天强劲有力的个性,也隐隐透露出诗人的人生追求和价值取向。

春夏秋冬四季中,秋以萧瑟凋敝、满目苍凉等特质给人以悲伤之感。"睹落叶而悲伤,感秋风而凄怆。"绝大多数古代诗人每每将悲情愁绪与草木摇落、万物凋零的秋景联系在一起,以萧瑟的清秋意象传达人生的烦闷、生命的忧患。无论是风格婉约的柳永、李清照,还是词风豪放的苏轼、辛弃疾,在红衰翠减、万物凋零的秋天,都禁不住感伤身世，悲从中来。然而，毛泽东没有附和古代文人的悲秋情调。"胜似春光"一句，寓意非凡。在毛泽东看来，秋色比春光更加美好，更有魅力。他打破了肃杀哀婉的文人悲秋传统，高扬赞秋情愫，展现出寥廓豪迈的艺术境界，彰显了豁达激越、超凡脱俗的人格魅力。

"寥廓江天万里霜"，秋高气爽，水天相接，这是对"胜似春光"的具体诠释。虽是绘景写实，却又胸襟宽广，有"海阔凭鱼跃，天高任鸟飞"的壮阔之感。如果说"战地黄花分外香"是芬芳秀丽的近景，表达诗人对战斗胜利的温馨心境，那么"寥廓江天万里霜"则是辽阔壮丽的远景，寄托诗人对革命前途的美好遐思，余韵悠扬。"万里霜"之"霜"不是霜雪之霜，而是秋色的代字，是"霜叶红于二月花"的"霜"，色彩斑斓，绚丽迷人。

这首词的原稿是下阕在先，先描写秋天的壮美和江天的寥廓，再感悟人生的短暂和宇宙的无限。诗人进行修改时，将上、下两阕互易位置。采用这种"挪移法"之后，原先字里行间透出的抑郁情绪锐减，先抑后扬，境界变得更加开阔，更使人感受到生生不息、激越豁达的活力。这是毛泽东创作于逆境中的作品，有沉郁的思索，但全然不见怨天尤人、消沉郁闷的牢骚与哀叹，呈现给世人的是积极乐观、豁达昂扬的人生追求与洒脱心态。

（汪建新）

如梦令·元旦

一九三〇年一月

宁化、清流、归化，路隘林深苔滑。今日向何方，直指武夷山下。山下山下，风展红旗如画。

这首词最早发表在《诗刊》一九五七年一月号。

‖ 注　释 ‖

宁化、清流、归化　是福建西部的三个县，归化县即今明溪县。这里不按照经过县名的先后次序写，乃为适应词的格律。

直指　直向，直趋。

武夷山　位于福建、江西两省交界处，《史记索隐》："顾氏案：《地理志》云建安有武夷山，溪有仙人葬处，即《汉书》所谓武夷君。"建安即古建安郡，涵盖现在的武夷山市。

‖ 赏　析 ‖

畅快的行军"纪录片"

——重读《如梦令·元旦》

1930 年 1 月上旬，根据红四军前敌委员会决定，毛泽东率领着

*手迹三句至六句为："众志已成城，风卷红旗如画。如画如画，直指武
夷山下。"

红四军第二纵队，与朱德率领的红四军主力兵分两路，从闽西回师赣南，以求打破赣、闽、粤三省敌军对闽西根据地的第二次"会剿"。这首《如梦令·元旦》，就是毛泽东在红四军打破敌人"会剿"、成功会合又连克江西的宁都、乐安、永丰等县后，回忆起由闽入赣的一路行军，心情舒畅地吟成的。"元旦"，是过去按阴历称的正月初一（1930年1月30日）。在此之前，毛泽东曾一度离开了红四军领导岗位，在地方指导土地革命斗争，同时也在养病。直到党中央指示毛泽东"应仍为前委书记"的"九月来信"后，健康正在恢复的毛泽东于1929年11月下旬回到了部队。接着，1929年12月底召开了在中国共产党和人民军队建设史上有着重要里程碑意义的古田会议。古田会议后，红四军的凝聚力、战斗力大增，可谓实现了浴火重生、凤凰涅槃，毛泽东也重新回到了红四军领导岗位。敌人的这次"会剿"，就是在那期间发动的。

《如梦令》全词三十三字，不分片，是典型的短歌小令。但是，这一时期毛泽东笔下的小令不小，体裁小而气势大。

开头："宁化、清流、归化，路隘林深苔滑。"作者将三个抽象的地名，与三组形象的短语并列，类似电影中将不同镜头组接在一起的蒙太奇手法，使原本孤立的六个意象叠加，互相映射、激发联想，不仅交代了部队的行军路线和行军环境，更生发出浓厚的诗味。

前句"宁化、清流、归化"，经过了作者的精心裁剪。毛泽东率领的第二纵队是从古田出发，向北经龙岩县的上车、梅林进入连城，再经永安、清流、归化（今明溪）、宁化等县境，于一月中旬到达闽赣交界的武夷山下，而后西越武夷山，在江西宁都县的东韶与朱德所率红四军主力会合的。从途经的众多地点中，毛泽东按照"如梦令"词谱要求的"仄仄仄平平仄"，选取了清流、归化（今明溪）、宁化三地作为代表，并在作品中把"宁化"提前，实现了平仄合律。后句"路隘林深苔滑"，既可以认为山路险隘、林木深茂、苔痕湿滑这三种地理环境，分别属于"宁化"、"清流"、"归化"三县，也可以认为是行军途中的整体地理特点。不仅能展示出征程之难，而且暗示着部队背后有强大的敌人，而不得不绕开大道的进军之险，也表现了红四军面对恶劣条件时的无畏果决。六个意象的巧妙组合，给读者提供了审美再创造的广阔空间。

在修辞方法上，这两句词还借鉴了古典诗文中的全句由名词或名词短语组成，词约意丰、形散神聚的列锦手法，以及上下两句或一句话中的前后两部分看似独立、实则呼应的互文手法。古典诗文中运用列锦手法最为精妙的，莫过于马致远的小令《天净沙·秋思》，"枯藤老树昏鸦，小桥流水人家，古道西风瘦马"，九个短语乍一看各不关联，但合而为一后却组成一幅萧瑟的深秋图景，烘托天涯游子浓烈的羁旅惆怅。"路隘林深苔滑"，亦是此类佳句。再举一个互文手法的例子，正如《木兰辞》里的"将军百战死，壮士十年归"，并非让人奇怪的"为什么将军都战死了，而壮士都回来了"，而是前后语意互相依存、互为补充，《如梦令·元旦》中的前两句词亦是互文。此外，"宁化、清流、归化"可谓出手不凡。李白《峨眉山月歌》："峨眉山月半轮秋，影入平羌江水流。夜发清溪向三峡，思君不见下渝州。"王琦注引王麟洲说："四句入地名者五，古今目为绝唱。"这里五个地名分散在四句里，并不连用，已被称为绝唱。再如杜甫的《闻官军收河南河北》中"即从巴峡穿巫峡，便下襄阳向洛阳"，两句用四个地名，在古诗中也属罕见。而毛泽东在一句中连用三个地名，并且不加任何中介词语，还能符合词调、贴切自然，显得尤为难得。这些，都体现出毛泽东不仅精通古典，还有敢于突破的艺术胆识和化风险为奇崛的艺术功力。

"今日向何方，直指武夷山下。"这是设问句，答句中的"直指"，不仅说明了行军方向，也表明此次行军不是一般性地运用"敌进我退，敌驻我扰，敌疲我打，敌退我追"的游击战术，而是清醒主动的战略转移，显示出红四军统帅的胸有成竹、坚定沉着和红四军部队的井然有序、步调一致。"武夷山下"只是"今日"的行军目标，之后还要翻过山去，挺进江西。

"山下山下，风展红旗如画。""山下"叠用，表明部队已经到达了武夷山下，也突显出武夷山的范围很广。一个"展"字，表露出摆脱追兵后的舒畅欢欣。"风展红旗"与武夷山一起，构成了一幅壮美之画，与急行军时"路隘林深苔滑"的艰险处境形成对照，表现了人民军队一往无前的革命英雄主义气概，以及战无不胜的革命乐观主义精神。

"红旗"是毛泽东情有独钟的重要意象，在公开发表的67首毛泽东诗词中就出现了12次。与《如梦令·元旦》创作时间紧邻的作品中，就有《清平乐·蒋桂战争》里的"红旗越过汀江，直下龙岩上杭"，《减字木兰花·广昌路上》里的"风卷红旗过大关"以及《渔家傲·反第一次大"围剿"》里的"不周山下红旗乱"。这时的"红旗"，既是写实的中国共产党的党旗、人民军队的军旗，也是无产阶级革命和红色政权的象征。此次由闽入赣的转移途中，毛泽东在1930年1月5日给随主力转移的红四军第一纵队司令员林彪写回信，批评了林彪以及党内一些同志对时局估量的一种悲观思想，回答了当时"红旗到底打得多久"的疑问，说明了中国革命高潮快要到来、星星之火可以燎原的道理，这封信就是后来编入《毛泽东选集》的《星星之火，可以燎原》。政治家、军事家与诗人在笔锋中凝结、契合，毛泽东笔下招展于风中的"红旗",是他心中坚定信念和豪迈气概的外化表现,也预示着新的革命浪潮即将到来。

《如梦令·元旦》字韵清越铿锵,节奏朗朗上口。急促的音节,就像战士们匆匆的脚步,舒展的图画,描绘出革命精神的昂扬。全词的动态画面,使得行军过程更加气韵生动、形象传神,如同拍摄了一部畅快的"纪录片",艺术形式也由此完成了对军旅内容的服务。

毛泽东似乎有意要把自己的这种感觉和情绪传递给战士们。1930年2月间,他把《如梦令·元旦》和《减字木兰花·广昌路上》抄给了陈毅,还同朱德一起探讨过。两首词在红军中传开了,还有人抄写在自己的本子上。《如梦令·元旦》就是谢觉哉1956年在一篇题为《关于红军的几首词和歌》的文章中首先披露,并发表在《中学生》杂志上面的。我们通过首次披露的版本以及留存的作者手迹,可以看到作者改字、炼句的痕迹,比如手迹显示,作者把侧重动态的"卷"字圈改为了舒畅从容的"展"字。诸此种种,也值得我们继续去体味。

(李雨檬)

减字木兰花·广昌路上

一九三〇年二月

漫天皆白，雪里行军情更迫。头上高山，风卷红旗过大关。　　此行何去？赣江风雪迷漫处。命令昨颁，十万工农下吉安。

这首词最早发表在《人民文学》一九六二年五月号。

‖ 注 释 ‖

漫天　满天。唐韩愈《晚春》："杨花榆荚无才思，惟解漫天作雪飞。"

情更迫　原作"无翠柏"，人民文学出版社 1963 年 12 月版《毛主席诗词》改为"情更迫"。

头上高山　指山势高峻，行军于山中，高山就好像在头顶上一样。

大关　雄壮险要的关隘。

赣江　江西省最大的河流。由章水、贡水流到赣州市汇合而成，北流经吉安、南昌注入鄱阳湖。《水经注·赣水》："（赣）县东南有章水，西有贡水，县治二水之间，二水合赣字，因以名县焉。"

迷漫　茫茫一片，看不分明。

|| 赏 析 ||

风雪景·红旗情·从军行

——重读《减字木兰花·广昌路上》

古诗中有山："横看成岭侧成峰，远近高低各不同"；

古诗中有雪："忽如一夜春风来，千树万树梨花开"；

古诗中有旗："大漠风尘日色昏，红旗半卷出辕门"；

古诗中有军："黄沙百战穿金甲，不破楼兰终不还"；

……

山川、风雪，旗帜、征人，每一个单独的存在，都是古诗词中常见的意象。然而，它们同时出现在一首诗词中，却并不多见。

1930 年的 2 月，南国冬日，雪舞风急，马背上的诗人毛泽东将这些意象同时组合进了一首诗词中，创造了一个属于他自己的独特诗词世界。笔与剑的交叠，诗人与军事家的契合，让我们看到了这样一幅波澜壮阔的雪中行军图：

风雪漫天，千山裹素；

群峰壁立，红旗翻飞；

行军浩荡，势不可挡。

这首词便是《减字木兰花·广昌路上》。1930 年初，古田会议后，蒋介石调集赣闽粤敌军对我军实行"三省会剿"。红四军前委决定兵分两路进行战略转移。一路由朱德率主力转移赣南，以便实现"争取江西"的计划；一路由毛泽东率一列纵队在小池地区阻击敌军，掩护主力转移，后从古田北上，经宁化翻越武夷山，于 1 月 24 日，同朱德此情可待成追憶，只是當時已惘然。

澤東書

筆情文

陳不

率领的主力在广昌以西胜利会师。为更好促进赣南革命形势的发展，扩大革命根据地，2月初，毛泽东在江西吉安境内的陂头主持召开红四军前委、赣西特委和红五、红六军军委联席会议，即"二七会议"。会议将扩大赣西南革命根据地和地方武装，深入进行土地革命作为中心议题，确定了当前的总目标是攻取吉安，并提出在江西有"首先胜利夺取全省政权之可能"。会上，还成立了毛泽东任书记的中共共同前委。2月中旬，共同前委发布了进攻吉安的命令。这首《减字木兰花·广昌路上》正是作于毛泽东率军行进吉安的途中。

这首词最早出现在1962年《人民文学》编辑部搜集的毛泽东诗词传抄稿中，当时名为《减字木兰花·攻吉安》。不久，该词作为《词六首》之一发表于《人民文学》1962年5月号时，词题空缺。次年，毛泽东在主持编辑《毛主席诗词》时，将词题初定为《广昌县路上作》，后改为《广昌路上作》，最终定稿为《广昌路上》，并标明写作时间为"一九三〇年二月"。定稿中的"漫天皆白，雪里行军情更迫"、"风卷红旗过大关"、"赣江风雪迷漫处"，在传抄稿中分别写作"满天皆白，雪里行军情更切"、"风卷红旗冻不翻"、"赣江云雾迷漫处"。

也许是南国并不多见的风雪撩拨了诗人的诗情，亦或是行军命令的颁布激发了诗人的喜悦，毛泽东蘸雪为墨，挥笔写下了这首昂扬的军旅词。

这里有一幅宏大肃穆的风雪景。

南国飘雪，并不多见。然而，行军途中的部队却在翻山越岭时遭遇了漫天风雪。词作以"漫天皆白"开场，起句便显不凡，一个遍地银装、万顷铺盐、动人心魄的雪中世界呈现于读者面前。"漫"字与"皆"字的运用，强化与渲染了雪景之大与天地之阔。毛泽东喜爱用诗笔咏雪，他曾借雪的壮美言喜——"更喜岷山千里雪"，也曾借雪的冷峻诉愁——"雪压冬云白絮飞"，一首《沁园春·雪》更是孤篇压卷。然而很少有人知道，这首词中的"雪"是毛泽东对雪的最早吟咏。这里的雪，有一种肃穆，有一种威仪，有一种宏阔，更有一种危险——盛大雪势不免使人联想到当时军阀"会剿"的残酷斗争环境。红军在战风斗雪中行军，凶险可想而知。然而，环境虽险，战士们却是"雪里行军情更迫"。此"情"是求战迫切之情，是斗志昂扬之情，是奋勇向前之情，是革命的大无畏精神之情。这支经历过三湾改编、井冈山斗争、游击战洗礼、古田会议精神熏陶的部队，面对艰难险阻，丝毫没有退意怯意，而是以高昂的情致迎接未来的一切风险与挑战。镶嵌一个"更"字，突出的正是红军顶风冒雪的高昂斗志与革命乐观主义精神，挟豪气，增士气。

这里有一腔热忱赤诚的红旗情。

红旗，是中国革命的象征。毛泽东的诗词烙印着深深的"红旗情结"。"红旗"伴随毛泽东南征北战，成为了毛泽东诗词中独特的意象，也寄托着毛泽东独一无二的真挚情感。"头上高山，风卷红旗过大关"句，再一次凝聚了毛泽东热忱赤诚的红旗情。"头上高山"，峭拔而警醒，描绘出行军图中的地貌。"头上"二字，轻松巧妙地以行军之人的感受营造出了一种紧张的压迫感，描绘出军队在群峰插天、悬崖陡壁间行进的场景。此处的"高山"，也可作引申义，借指凶恶的敌人。彼时，毛泽东清楚地知道，压在人民群众身上的三座大山还没有被推翻，革命道路依然道阻且长。如何越崇山，过大关？"红旗"便是希望。"风卷红旗过大关"句，化用了唐朝诗人岑参《白雪歌送武判官归京》中的"风掣红旗冻不翻"，毛泽东以新的气概、新的表达打破了原诗中的凝滞与死寂。一个"卷"字，动态地刻画出猎猎红旗在风中翻飞的场景，一个"过"字则营造出军队关山飞渡的磅礴气势。皑皑白雪中，代表胜利的红旗正迎风狂舞，卷天动地。一白一红的色彩对比，彰显的是毛泽东对胜利的期待与信心。

这里有一曲壮阔豪迈的从军行。

如果说词的上阕重在言景，那么词的下阕则重在言事。下阕首句"此行何去？赣江风雪迷漫处"，用设问的方式，回答了此次行军之旨。此句将现实与未来衔接，场景也由"漫天皆白"的崇山峻岭，移至"风雪迷漫"的赣江流域。"赣江"，点明了红军此行的目的是要"争取江西"。"风雪迷漫"，一语双关，除接续上阕"漫天皆白"的自然环境外，还暗指此次行军可能面临的不明敌情。设问句的运用，加深了词意的委婉顿挫。紧接着的"命令昨颁，十万工农下吉安"，与前句遥相呼应。前句未明确点出的地点，在此句显示出来——势如破竹的革命军队将直捣赣中重镇吉安，迎接革命高潮。昨日才下命令，今日便上征程。看似平白朴素的表述，却有着重如千钧的力量。"昨"字与"下"字的连用，将命令之速、口气之坚、军队之势淋漓尽致地表现了出来——一幅浩荡大军狂飙突进的革命图景跃然纸上。毛泽东诗词中经常会出现数字，特别是"千万""百万""十万"这样的计数，也是毛泽东诗词的独特之处。此处"十万工农下吉安"中的"十万"，与"二十万军重入赣""百万工农齐踊跃""唤起工农千百万"中的数字一样，其用意不在于数量的表述，而在于体验的表达，蕴含着诗人对工农群众无坚不摧之革命力量的强大信心。从雪里"行军"到风中"过大关"再到风雪弥漫"下吉安"，"行""过""下"等动词的使用，生动刻画了现实与未来相接相契的行军全过程，铺就的正是一曲饱含着信仰、信念、信心的从军行。

英雄的事业，需要英雄的语言。《减字木兰花·广昌路上》见证的正是毛泽东率领红军筚路蓝缕、以启山林，开辟中央苏区的艰苦历程。

就在写作这首词的一个多月前，毛泽东写下了著名的《星星之火，可以燎原》。在描绘中国革命的高潮时，毛泽东用诗一样的笔触写下："它是站在海岸遥望海中已经看得见桅杆尖头了的一只航船，它是立于高山之巅远看东方已见光芒四射喷薄欲出的一轮朝日，它是躁动于母腹中的快要成熟了的一个婴儿。"

旧岁已去，新景将至。此时的毛泽东，在南国的风雪里，正期待着燎原之星火，革命之朝阳。

（董晓彤）

蝶恋花·从汀州向长沙

一九三〇年七月

六月天兵征腐恶，万丈长缨要把鲲鹏缚。赣水那边红一角，偏师借重黄公略。　　百万工农齐踊跃，席卷江西直捣湘和鄂。国际悲歌歌一曲，狂飙为我从天落。

这首词最早发表在《人民文学》一九六二年五月号。

‖ 注　释 ‖

天兵征腐恶　天兵，形容军队英勇机智，如同神兵天将，此处指代红军。《昭明文选》汉扬雄《长杨赋》有"夫天兵四临，幽都先加"之句，李善注曰："天兵，言兵威之盛如天也。"腐恶，腐败罪恶，此处指国民党反动派的军队。

万丈长缨　缨，"冠系也（《说文解字》）"，指系帽子的带子。引申指绳索。长缨，长绳子。东汉班固《汉书·终军传》："愿受长缨，必羁南越王而致之阙下。"大意为终军被派遣去说服南越王（南越，古国名，今广东、广西一带）来朝见，他请求汉武帝给他一根长绳子，说一定可以把南越王捆着带回来。后来把自愿请求带兵杀敌叫请缨。这里长缨指工农武装力量。

鲲鹏　传说中的一种极大的鱼和由它变成的极大的鸟。毛泽东诗词作品中，多次出现鲲鹏意象，且多取褒义，此处反其意而活用，喻指不可一世的国民党反动派。

赣水那边红一角 赣水，即赣江。赣水那边，即赣江西南边。红一角，指黄公略率领的红六军（1930 年 7 月改称红三军）所建立的红色根据地。

偏师借重黄公略 偏师，指主力军以外的部分军队。《左传·宣公十二年》："韩献子谓桓子曰：'彘子以偏师陷，子罪大矣。'"借重，敬语，一说从别人那里获得帮助，以此表示对黄公略革命功绩的热情赞扬和高度评价。黄公略（1898—1931），湖南湘乡人，1927 年参加中国共产党，1930 年任红三军军长，1931 年 9 月，在江西省吉安东固地区行军中，遭敌机扫射牺牲。

踊跃 本义为跳跃，又作欢欣鼓舞貌，或表达争先恐后的热烈情绪。《诗经·邶风·击鼓》："击鼓其镗，踊跃用兵。"

席卷 像卷席子一样全部占有，有气势迅猛之意。汉贾谊《过秦论》："有席卷天下，包举宇内，囊括四海之意，并吞八荒之心。"

国际悲歌 指悲壮的《国际歌》。

狂飙 急骤的暴风，晋陆云《南征赋》："狂飙起而妄骇，行云蔼而芊眠。"另喻指猛烈的社会变革或大的变动，这里形容正在兴起的革命风暴。

‖ 作者自注自解 ‖

关于"国际悲歌"，1964 年 1 月 27 日，毛泽东口头答复外国文书籍出版局《毛主席诗词》英译者说："'悲'是悲壮之意。"

‖ 赏　析 ‖

天兵出征，狂飙从落

——重读《蝶恋花·从汀州向长沙》

1962 年 5 月，《人民文学》杂志刊载了毛泽东的一首旧词《蝶恋花》，只有词牌，没有题目，也没有标明写作时间。此前，在一些传抄稿中，它有一个题目叫"进军南昌"。直到 1963 年 12 月，人民文学出版社出版《毛主席诗词》时，添加了题目"从汀州向长沙"以及写作时间"一九三〇年七月"。这首词记录了"一九三〇年七月"这个时间点前后、有关中国共产党以及工农红军何去何从的一系列重要事件，是一篇充满浪漫主义气质的史诗。

1930 年上半年，中国工农红军人数已达 10 万人，革命根据地也达 15 处。5 月至 10 月，蒋介石、冯玉祥、阎锡山混战中原，客观上为红军发展带来机遇。6 月中旬，毛泽东主持完成了"汀州改编"，组建了红军第一军团。然而，与此同时"左"倾冒险错误阴霾正在笼罩红军的前程。6 月 9 日，时任中共中央政治局常委兼宣传部长的李立三，在中央政治局会议上发表报告说："在全国军事会议中发现了妨害红军发展的两个障碍：一是苏维埃区域的保守观念，一是红军狭隘的游击战略。"随后，政治局会议通过了一份由李立三起草的决议《新的革命高潮与一省或几省的首先胜利》。该决议对当前革命形势作了冒进乃至错误的判断，认为"在新的革命高潮日益接近的形势之下，准备一省与几省的首先胜利建立全国革命政权，成为目前战略的总方针"，"注意促进全国革命高潮，注意武装暴动的组织上和技术上的准备，注意布置以武汉为中心的附近省区首先胜利，是目前党的策略总路线"。同月，中共中央强令毛泽东、朱德率红一军团由福建汀州进军江西；7月底8月初，又从江西南昌附近向湖南长沙进军。与此同时，红三军团于7月27日攻占长沙，但8月5日被迫退出。8月下旬，红一军团与红三军团在湖南浏阳会师，合编为红一方面军。中共中央强令红一方面军攻打长沙，但未成功，伤亡甚多。9月中旬，毛泽东及时说服红一方面军其他领导，撤军南下，保存了核心力量。9月24日至28日，中共六届三中全会在上海举行，终结了笼罩党中央三个多月的李立三"左"倾错误思想。对于工农红军而言，这是一次惊心动魄的曲折和磨难，而毛泽东的卓越领导能力和军事战略思想，又一次在革命实践中得到了检验和巩固。作于本年7月的《蝶恋花·从汀州向长沙》，正是对这次战斗历程的忠实记录与浪漫书写。

词的上阕，开篇便以"天兵"比喻红军，表达如天神下凡般的勇力与气势，而"腐恶"和"鲲鹏"都指的是国民党军队。将反革命势力斥为腐朽罪恶，很好理解，但以"鲲鹏"指代他们则颇不寻常。鲲鹏意象出自《庄子·逍遥游》："北冥有鱼，其名为鲲。鲲之大，不知其几千里也。化而为鸟，其名为鹏。鹏之背，不知其几千里也；怒而飞，其翼若垂天之云。"这是蓬勃向上、光辉灿烂的正面形象。李白就很喜欢以鲲鹏自比，比如《上李邕》："大鹏一日同风起，抟摇直上九万里。"毛泽东诗词中，鲲鹏意象也多次出现，比如《七古·送纵宇一郎东行》："君行吾为发浩歌，鲲鹏击浪从兹始。"又《念奴娇·鸟儿问答》："鲲鹏展翅，九万里，翻动扶摇羊角。"这两例中的"鲲鹏"也都是正面形象。而"万丈长缨要把鲲鹏缚"，却表示要用"长缨"即长绳子捆住搅天乱地的鲲鹏，将其视作敌人。事实上，我们只要想起毛泽东的另一名句就理解诗人的联想思路了，即《清平乐·六盘山》："今日长缨在手，何时缚住苍龙？"这首词写于1935年10月，其时万里长征已入尾声。所谓"苍龙"，同样指国民党反动派军队，特指蒋介石。可见，缚鲲鹏也好，缚苍龙也罢，都是以控制住极为庞大有力的神异事物为比喻，来表达志向之大、信心之强以及过程之艰难。

上阕以神话境界开篇，紧接着迅速切入具体人物和事件："赣水那边红一角，偏师借重黄公略。"黄公略率领的红六军（1930年7月改称红三军）在赣江流域创建赣西南革命根据地。毛泽东是从赣江以东的福建，向西进军江西，所以称黄公略的部队及其根据地为"赣水那边红一角"。黄公略的红三军相对于毛泽东率领的红一军团主力即红四军、红十二军而言，算是侧翼部队，故称"偏师"；但对于赣西南革命根据地而言，红三军又是主力部队，其对敌军的牵制作用极为明显，故又称"借重"。这两句高屋建瓴地描述了当时的红一军团各部队（包括红三军、红四军、红十二军）彼此配合、协同作战的军事沙盘。

红军是工农革命武装，从工农中来，又为工农而奋斗。词的下阕开头所写的"百万工农齐踊跃"，揭明了红军作为人民军队的源源不绝、生生不息的本质，而"席卷江西直捣湘和鄂"，则接着上阕所描绘的军事沙盘而继续书写内心的运筹帷幄。"席卷"与"直捣"两个动词，一个气魄极大，一个力度极强，表面作者对于这次军事行动的基本态度：眼界要开阔，目标要坚定。他一方面必须执行中央命令，进军江西，攻打长沙，但另一方面，他又不断审时度势，自觉抵制"左"倾冒险主义的危害。就在1930年初，他借用"星星之火，可以燎原"这句老话来阐释一条正确的革命道路：在广袤乡村建立革命根据地，以乡村包围城市，进而完成解放全中国的伟业。（《毛泽东选集》第一卷）七个月后，当他转战于赣、湘、鄂大地，这条信念仍然照耀他负重前行。我们不妨说，比"席卷江西直捣湘和鄂"更重要的目标，乃是"百万工农齐踊跃"！

运笔至此，毛泽东的思绪从现实转回浪漫。他的耳畔响起了沉雄悲壮、喑呜叱咤的《国际歌》。这首融合了最激进的情感力量和最深刻的理性思索的伟大歌曲，让毛泽东眼前立刻浮现出风雷激荡的画面。杜甫诗云："呜呼一歌兮歌已哀，悲风为我从天来。"毛泽东巧妙化用杜句，并且变"悲"为"壮"："狂飙为我从天落。"狂飙，就是狂风，这里指革命风暴。这首词的结尾两句，将神话般天人相通的境界又带了回来，呼应着上阕开头的"天兵"与"鲲鹏"。作为理想象征的鲲鹏，会随着狂风而直上云霄；而作为邪恶力量的鲲鹏，也只有狂风才能束缚它、摧毁它。这首词的开头与结尾，暗藏着意涵与境界上的呼应，形成了闭环结构，定格了一段历史风云。风云在这首小词中震荡，而风云之外的历史画卷，仍在毛泽东的笔端无止境地展开——几个月后，蒋介石的"围剿"汹汹而至，毛泽东的"天兵"再次出征："天兵怒气冲霄汉"，"唤起工农千百万"！

（谢　琰）

渔家傲·反第一次大"围剿"

一九三一年春

万木霜天红烂漫，天兵怒气冲霄汉。雾满龙冈千嶂暗，齐声唤，前头捉了张辉瓒。　　二十万军重入赣，风烟滚滚来天半。唤起工农千百万，同心干，不周山下红旗乱。

这首词最早发表在《人民文学》一九六二年五月号。

‖ 作者原注 ‖

关于共工头触不周山的故事：

《淮南子·天文训》："昔者共工与颛顼争为帝，怒而触不周之山，天柱折，地维绝。天倾西北，故日月星辰移焉；地不满东南，故水潦尘埃归焉。"

《国语·周语》："昔共工弃此道也，虞于湛乐，淫失其身，欲壅防百川，堕高堙庳，以害天下。皇天弗福，庶民弗助，祸乱并兴，共工用灭。"〔韦昭注："贾侍中（按指后汉贾逵）云：共工，诸侯，炎帝之后，姜姓也。颛顼氏衰，共工氏侵陵诸侯，与高辛氏争而王也。"〕

《史记》司马贞补《三皇本纪》："当其（按指女娲）末年也，诸侯有共工氏，任智刑以强，霸而不王，以水乘木，乃与祝融战，不胜而怒，乃头触不周山崩，天柱折，地维缺。"

毛按：诸说不同。我取《淮南子·天文训》，共工是胜利的英雄。你看，"怒而触不周之山，天柱折，地维绝。天倾西北，故日月星辰移焉；地不满东南，故水潦尘埃归焉"。他死了没有呢？没有说。看来是没有死，共工是确实胜利了。

‖ 注　释 ‖

万木霜天红烂漫　漫山遍野的树木受秋霜所染，变得分外艳丽。霜天，即指深秋初冬之时节；烂漫，作色泽绚丽解，另也形容草木茂盛。唐杜甫《追酬故高蜀州人日见寄》："锦里春光空烂漫，瑶墀侍臣已冥寞。"

天兵　红军，见《蝶恋花·从汀州向长沙》注。

霄汉　云霄与银河，指代天空。《后汉书·仲长统传》："不受当时之责，永保性命之期。如是，则可以陵霄汉，出宇宙之外矣。"

龙冈　位于江西省永丰县南部，处宁都、吉水、吉安、泰和、兴国诸县之间，地势险要，土地革命战争时期，为第一次反"围剿"的主战场。

千嶂　层峦叠嶂。嶂，耸立如屏障的陡峻山峰。

齐声唤　指红军为取得的胜利发出欢呼。

张辉瓒　国民党"围剿"军前敌总指挥、第十八师师长。

二十万军重入赣　二十万军，即国民党反动派第二次"围剿"投入的兵力。1931年2月初，蒋介石派何应钦兼任南昌行营主任，统一指挥湘、鄂、赣、闽四省"围剿"部队，1931年4月，调集二十万兵力向中央革命根据地推进。

风烟　意同"烽烟"，边疆报警的烟火，比喻战乱、战火。唐高适《信安王幕府诗》："四郊增气象，万里绝风烟。"

滚滚　翻腾的样子，形容国民党反动派的进攻来势汹汹。

天半　犹言半空中。唐李白《莹禅师房观山海图》："征帆飘空中，瀑水洒天半。"鲁迅《故事新编·铸剑》："那白气到天半便变成白云，罩住了这处处。"

不周山下红旗乱　不周山，我国古代传说中的山名，据说在昆仑山西北。《山海经·大荒西经》："西北海之外，大荒之隅，有山而不合，名曰不周。"作者在此引用共工怒撞不周山的神话故事，喻指工农红军势必打破国民党反动派的统治，与原注"共工是确实胜利了"形成呼应。红旗乱，红旗缭乱拥挤，描写革命队伍士气之盛。

‖ 作者原注注释 ‖

共工、颛顼（Zhuānxū）、炎帝、高辛、女娲（wā）、祝融　中华文明传说里的部族首领。

天柱、地维　维，大绳。古代有盖天一说，人们设想天圆地方，上天由九根柱子（一说为八根）支撑，大地由四根大绳拴系。

天倾西北，故日月星辰移焉　天往西北倾斜，引发日月星辰移向西北。

地不满东南，故水潦尘埃归焉　大地的东南角沉陷下去，使得水流尘土汇向东南。水潦，因雨水过多而积在田地里的水或流于地面的水。晋张华《博物志》卷八："天道尚左，日月西移；地道尚右，水潦东流。"

虞于湛（dān）乐，淫失其身　沉溺于享乐，纵情放荡。虞，通"娱"；湛乐，过度逸乐；失，通"逸"。

雍（yōng）防百川　堵塞众多河流。雍，堵塞。防，阻隔。川，水道、河流。

堕（huī）高堙（yīn）庳（bēi） 毁坏山陵，填塞洼地。堕，通"隳"，毁坏。《国语》韦昭注曰："堙，塞也；高，谓山陵；庳，谓池泽。"

用 因此。

任智刑以强 凭借智谋和刑罚而强大起来。

霸而不王 谓共工是"霸"而不是"王"。霸，用霸道，凭借武力、威势进行统治。王，用王道，做帝王的人施行仁政治理天下。

以水乘木 乘，接替。古代阴阳家有五德终始一说，即用金、木、水、火、土五行相生相克以解释朝代更替。《史记》司马贞补《三皇本纪》称女娲"亦木德王"，意为共工欲以水德之名取代木德。

‖ 赏 析 ‖

唤起工农千百万

——重读《渔家傲·反第一次大"围剿"》

《渔家傲·反第一次大"围剿"》最早发表在《人民文学》1962年5月号上，发表时只有词牌而无词题。收入1963年12月出版的《毛主席诗词》时增加了词题，并标明写作时间为1931年春。该词创作之时恰逢红军反第一次大"围剿"业已胜利、反第二次大"围剿"即将到来的当口。

随着党领导人民掀起土地革命的风暴，逐渐开辟出农村包围城市、武装夺取政权的革命道路，红军和革命根据地得以不断壮大，使国民党统治集团感到震惊，蒋介石调集大量兵力对红军和革命根据地进行大规模"围剿"，其"围剿"的重点是毛泽东、朱德领导开创的中央革命根据地。从 1930 年 10 月起，蒋介石纠集 10 万兵力，由鲁涤平任总司令、张辉瓒任前线总指挥，由北而南分八路纵队向中央革命根据地大举进犯。面对这样的严峻形势，毛泽东领导红军采取诱敌深入、集中优势兵力打歼灭战的战略部署，先后通过龙冈、东韶等战役，全歼敌张辉瓒部、击溃谭道源部，到 1931 年 1 月初，取得了反第一次大"围剿"的胜利。但蒋介石并不罢休，不久后就调集 20 万兵力，向中央根据地发动了第二次大"围剿"。正是在这样的背景下，毛泽东创作了这首词。也正是由于这样的背景，整首词贯穿着词人对反第一次大"围剿"怎样取得了胜利、反第二次大"围剿"如何继续取得胜利的深刻思考。

该词上阕以"万木霜天红烂漫"起笔。"万木霜天"看似写节令气候，实则藏势其中，转笔一个"红烂漫"就将传统诗文中的"悲哉秋气"一扫而光，令人耳目一新。这一句，既是写实景，又兼抒豪情，以万山霜叶鲜亮炽热、生机勃勃的烂漫之红渲染着根据地万千军民的昂扬斗志。接着，词人从正面着笔，用"天兵怒气冲霄汉"把这种昂扬斗志写到了极致。"天兵"自然是指代表着正义之师的红军，"怒气"实则写红军战士的革命斗志，"冲霄汉"是形容革命斗志充盈饱满、昂扬向上的状态，与前句"万木霜天红烂漫"相辉映。代表正义的"天兵"加上"冲霄汉"的昂扬斗志，这就为反第一次大"围剿"的胜利奠定了坚实基础。

紧接着，词人把笔墨放到这次反"围剿"的关键之战——龙冈战役。"雾满龙冈千嶂暗"，看似写实景、交代战役地点的环境，实际更多是写战场气氛、写红军的战略策略。龙冈山岭重叠，地势险要，是发挥红军作战优势、伏击敌人的理想之地。红军以部分兵力诱敌深入，主力则埋伏于高山密林之中，加上当日天公作美，云雾缭绕、山冈晦暗，在这样的环境衬托之下，红军如藏龙隐豹、令人莫测，敌军则多了几分草木皆兵的胆战心惊，这似乎已经昭示着战役的结局。果不其然！词人略去繁杂的具体战斗过程的描写，一句"齐声唤，前头捉了张辉瓒"，就明确交代了战役的结局。"齐声唤"自然是红军战士在龙冈全歼张辉瓒部并活捉其本人之后的胜利呐喊，这又何尝不是红军战士对取得反第一次大"围剿"胜利的必胜心声呢？！此句语言生动传神，内容选取精当，表意淋漓泼洒，有力展现了红军战士信念坚定、战术灵活、行动迅速、逢战必胜的"天兵"形象。

该词下阕看似跳出了反第一次大"围剿"的词题，表面上写反第一次大"围剿"胜利后第二次大"围剿"即将到来的情势，实则是在深刻总结反第一次大"围剿"取胜的原因基础上，对如何取得反第二次大"围剿"的胜利作出深刻思考和战略预判。

"二十万军重入赣，风烟滚滚来天半"。第一次大"围剿"被粉碎后不久，蒋介石即再次纠集20万军队发动第二次大"围剿"。相较前次，这次来犯的敌军数量增加了一倍，大军浩浩荡荡来犯，所过之处引起半天尘土，似乎形势严峻更甚于前次。"二十万"之所以点明，一则表示大敌当前、形势紧迫，二则为后续笔墨留白。"重"字则点出敌军是卷土重来、败后再犯，与上阕自然贯接。

严峻形势之下，根据地军民是怎么应对的呢？词人只用"唤起工农千百万，同心干，不周山下红旗乱"一语即抓住了荦荦大端，道出了粉碎敌人"围剿"的制胜奥秘：最深厚的伟力存在于人民之中。短短17个字，既有活脱的写实，更有规律性的总结和升华，既写出广大革命军民奋起抗敌的声势浩大、斗志昂扬，更显示了人民革命战争战无不胜的强大威力、不竭动力。在词人看来，红军的胜利是可以预见的，敌人的失败是不可避免的。必胜信心从何而来？胜利之道来自何处？最根本的莫过于，"唤起工农千百万，同心干"，放手发动群众，紧紧依靠群众，把蕴藏在群众中的伟力激活开来、释放出来，众志成城，同仇敌忾，齐心应战。这里，词人跳出既往的传统认识，赋予共工神话以全新的意义。回顾着红军奋勇歼敌、大获全胜的壮阔场面，词人眼前幻化出一个更为宏阔的万千世界，党领导下"同心干"的"工农千百万"集体英雄形象矗立在词人心中，他们触倒天柱、断裂地维，挺立于宇宙天地之间，正在进行着开创性的伟大奋斗。这是何等雄奇伟大的英雄气魄！这又是何等雄厚笃正的战争伟力！拥有了此等气魄和伟力，哪里还会有粉碎不了的"围剿"呢？

由此，词人的思考也就有了明确而坚定的答案——"唤起工农千百万，同心干"。取得反第一次大"围剿"的胜利，根源在此；继续取得反第二次大"围剿"的胜利，根本依靠也在此。以更宽广的视野观之，取得革命战争的胜利，根本上是靠这个；搞建设、促改革，根本上也是靠这个。我们进行的前无古人的伟大事业，不可避免会遇到这样那样的矛盾与问题、风险与挑战，甚至要经受惊涛骇浪的重大考验，但是，只要我们始终做到"唤起工农千百万，同心干"，始终坚持一切为了人民、一切依靠人民，坚持以人民为中心，保持同人民群众的血肉联系，与人民同呼吸、共命运、心连心，有了人民的衷心拥护和全力支持，胜利就一定属于我们！

（高长武）

渔家傲·反第二次大"围剿"

一九三一年夏

白云山头云欲立，白云山下呼声急，枯木朽株齐努力。枪林逼，飞将军自重霄入。　　　　七百里驱十五日，赣水苍茫闽山碧，横扫千军如卷席。有人泣，为营步步嗟何及！

这首词最早发表在《人民文学》一九六二年五月号。

‖ 注　释 ‖

白云山　位于江西吉安、泰和、兴国三县交界处。东固反"围剿"时，毛泽东与朱德将指挥所设于此山山顶。

呼声急　一说作山下敌军的呼救声，另一说作英勇的红军杀声震天。

枯木朽株齐努力　枯木朽株，本义为干枯的木头与腐朽的树桩，比喻不足重视、没有多大用处的人或物，此处意在说明革命根据地军民一心，无论男女老少、老弱病残，甚至连枯木朽株也发挥了作用，皆努力打击敌人。《读史方舆纪要序》："得其人，即枯木朽株皆可以为敌难。"

枪林逼，飞将军自重霄入　枪密如林，向敌人一齐进逼。红军似天将突然从天而降。飞将军，西汉时匈奴对汉将李广的称呼，亦指行动迅疾、骁勇善战的武将。《史记·李将军列传》："（李）广居右北平，匈奴闻之，号曰'汉之飞将军'，避之数岁，不敢入右北平。"作者借"飞将军"之名，称赞红军以万钧之势歼灭敌军。重霄，九霄，指高空。

七百里驱十五日，赣水苍茫闽山碧　当时红军从赣江流域的富田地区打起，打到赣闽交界的福建省建宁地区（闽山，指那一带的武夷山），东西约七百里。十五日，自1931年5月16日始至31日结束。

横扫千军如卷席　横扫，扫荡、扫除。唐杜甫《醉歌行》有"笔阵独扫千人军"句，贾谊《过秦论》有"席卷天下"句。这里把"独扫"作"横扫"、"席卷"作"卷席"，有所改动，这是适应表达内容和韵律的需要。

为营步步嗟何及　为营步步，"步步为营"之倒装，指军队前进一步就设下一道营垒，比喻做事谨慎稳健。清魏源《圣武记》卷六："步步为营，每日行不三十里。"嗟何及，一作"何嗟及"，《诗经·王风·中谷有蓷》有"啜其泣矣，何嗟及矣"句，言虽泣而无济于事。

‖ 作者自注自解 ‖

关于"枯木朽株齐努力。枪林逼，飞将军自重霄入"，1964年1月27日，毛泽东口头答复外国文书籍出版局《毛主席诗词》英译者说："'枯木朽株'，不是指敌方，是指自己这边，草木也可帮我们忙。'枪林逼'也是指自己这边。'枪林逼，飞将军自重霄入'是倒装笔法，就是：'飞将军自重霄入，枪林逼。'"

‖ 赏　析 ‖

揭示反"围剿"的制胜密码
——重读《渔家傲·反第二次大"围剿"》

　　《渔家傲·反第二次大"围剿"》是《渔家傲·反第一次大"围剿"》的续篇，同样最早发表在《人民文学》1962 年 5 月号上。这首词是 1931 年夏毛泽东专门为庆祝反第二次大"围剿"的胜利而作。

　　红军反第一次大"围剿"胜利后，蒋介石不甘于失败，遂于 1931 年 4 月重新调集 20 万兵力，以何应钦为陆海空总司令南昌行营主任，吸取第一次大"围剿"时"长驱直入"的教训，而采取"稳扎稳打，步步为营"的作战方针，从江西吉安到福建建宁拉开一条 800 里长的弧形战线，分四路扑向中央革命根据地。在 5 月 16 日到 5 月 31 日的半月间，毛泽东、朱德等率领红一方面军，采取诱敌深入、积极防御的战略方针，集中兵力、先打弱敌、各个歼灭，由赣到闽、自西向东，横扫 700 里，连打 5 个胜仗，歼敌 3 万余人，缴枪 2 万余支，干净利落地打破了国民党军队的第二次大"围剿"，进一步扩大和巩固了中央革命根据地。6 月间，毛泽东在建宁县城的驻地，有感于反第二次"围剿"取得的重大胜利，满怀豪情地挥笔写就了这首慷慨壮美的人民战争颂歌。

　　全词气势磅礴、构思巧妙、用词精当、情景交融，红军战士奋勇杀敌、所向披靡的画面感扑面而来，礼赞人民战争之情跃然纸上。

　　词的上阕集中描写反第二次大"围剿"的开头之战也是关键之战白云山战斗的紧张情形，烘托出根据地军民团结战斗、奋勇杀敌的英勇气概。

"白云山头云欲立，白云山下呼声急，枯木朽株齐努力"三句从所见所闻所感凌厉起笔，一气贯通，极为得势。白云山，位于江西省东固和富田之间，山上树木茂密、常有白云笼罩，故而得名。"山头"与"山下"相对，"云欲立"与"呼声急"相应。"云欲立"巧妙地运用拟人手法，通过描写白云山头夏季的积雨云积聚升腾之态，既衬托出根据地军民同仇敌忾、齐心杀敌的战斗英姿，更展现出不畏强敌、不可战胜的强大声势；随后，词人笔锋一转，用"呼声急"描写白云山下战斗已经打响，担负诱敌任务的红军部队且战且退，逐渐将敌军引入红军提前布好的"口袋阵"中，敌我两军的交战声、呼喊声夹杂在一起的战斗场景。单单这两句，就将一幅战场画作生动地呈现在读者面前。但这还不够，接下来词人用富有浪漫主义的笔法，以一句"枯木朽株齐努力"，把拟人的手法用到极致：面对敌人的猖狂进攻，甚至连自然界的草木也都愤怒而起，为保卫根据地助战。这实际上暗含了国民党军发动"围剿"失道寡助、必然失败，红军反"围剿"得道多助、必然胜利的结局。

紧跟着，词人将笔墨由对战场环境的描绘转移到浴血奋战的红军战士的特写上。"枪林逼，飞将军自重霄入"，巧用一个"逼"字，并借用"飞将军"的典故，把首句白云山头的蓄势一下子洒落下来：随着敌人被诱入伏击圈，隐蔽埋伏在山坡上的红军主力部队出其不意、居高临下、迅猛有力地杀将下来，宛如天兵天将下凡一般。在这样的力量面前，国民党军队又岂有不败之理？

如果说上阕是细绘白云山战斗具体场景的"工笔画"，那么，下阕就是粗描反第二次大"围剿"大获全胜整个过程的"大写意"了！

下阕首句"七百里驱十五日"，写明时间跨度和空间距离，寥寥七字即画出了战争画卷的主轴，这是何等气定神闲、豪迈自信！"赣水苍茫闽山碧"，由赣及闽，从水到山，苍茫化为碧绿，这些事物的变化进一步标明了时空维度。这一路上，红军胜利进军、高歌猛进，赣江已落在身后几百里，远远望去，苍茫一片，看不很清楚却又在无言诉说着战争的胜利。与之相呼应的是，闽山却已呈现在面前，崇山峻岭、郁郁葱葱，到处是一片苍翠青绿，一派生机勃勃、胜利在望之景。接着，词人一句"横扫千军如卷席"，既生动写出了红军如疾风迅雷、离弦之箭，摧枯拉朽、干净彻底地消灭敌人的战斗场面，更透过红军连战连捷的战绩，点出了以运动战、游击战、伏击战等为具体形式的人民战争的特点和威力。

到这里，全词看似即可完美收笔，再续一句英雄气魄的豪言壮语也无伤全词意境，但词人未走寻常路，把笔锋一转写道："有人泣，为营步步嗟何及！"在以饱满的文墨歌颂反第二次大"围剿"的胜利、褒扬根据地军民的革命英雄气概之后，词人以极其平淡但十分辛辣、极其简洁但十分深刻的笔触，不仅点明了国民党军队"围剿"的失败，反衬了红军的伟大胜利，而且勾画出蒋介石在"围剿"遭到惨败后的哭泣丑态。哭泣之余，蒋介石估计怎么也弄不明白，占据兵力和装备优势而且采取"稳扎稳打、步步为营"策略的国民党军队，怎么就又败了呢？而毛泽东心中却有着清晰的答案，这便是人民的支持。战争的伟力之最深厚的根源存在于民众之中，兵民乃胜利之本，离开了人民的支持，是打不赢战争的。之所以能够连续粉碎国民党军队的两次大"围剿"，当然离不开红军将士的骁勇善战，但最根本的因素还是根据地人民的全力支持。党领导人民"打土豪，分田地"，为人民谋解放、谋幸福，为人民的根本利益而斗争；在党的领导下，人民翻身做了主人，生活得到改善，权利得到保障，实实在在的获得感让人民心里懂得了这样一个朴素而深刻的大道理：共产党是一心一意为人民服务的，红军是为人民而战的人民军队。当国民党军队来犯，企图消灭根据地，抢夺已经取得的革命果实时，人民当然会义无反顾、坚定不移地同中国共产党同红军站在一起，同仇敌忾，战斗到底。陷入人民战争的汪洋大海之中，靠发银元来鼓舞斗志、为打仗而打仗的国民党军队，又怎能不败？！而这也正是词人末了这句如此行笔的深刻用意所在。

从这个意义上说，末了这句恰是全词的词眼所在；而从这一词眼去研读全词就会发现，该词之要义不仅仅是礼赞红军骁勇善战，更在于歌颂紧紧依靠人民、为人民而战的人民战争。由此，全词的深层意旨也就清晰地呈现出来：反"围剿"以至整个中国革命战争的制胜密码，不是别的，正是千千万万人民的支持。

（高长武）

菩萨蛮·大柏地

一九三三年夏

赤橙黄绿青蓝紫，谁持彩练当空舞？雨后复斜阳，关山阵阵苍。　　当年鏖战急，弹洞前村壁。装点此关山，今朝更好看。

这首词最早发表在《诗刊》一九五七年一月号。

‖ 注　释 ‖

彩练　彩色的丝带，比喻虹。

雨后复斜阳　雨后夕阳斜照。唐温庭筠《菩萨蛮·南园满地堆轻絮》："雨后却斜阳，杏花零落香。"

关山阵阵苍　关山，指大柏地周围险要的群山和隘口，是当时的战场。现已因本词将大柏地的山改名为关山。阵阵苍，指绵延层叠的群山郁郁苍苍。

鏖（áo）战　激烈的战斗。《新唐书·王翃传》："引兵三千与贼鏖战，日数遇。"

洞　射穿，这里作动词用。

前村　前面的村子，指杏坑，现已因本词改名为前村。

装点　装饰，点缀。

流莺春梦散翩翩

好梦难成夜未阑

冷落清宵何处怨

一声残角五更寒

杨柳青青此恨长

相思无路此心伤

‖ 赏　析 ‖

人民革命战争的一曲颂歌

——重读《菩萨蛮·大柏地》

1928 年 12 月，彭德怀等率领红五军主力来到井冈山，与毛泽东领导的红四军会合。这一方面使井冈山革命根据地的红色武装力量得到了加强，一方面又因部队人数的骤然增加而突出了后勤供给上的矛盾。1929 年 1 月初，湖南、江西两省的国民党军队按照蒋介石的指令，调集约三万人，准备对我井冈山根据地发动第三次"会剿"。为了打破敌军的"会剿"，也为了解决部队面临着的给养、冬服等问题，红军作出了如下的战略分工：彭德怀率领红五军主力及红四军之一部留守根据地，毛泽东、朱德、陈毅等则率领红四军主力三千六百余人于 1 月 14 日离开井冈山，向赣南出击。由于敌军重兵围追，又由于转入外线，人、地生疏，红四军沿路五战均告失利。2 月 9 日（农历除夕），红四军刚到达瑞金，江西敌军刘士毅旅便尾追而至。毛泽东等见来敌孤立，决心聚而歼之。10 日（农历正月初一），红四军在瑞金以北约 30 公里处的大柏地麻子坳布下口袋阵，伏击敌追兵。自下午三时激战至次日中午，终将敌军击溃，歼敌近两个团，俘虏敌团长以下八百余人，缴枪八百余支，取得了这次转战以来的第一个重大胜利。陈毅在当年 9 月 1 日向党中央所作的《关于朱毛军的历史及其状况的报告》中称："是役我军以屡败之余作最后一掷击破强敌，官兵在弹尽援绝之时，用树枝、石块、空枪与敌在血泊中挣扎，始获最后胜利，为红军成立以来最有荣誉之战争。"

1932 年 10 月中共苏区中央局宁都会议后，毛泽东受"左"倾冒险主义路线的排斥，被免去红一方面军总政治委员的职务，改到地方上去主持中华苏维埃共和国临时中央政府的工作。1933 年夏天，他因搞调查研究、领导中央苏区的查田运动而重到大柏地，置身于旧日的战场，他抚今追昔，回忆四年前的那一场鏖战，写下了这曲对于革命战争的热情的颂歌。

"赤橙黄绿青蓝紫，谁持彩练当空舞？"起二句写天上的彩虹，构思、措辞都极为精彩，破空而来，突兀奇妙。上句写彩虹的七色，一气连下七个颜色字，自有诗词以来，从未见人这样写过，的确是创新出"色"的神化之笔！下句愈出愈奇。将彩虹比作"彩练"，一般诗人词人或也构想得出来，尚不足夸，妙的是作者烹炼了一个独具匠心的"舞"字，遂使本为静态的彩虹活了起来，何等的灵动！这样的语言，正是诗词的语言，非其他任何一种艺术样式所能达到。试想，七彩缤纷，长虹如拱，这一幅景象，油画、版画、水彩画，哪一个画种不能摹绘？更不用说摄影、电影、电视之可以真实地将它记录下来了。唯虹霓化"彩练"而"当空舞"，这样的意境，只能存在于诗人或词人的形象思维之中。诗词是用文字符号砌成的艺术建筑，而文字符号无论如何也比不上视觉形象来得直观动人，因此，欲追求诗词之写景逼真如画，在某种意义上来说，是自取其败。聪明的作者，往往注意扬诗词之长而避其短，于"画"之所不能表现处，别出趣味。依照这一法则创作出来的诗词，方有诗词独特的艺术魅力，庶使其他任何一种艺术品类都无法替代。毛泽东这两句词的妙处，正须向这方面去体认。又者，"谁持"云云，是设问的语气，却并不要人回答。由于下文都是陈述句，这里用问句开篇，就显得十分吃重——有此一问，通篇句法便有起伏变化，不至流于呆板凝滞。假若这句采用诸如

"天仙彩练当空舞"之类的叙述语气，岂不逊色多多，哪能像现在这样峭拔？

"雨后复斜阳，关山阵阵苍。"作者已署明词的写作日期是"一九三三年夏"，注重交代了季节的特殊性——"夏"，这里更补出词篇切入的具体时间和气候状况。由于这是夏天的某个傍晚，一场雷暴雨后，夕阳返照，于是才会有彩虹竟天的绮丽景观。又由于大雨洗尽了空气中悬浮的尘埃，斜晖的射线投注无碍，于是远处的群山才显得格外的苍翠。可见那"雨后复斜阳"五字，虽只平平说来，并没有什么惊人之处，但却束上管下，使前面的"赤橙"二句，后面的"关山"一句，都显出了合理和有序，委实是少它不得的。晚唐著名词人、"花间派"的鼻祖温庭筠，有《菩萨蛮》词曰：南园满地堆轻絮，愁闻一霎清明雨。雨后却斜阳，杏花零落香。　　无言匀睡脸，枕上屏山掩。时节欲黄昏，无憀独倚门。

毛泽东"雨后复斜阳"句，即用温庭筠词中成句，只改了一个字。然而，温词是写闺情，风格绮怨而纤柔；毛词则是写战地，虽借用温词之句，但一经与下文"关山阵阵苍"云云搭配，便见得境界阔大、气象苍茫，风格与温词迥然不同。毛泽东博览群书，熟读了大量的古诗词，故时将前人成句信手拈来，或稍加绳削，用入自己的创作。值得称道的是，其所取用，大都与己作浑然化为一体，不见痕迹，绝非食古不化者可比。这里又是一个典型的例证。

以上诸句，都比较容易理解，历来的注家和评说者并没有太大的分歧意见。惟"关山阵阵苍"一句，却貌似浅显而实费思量，旧说把它当作现代汉语中表示时间上的断断续续的那"一阵一阵"。仔细琢磨，我们总感到这样的解说十分牵强。南方林木葱茏的"关山"，基色便是"苍"，无论光线如何变化，山色浓淡深浅，都只是"苍"的程度上的差别，不能说它一会儿"苍"，一会儿"不苍"。至于说"苍色阵阵入目"，只可用来描述云烟倏开倏合时群山忽隐忽现的景观，然而此时正是夏雨初霁，夕阳复见于晴空，关山自必历历在目，一望尽收！

旧说既不可通，那么此句究当作何理解？笔者以为，关键在于应对"阵阵"一词作出贴切的训释。按"阵"本字作"陈"，本义是"军阵"，即军事上的战斗队列。《论语·卫灵公》篇载："卫灵公问陈于孔子，孔子对曰：'俎豆之事，则尝闻之矣。军旅之事，未之学也。'"这里的"问陈"，就是询问作战时应如何布阵。叠作"阵阵"，在古汉语中有两种不同的用法。一种就是后来一直延续到今天，现代汉语中仍在使用，为人们所熟悉的那种，表示连续而略有间断。这一义项，《辞源》之类大型古汉语工具书里已经收录。然而从语源的角度来考察，它是由实向虚变化了的，当属后起的引申义。另一种用法，在现代汉语中已消失，因而人们也不甚了了，但它大体上保留了"阵"字的本义，即表示物体的空间陈列。如宋人赵抃《和韵前人初出锁头》诗曰："淮木林林脱，霜鸿阵阵飞。"这是一联对仗，"林林"对"阵阵"，词义显然比较实。两句是说，淮河流域的树木，一林一林地脱落了树叶；霜降时节的鸿雁，排成"人"字或"一"字的阵型，一队一队地向南方飞去。这里的"阵阵"，即以"军阵"为喻，而与"鸿"搭配，略同于唐人王勃《滕王阁序》之所谓"雁阵惊寒，声断衡阳之浦"。"阵阵"的这种用法，《辞源》之类大型古汉语工具书里竟然未收，是一个疏漏。或许有人会问："阵"与"雁"搭配成词，古人有之矣；与"山"搭配，有书证么？当然有。如北周庾信《周柱国大将军长孙俭神道碑》曰："风云积惨，山阵连阴。"笔者以为，毛泽东此词中的"关山阵阵苍"，若取"山阵"之义，便一切都豁然贯通。

骤雨之后，斜阳复照，那绵延不断、层层叠叠、酷似千军万马战斗队形的群山，每一列横阵或每一块方阵都郁郁苍苍。"苍"者，靛青色也，正是军装的颜色。将群山比作严阵以待敌的铁军，气象是何等的威武森严！众所周知，在第二次国内革命战争时期，毛泽东的主要革命实践活动是作为红四军、红一方面军的统帅，指挥与国民党军的战斗。作此词时，他虽然已被占据党中央领导地位的"左"倾机会主义者褫夺了"帅印"，排挤到中央根据地的政府部门去工作了，但他的心还在军中。作为红军的前总政委，来到旧日曾率领红四军与强敌殊死搏杀的战地，他眼中、心中的一切仍和军队、战斗联系在一起，这不很自然吗？南宋军旅出身的大词人辛弃疾，有《沁园春·灵山齐庵赋》词曰："老合投闲，天教多事，检校长身十万松。"他被苟安东南、不思北伐抗金以收复中原的小朝廷罢了官，回到山野，看到那高大茂密的松林，仍忍不住要将它们比作昂藏魁伟的十万雄兵。同为昔日的将帅，其心理活动的轨迹，真是千古一揆！

以上我们对"关山"句作出了全新的解说，它不仅切合毛泽东作为前红军统帅的特殊身份，切合大柏地作为昔日战场的特殊性质，而且从词的思路、章法上来看，也是最可取的一种解说。由于视群山为军阵，这就水到渠成地逗引出了下片开头的两句："当年鏖战急，弹洞前村壁。""当年"那一场决定红四军命运的"鏖战"，其激烈的程度究竟如何？若一般作手为之，少不得要从正面述说一两句。然而本篇选用的是小令，篇幅狭而短，较少回旋的余地，哪够用来对"鏖战"的详情细节作具体而微的铺陈？作者不愧为大手笔，你看他这里写"鏖战"之"急"，全不用正锋直进之法，而是避实就虚，腾挪跳跃，陡地来了个侧面迂回的大包抄，词笔一下子插进到如今战场附近村庄墙壁上累累犹存的弹孔。读者由此弹孔，自不难踪其弹道，神游于当年枪林弹雨、流火横飞的白热化战斗场景之中。这就调动了读者的想象，从接受美学的角度，使之参与了对于"当年鏖战急"之艺术表现的创造，比起直接将战况诉诸读者的正面描写法，是不是具有更大的美学包孕性和更大的艺术魅力呢？

然而，毛泽东此词的作意并不仅仅是怀旧。他那如橡之笔稍作逆挽，旋又折回，画龙点睛，卒章显志，以对于革命战争改造世界之伟力的歌颂，作为全词的总结："装点此关山，今朝更好看。"眼前壮丽雄伟的自然界的"关山"，得"弹洞前村壁"之人工的"装点"，愈增其妍，更加"好看"！不因战争的破坏性、摧毁性而叹息，而着眼于革命战争能够破坏、摧毁一个旧世界，从而使一个全新的、更美丽的世界得以分娩出来，这就是一个伟大的无产阶级革命家的战争观！三年之后，亦即 1936 年 12 月，毛泽东在其光辉论著《中国革命战争的战略问题》第一章第二节中精辟地指出：

战争——这个人类互相残杀的怪物，人类社会的发展终久要把它消灭的，而且就在不远的将来会要把它消灭的。但是消灭它的方法只有一个，就是用战争反对战争，用革命战争反对反革命战争，用民族革命战争反对民族反革命战争，用阶级革命战争反对阶级反革命战争。历史上的战争，只有正义的和非正义的两类。我们是拥护正义战争反对非正义战争的。一切反革命战争都是非正义的，一切革命战争都是正义的。……人类正义战争的旗帜是拯救人类的旗帜，中国正义战争的旗帜是拯救中国的旗帜。人类的大多数和中国人的大多数所举行的战争，毫无疑义地是正义的战争，是拯救人类拯救中国的至高无上的荣誉的事业，是把全世界历史转到新时代的桥梁。

这一关于革命战争的历史唯物主义观点，在这首词中，已用文学语言作了艺术的表达。

写到这里，笔者不禁想起了古代作家笔下的那一幅幅战场画面：

烽火燃不息，征战无已时。野战格斗死，败马号鸣向天悲。乌鸢啄人肠，衔飞上挂枯树枝。士卒涂草莽，将军空尔为。（李白《战城南》）

君不见青海头，古来白骨无人收。新鬼烦冤旧鬼哭，天阴雨湿声啾啾。（杜甫《兵车行》）

尸踣巨港之岸，血满长城之窟。无贵无贱，同为枯骨。……乌无声兮山寂寂，夜正长兮风淅淅。魂魄结兮天沉沉，鬼神聚兮云幂幂。日光寒兮草短，月色苦兮霜白。（李华《吊古战场文》）

……

这些作家生活在封建统治阶级争权夺利、拓土开边、不义战争给人民大众带来深重苦难的旧时代，因此，他们在作品中竭力渲染战争的残酷性，风调极凄凉苍楚之至。这体现着封建时代具有民主思想的进步知识分子的人道主义精神，难能而可贵。由于他们都不过是手无寸铁的书生，找不到使世界得以永远离开地狱的出口，对于战争，也只能发出低沉的无可奈何的哀叹罢了。自从有了无产阶级，有了马克思主义，有了共产党，人们这才懂得了用枪与炮的焰花、血与火的洗礼，去迎接一个没有压迫、没有剥削的幸福美好的新世界的诞生。时代呼唤着文学家们写出新的、情调高健爽朗的、讴歌无产阶级革命战争的《吊古战场文》。毛泽东的这首词，正是这样一篇具有划时代意义的吟咏战地的杰作！

（钟振振）

清平乐·会昌

一九三四年夏

东方欲晓，莫道君行早。踏遍青山人未老，风景这边独好。　　会昌城外高峰，颠连直接东溟。战士指看南粤，更加郁郁葱葱。

这首词最早发表在《诗刊》一九五七年一月号。

‖ 注　释 ‖

欲晓　快要天亮。

莫道君行早　取于俗谚："莫道君行早，更有早行人。"俗谚又本于宋释道原《景德传灯录》卷二十二："谓言侵早起，更有夜行人。"本句既是对同行者的提醒，也是自我惕厉。

踏遍青山人未老　踏遍青山，指自 1927 年秋收起义以来的近七年革命实践中，毛泽东率领红军在湘、赣、闽等山区转战。本句的"人"指作者自己。人未老，指革命者精神焕发，壮志不减。

这边　指中央革命根据地南线。

会昌城外高峰　指会昌城西北的会昌山，又名岚山岭。

颠连直接东溟（míng）　颠，通"巅"，山峰。颠连，山峰高低起伏，连绵不断。东溟，指东海。唐李白《古风五十九首》："黄河走东溟，白日落西海。"

东方欲晓，莫道君行早。踏遍青山人未老，风景这边独好。

会昌城外高峰，颠连直接东溟。战士指看南粤，更加郁郁葱葱。

调寄清平乐 毛泽东

一九三四年夏

南粤　古地名，也叫南越，在今广东、广西一带。这里指广东。

郁郁葱葱　指树木苍翠茂密，景色浓郁。《后汉书·光武帝纪》："气佳哉，郁郁葱葱然！"这里预示革命前景远大美好。

‖ 作者自注自解 ‖

关于"莫道君行早"，1964年1月27日，毛泽东口头答复外国文书籍出版局《毛主席诗词》英译者说："'君行早'的'君'，指我自己，不是复数，要照单数译。会昌有高山，天不亮我就去爬山。"

关于"踏遍青山人未老"，1958年12月21日，毛泽东在文物出版社同年9月刻印的大字本《毛主席诗词十九首》的书眉上批注道："一九三四年，形势危急，准备长征，心情又是郁闷的。这一首《清平乐》，如前面那首《菩萨蛮》一样，表露了同一的心境。"

‖ 赏　析 ‖

踽踽独行的拂晓登顶者

——重读《清平乐·会昌》

这首词作于1934年夏季。1957年1月，《诗刊》创刊号首次发表了毛泽东的十八首诗词。在此之前，《诗刊》主编臧克家等人给毛泽东写信，请求毛泽东将他过去写的诗词交《诗刊》正式发表。1月12日，毛泽东复信，将十八首诗词抄写在另一张纸上，同意发表。《清平乐·会昌》即是其中之一。1958年9月，文物出版社出版了线装本《毛主席诗词十九首》。同年 12 月，毛泽东在广州对这个本子写了若干条批注。在《清平乐·会昌》"踏遍青山人未老"的天头，他批注："一九三四年，形势危急，准备长征，心情又是郁闷的。这一首《清平乐》，如前面那首《菩萨蛮》一样，表露了同一的心境。"

1933 年 9 月，蒋介石发动了经过半年准备的第五次大"围剿"，调集一百万军队，自任总司令，分西、南、北三路向江西中央苏区杀来。

中央苏区，面临的不仅是外患，还有内忧。

在王明"左"倾冒险主义者掌握的中共临时中央指导下，中央苏区免除了毛泽东的红军第一方面军总政委职务，实际上撤销了毛泽东的军事领导职务。而指挥红军的，是一个由共产国际派来的德国人李德，本名奥托·布劳恩。他们采取了"御敌于国门之外"的消极战略，与装备、兵力占优势的国民党军大打阵地战、消耗战。结果伤亡越来越大，根据地越来越小。

在党内，他们借批判拥护毛泽东游击战、运动战方针的福建省委代理书记罗明的所谓"罗明路线"，向毛泽东发起围攻批判。毛泽东只被保留中华苏维埃共和国临时中央政府主席一个名义性职务，没有安排中央决策领导职务，在党内失去了领导权。

1932 年 10 月，毛泽东被要求回后方瑞金暂时养病。1934 年，毛泽东又大病一场，患的是急性疟疾，但思想上的苦闷更为严重。他在批注中说，与 1927 年大革命失败的前夕写《菩萨蛮》时"心情苍凉，一时不知如何是好"一样。邓小平、毛泽覃、谢维俊、古柏几个江西中心县委书记因为坚持毛泽东正确主张，也遭到严重打击，被调离或撤换。斗争扩大到整个中央苏区和周围的各个苏区。有不少领导干部害怕被牵连，都不敢再来找毛泽东谈话，听取指导意见。1965 年 8 月 5 日，毛泽东会见外宾时，感慨地说：那时候，不但一个人也不上门，连一个鬼也不上门。我的任务是吃饭、睡觉和拉屎。还好，我的脑袋没有被砍掉。毛泽东这并不是危言耸听。当时，独断专横的李德甚至想将不听他们硬拼命令的红七军团政委萧劲光枪毙，只是由于毛泽东的坚决反对才未能得逞。

1934 年 4 月下旬，经周恩来同意，毛泽东离开瑞金，到苏区反"围剿"南线战场的会昌去调查、指导工作。

会昌县，宋代称九州镇，地处江西省东南部，东邻福建、南靠广东，为赣粤闽"三省通衢"。会昌县是革命老区。1929 年，毛泽东、朱德率红军来到会昌，建立了红色政权——中共筠门岭区委；1931 年成立会昌县苏维埃政府和中共会昌县委；1932 年，会昌、寻乌、安远三县联合成立中心县委，也是中共粤赣省委所在地。

会昌县城西有一座岚山，海拔只有四百米，满山绿树，郁郁葱葱。历代文人骚客多有登临，留下不少题咏。因为身体还没有完全恢复，毛泽东接受医生傅连暲的意见，每天都要去爬山锻炼。1964 年 1 月 27 日，毛泽东口头答复外国文书籍出版局《毛主席诗词》英译者问说："会昌有高山，天不亮我就去爬山。"我们不难想到，夏季某天凌晨，他带着几个警卫员登上了岚山，极目远眺，心旷神怡，吟成这首《清平乐·会昌》。词中隐含着毛泽东为根据地反"围剿"大局不利的忧心，及在会昌工作一段时间，南线打开局面，又感到的欣慰快畅。

1933 年 11 月，曾在上海"一·二八"抗战中奋力抵抗入侵日军的十九路军将领蔡廷锴、陈铭枢、蒋光鼐因不满蒋介石的不抵抗政策，联合李济深等人发动了福建事变，成立抗日反蒋的"中华共和国人民革命政府"，提出"打倒卖国残民的南京政府"、"打倒日本帝国主义"的口号，并与中华苏维埃临时中央政府、工农红军订立了反蒋抗日协定。蒋介石不得不分兵对付。毛泽东立即建议，红军主力深入到以浙江为中心的苏浙皖赣地区去，迫使"围剿"江西苏区的敌军撤回，并援助福建人民政府。但是，李德等人拒绝毛泽东的建议，未能主动及时援助十九路军，错失了粉碎敌人"围剿"江西苏区的有利时机。

毛泽东的统一战线思想，只在南线战场的会昌得到了一个实践机会。1934 年 6 月中旬，他向粤赣省委书记刘晓、省军区司令员兼政治委员何长工提出，要抓住粤军陈济棠与蒋介石的矛盾，加强统一战线工作，一面要依靠群众，发动群众，组织游击队，开展游击战争，一面可派小分队到敌后去，宣传抗日主张，促使陈济棠军队反蒋抗日。十月上旬，何长工、潘汉年在这一思想指导下，派人与陈济棠进行了三天谈判，达成了五点协议，双方就地停战，必要时可以互相借路。

在前一首词《菩萨蛮·大柏地》里，毛泽东回顾了红军过去游击战以弱胜强的历史。在这首《清平乐·会昌》里，毛泽东又将当前根据地反"围剿"的北线、南线战场进行了比较。北线红军在李德等人指挥下，与敌军展开阵地战，接连损失严重；而南线红军基本没有消耗，反而有扩大。"战士指看南粤"，即广东方向，确实是"风景这边独好"，"更加郁郁葱葱"。这里的战士，可以是随行登山的警卫员，也可以是南线广大红军。

鲜明的事实说明，敌人不足惧，值得忧虑的是自己阵营内占统治地位的错误思想和路线。毛泽东的正确战略预见和统一战线思想，仍然未被当时的中央领导层接受。也许因此，1964 年 1 月 27 日，毛泽东口头答复外国文书籍出版局《毛主席诗词》英译者时说："'君行早'的'君'，指我自己，不是复数，要照单数译。"

北线、东线连告失利，被敌军突破。李德等人仍然拒不接受其他人的意见。刘伯承因为力谏而被撤去红军总参谋长的职务。彭德怀看到几年流血辛苦毁于一旦，禁不住怒喝起来，说那些人是"崽卖爷田不心痛"。终于，红军主力不得不离开根据地，进行悲壮的长征。

在会昌，毛泽东虽然踽踽独行，但仍然在苦苦探索马克思主义中国化的道路。他把过去战斗中在城市搜集到的一些马克思、列宁书籍找出来，整天埋头苦读。这奠定了他以后在延安写《矛盾论》《实践论》的理论基础，迎来了中国革命胜利的"东方欲晓"。

久经挫折和坎坷，"人未老"，仍然充满激情和旷达，是毛泽东的心路写照。

（陈东林）

十六字令三首

一九三四年到一九三五年

山，快马加鞭未下鞍。惊回首，离天三尺三。（原注）

山，倒海翻江卷巨澜。奔腾急，万马战犹酣。

山，刺破青天锷未残。天欲堕，赖以拄其间。

这三首词最早发表在《诗刊》一九五七年一月号。

‖ 作者原注 ‖

湖南民谣："上有骷髅山，下有八百山，离天三尺三。人过要低头，马过要下鞍。"

‖ 注　释 ‖

快马加鞭　对快的马再打上几鞭子，使之跑得更快。宋陆游《村居》："生憎快马随鞭影，宁作痴人记剑痕。"

倒海翻江卷巨澜　峰峦叠嶂的山一座接着一座，就像倒海翻江所卷起的巨大波浪。巨澜，大浪。

奔腾急，万马战犹酣　群山连绵起伏，像千万匹战马奔腾跳跃，正山，快马加鞭未下鞍。惊回首，离天三尺三。

山，倒海翻江卷巨澜。奔腾急，万马战犹酣。

山，刺破青天锷未残。天欲堕，赖以拘其间。

在进行激烈的战斗。奔腾，金王特起《绝句》："山势奔腾如逸马，水流委曲似惊蛇。"酣，畅快。

刺破青天锷未残　山峰高耸陡峭，如出鞘的宝剑一般刺破天空而未有损坏。刺破青天，谓山势极高。《水经注·河水》："山下有长城，长城之际，连山刺天。"锷，刀剑的刃口，有时也包括刀剑的尖端，此处以宝剑喻山峰。

天欲堕，赖以拄其间　天要掉下来，靠它支撑在天地中间。堕，落，陷入。拄，支撑。

‖ 作者自注自解 ‖

关于"离天三尺三"，1964 年 1 月 27 日，毛泽东口头答复外国文书籍出版局《毛主席诗词》英译者说："这是湖南常德的民谣。"

‖ 赏　析 ‖

群山无名，精神有象
——重读《十六字令三首》

《十六字令》是一个词牌名，又名《归字谣》、《苍梧谣》，全篇仅十六个字，极为短小精悍。三首连缀在一起，书写同一个主题，这叫"联章体"。杜甫《秋兴八首》、《咏怀古迹五首》是著名的联章体诗，而白居易《忆江南三首》则是联章体词。毛泽东《十六字令三首》均作于红军长征途中，一般认为草成于 1934 年底至 1935 年初，定稿于 1935 年 2 月以后。三首词的主题很明确：描写长征途中的山。《七律·长征》云："红军不怕远征难，万水千山只等闲。"革命气概固然高入云霄，但千难万险还得一步步过，千峰万岭还得一座座翻。如果说《七律·长征》是对伟大的二万五千里长征的全景鸟瞰，那么《十六字令三首》则是对长征途中三个瞬间的剪影。

为了突破国民党大军的疯狂围追堵截，红军避锋涉险、曲折前行。从 1934 年 11 月开始，江西境内的雷岭，广东境内的苗山、大王山、小王山、大盈山，广西境内的小相山、冕山，都一一被红军的脚步征服。12 月，中央红军进入贵州。12 月 18 日，中共中央政治局在黎平县召开会议，采纳毛泽东建议，放弃北上湘西的汇合计划，决定继续西进，在川黔边建立革命根据地。1935 年 1 月 7 日，红军攻占贵州第二大城市遵义。15 日至 17 日，中共中央在这里召开具有重大转折意义的遵义会议，确立了毛泽东在党和军队中的领导地位。此后，红军在毛泽东指挥下，纵横驰奔于云贵山区。《十六字令三首》中，处处是"山"，但却没有提到任何一座山的名字。我们可以将这种"无名"状态，视作对赣、粤、桂、黔等地诸多崇山峻岭的高度概括与提炼。每一首都以一个斩钉截铁的"山"字开头，引起一番触目惊心的画面，环环相扣，连绵不绝，"政入万山围子里，一山放出一山拦"。

第一首写道："山，快马加鞭未下鞍。惊回首，离天三尺三。"1996 年中央文献出版社出版的《毛泽东诗词集》，根据作者一幅手迹在这组词下注释云："湖南民谣：上有骷髅山，下有八面山，离天三尺三。人过要低头，马过要下鞍。"这是作者自注，对于理解词句有重要的参考价值。湖南民谣里说"马过要下鞍"，极言山势陡峭，走马艰难，但毛泽东偏偏要说"快马加鞭未下鞍"，既揭示形势危急、行军紧迫的客观环境，也表达了主观上无所畏惧、一往无前的心态。以如此惊人的速度翻山越岭，才会有一次更惊人的"回首"——猛一回头，发现不久之前居然置身于绝壁之上、云天之际。描写此种"后怕"之感，一方面是表现人之常情，一方面又预示着更无畏的前程。"离天三尺三"，直接借用民谣原句，但此种极度夸张手法在写山的古诗词中相当常见。比如汉乐府《陇西行》："离天四五里，道逢赤松俱。"李白《蜀道难》："连峰去天不盈尺，枯松倒挂倚绝壁。"黄庭坚《醉蓬莱》："尽道黔南，去天尺五。"这些都是极写山高摩天的境界。毛泽东化用此境，加入了新的情感元素：不只是惊叹山之高，而且惊愕于人之无畏。

第二首继续写山，但以水和马作喻，充满新鲜感，也写出了山在"高峻"之外的另一重特色，就是"壮阔"："山，倒海翻江卷巨澜。奔腾急，万马战犹酣。"这十六个字包含两层比喻：先将山比作巨浪翻滚的江海，然后用"奔腾急"作过渡，又引出第二个比喻，即将山比作万马奔腾的战场。显然，这里的山不再是矗立摩天的孤峰，而是重重叠叠的群峰。此番景象，很符合云贵高原的地势地貌，所以这首词既是实写自己面临的群山阻碍、漫漫征程，也是将战争体验与蓬勃斗志以比喻形式呈现在读者面前。在此瞬间，山是洪水，是奔马，更是战士，是豪情，虚实交织，天人合一。

第三首又从"山"之群像回到一个更为醒目的个体，一座更为高峻的山峰："山，刺破青天锷未残。天欲堕，赖以拄其间。"第一首中的山，离天尚有"三尺三"，而此首口的山，已然"刺破青天"，高度造极，属于群山中的主峰。一个"刺"字，暗含一个新比喻：山峰如宝剑。那么，这主峰上的嶙峋山石犹如宝剑的锋芒，就是"锷"。柳宗元《与浩初上人同看山寄京华亲故》诗云："海畔尖山似剑铓，秋来处处割愁肠。"贬谪中的柳宗元所看到的"尖山似剑铓",让他痛苦、断肠,而长征路上的毛泽东眼中的"刺破青天锷未残",则让他心生宏伟壮志。行笔至此,他给出了第四个比喻(也可以理解成暗用了一个典故):如果青天此刻坍塌,这座山将会如天柱一般撑拄于天地之间。屈原《天问》云:"八柱何当?"汉代王逸注云:"言天有八山为柱。"后世还有"昆仑山为天柱"的说法。这些神话时代以来流传广远的奇景异事,其实寄托着古人对于民族英雄的呼唤、对于天地安然的向往。对于刚刚经历遵义会议重大转折、正在领导红军长征的毛泽东而言,仰望高山而将其比作天柱,想到天柱进而想到自己肩头的责任与使命,希望自己能挽狂澜于既倒、扶大厦之将倾,这是非常自然、合情合理的思维过程。因此,虽然这三首词没有一处是直接抒情,但其实处处是在借实写虚、借景抒情、借山言志——第一首写无畏,第二首写豪情,第三首写担当。

三首《十六字令》,都很短小,但都能以小见大。大的不仅是山,而且是精神。毛泽东诗词中很少出现单纯写景之笔。他对于山川日月的歌颂赞美,通常都寄寓着丰沛的人生感慨,接通着复杂的历史风云,蕴涵着深厚的家国情怀,揭示着深刻的革命道理。他尤其热爱书写名山。井冈山、昆仑山、六盘山、岷山、庐山、莫干山,都在他笔下绽放出不同于旧时代的新光芒,展现出迥异于旧传统的新境界。而长征路上那些无言甚至无名的群山,在三首《十六字令》中同样经历了伟人精神的洗礼与升华。

(谢　琰)

忆秦娥·娄山关

一九三五年二月

西风烈，长空雁叫霜晨月。霜晨月，马蹄声碎，喇叭声咽。　　雄关漫道真如铁，而今迈步从头越。从头越，苍山如海，残阳如血。

这首词最早发表在《诗刊》一九五七年一月号。

‖ **注　释** ‖

西风烈，长空雁叫霜晨月　似写秋季物候，实乃当地二月间的真实情景。西风，宋蒋捷《虞美人·听雨》："断雁叫西风"。霜晨月，清晨霜华铺地，残月在天。

马蹄声碎　唐岑参《卫节度赤骠马歌》："扬鞭骤急白汗流，弄影行骄碧蹄碎。"声碎，形容马蹄声清脆。

咽（yè）　本义是声音因阻塞而低沉，这里用来描写在清晨猛烈寒风中听来时断时续的军号声。唐李白《忆秦娥》："箫声咽，秦娥梦断秦楼月。"

雄关　雄伟的关隘。

漫道　莫说，不要说。

从头越　重新跨越。娄山关战斗胜利后，重夺遵义，若北上，须第二次越过天险娄山关。此处语义双关，既说红军再次跨越娄山关，又喻指中国革命重新开始起步向前。

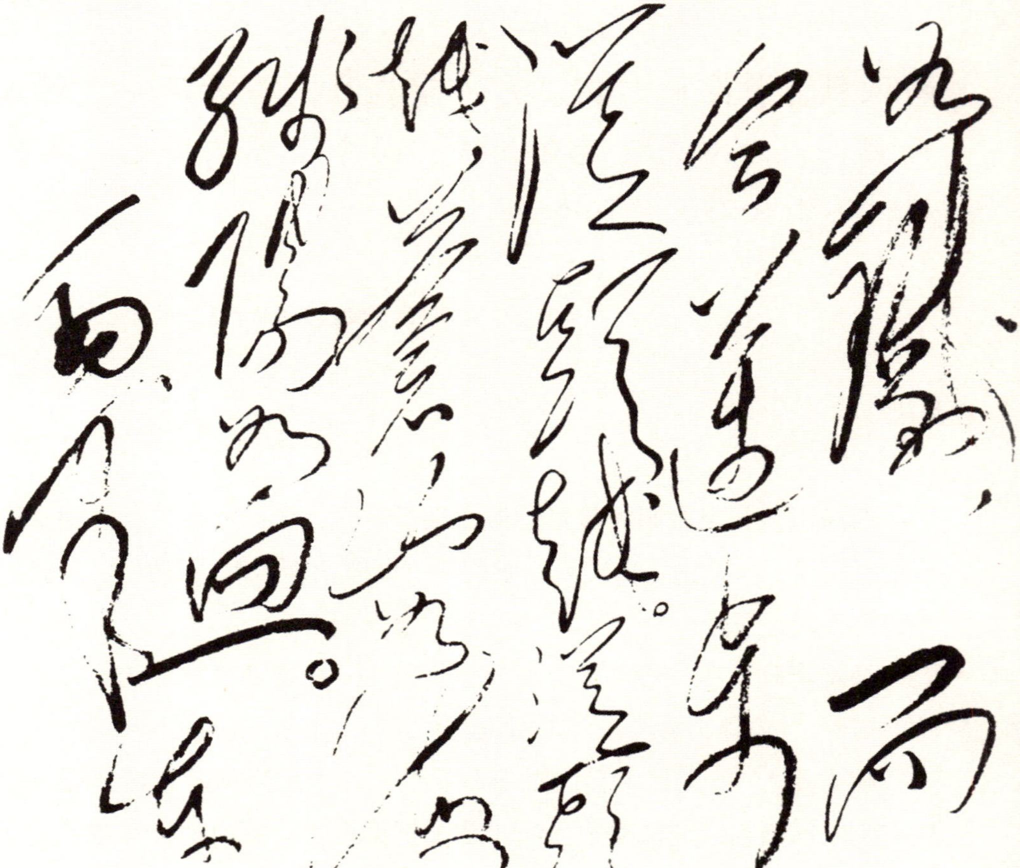

西风烈，长空雁叫霜晨月。霜晨月，马蹄声碎，喇叭声咽。雄关漫道真如铁，

苍山如海，残阳如血　苍山如海，苍翠的群山绵延，如海中起伏的波涛。残阳如血，落下去的太阳红得像鲜血一般。唐杜甫《喜雨》："春旱天地昏，日色赤如血。"

‖ 作者自注自解 ‖

1958 年 12 月 21 日，毛泽东在文物出版社同年 9 月刻印的大字本《毛主席诗词十九首》的书眉上批注道："万里长征，千回百折，顺利少于困难不知有多少倍，心情是沉郁的。过了岷山，豁然开朗，转化到了反面，柳暗花明又一村了。以下诸篇（按：1958 年出版的《毛主席诗词十九首》，《忆秦娥·娄山关》排在《十六字令三首》之前，'以下诸篇'指《十六字令三首》《七律·长征》《念奴娇·昆仑》《清平乐·六盘山》），反映了这一种心情。"

1964 年 1 月 27 日，毛泽东口头答复外国文书籍出版局《毛主席诗词》英译者说："这首词上下两阕不是分写两次攻打娄山关，而是写一次。这里北有大巴山，长江、乌江之间也有山脉挡风，所以一二月也不太冷。'雁叫'、'霜晨'，是写当时景象。云贵地区就是这样，昆明更是四季如春。遵义会议后，红军北上，准备过长江，但是遇到强大阻力。为了甩开敌军，出敌不意，杀回马枪，红军又回头走，决心回遵义，结果第二次打下了娄山关，重占遵义。过娄山关时，太阳还没有落山。"

壮怀激烈：而今迈步从头越

——重读《忆秦娥·娄山关》

1935 年 2 月，毛主席率领中国工农红军攻克敌人重军把守的要隘——娄山关，取得了长征途中的一次重大的军事胜利。这一年的 1 月 15 日至 17 日，中共中央政治局召开了意义非凡的遵义会议，结束了王明"左"倾冒险主义的统治，确立了以毛泽东为代表的新的中央正确领导，中国共产党领导的革命事业迎来了新的曙光。1 月 19 日，毛主席率领红军继续长征，离开遵义，翻越娄山关，准备经泸州与宜宾之间渡江北上，但是遇到敌军阻碍。在关键时刻，毛泽东等领导人果断决定二渡赤水，反攻遵义。2 月 25 日凌晨，红军再次挺进娄山关，与敌军遭遇，经过一番激战，攻克娄山关，取得"遵义会议"后的一次大胜利，也是长征以来第一次大胜仗。傍晚时分，毛主席随中央军委登上娄山关，此后不久创作此词。

词作融写景、叙事、议论、抒怀于一炉，气格高远，浑然天成。每每吟赏，脑海中不禁浮现出红军战士金戈铁马的历史景象，胸中激荡起壮怀激烈的情感。

词的上阕写壮阔之景。娄山关，位于遵义城北约 50 公里，北拒巴蜀，南扼黔桂，是连接四川与贵州的咽喉之地，古人描述为："万峰插天，中通一线。"两边峭壁耸立，只有一条公路蜿蜒而过，地势险要之极。从"长空雁叫霜晨月"可知，时间是清晨，此时红军还未占领娄山关。虽然已经接近破晓，然白霜漫山，残月在天，光线并不明亮。因为光线的模糊，作者的听觉格外的清晰，除了"霜晨月"一个视觉意象之外，风声、雁鸣、马蹄声、喇叭声，皆为听觉意象，自然声响与人的声响交织，如同一曲雄壮的交响乐，久久回荡在历史的长空。

这是状眼前之景，也是绘心中之景。贵州的二月，并不像北方那般寒冷，但霜凄风紧。猎猎西风，长空雁鸣，冷月当空，原本是"诗家清景"，但读到此处却可以想见，作者指挥千军万马，穿越高山丛林，向敌军逼近的情形，风声、雁鸣反衬出大战之前的寂静，清冷的冰霜与残月也映照着肃杀之气，空气中弥漫着紧张、凝重的气息。就在一瞬间，平静被打破，千军万马呼啸而来，顿时有气吞山河之势。一个"碎"字，描写山间密集的马蹄声，道出了红军战士的一马当先的气概；一个"咽"字，描摹群峰间回荡着的悠长嘹亮的军号声，仿佛间有千万红军战士冲锋陷阵的雄姿。

然而就在此时，戛然而止，似乎一切归为平静，但并不是，词作省略了枪炮声隆、战火纷飞、战士厮杀的画面。这也是作者的高妙之处，采用虚实相生的手法，营造出壮阔的景象，又留给读者充分的想象空间，增加了作品的容量和表现空间。景色描写中，也展示了一位战略家纵横捭阖的气度，"西风烈，长空雁叫霜晨月"，词人凝视着长空，耳畔风烈，显示出词人战争前夕的冷静、严肃，"马蹄声碎，喇叭声咽"，运筹帷幄，势如破竹，写出了词人指挥若定的自信。

词的下阕抒壮烈情怀。"雄关漫道真如铁，而今迈步从头越。"这两句因雄浑的气势和深刻的寓意，一直被广为传颂。但是很多研究者对词意的理解存在分歧，尤其是对"漫道"一词的解释不一。后来主席自己解释，漫道，就是不要说。这两句的意思是：不要说雄伟的娄山关像钢铁浇筑的一样坚不可摧，而如今英勇的红军又一次从此处大步迈过。这是何等的心胸！何等的气势！雄关如铁，比喻新奇，也震撼人心。

娄山关地势险要，自古有"一夫当关，万夫莫开"之说，再加上敌人的重军把守，实如钢铁浇筑一样难以撼动。然而又如何？遇到有正确的指挥和作战英勇的红军，还不是被轻易拿下？气势轩昂的红军迈步而过如铁雄关，生动形象的画面再现了红军不畏艰险的革命豪气和英雄气概。

这一次战斗，红军不只是取得了娄山关战斗的胜利，当天黄昏，红军继续乘胜追击，再次重创敌军，后又重占遵义城，一共歼灭敌军两个师，缴获众多武器辎重，可以说是大获全胜，大振军心，鼓舞了士气，这一次胜利证明，只要坚持正确的路线方针、坚持正确的战略战术，无论面临什么样的艰难困苦，革命的道路始终是光明的，革命的胜利是指日可待的。此两句词句真是道出了千万红军战士的共同心声。

词以"苍山如海，残阳如血"的景色描写结尾，雄浑壮丽，又意蕴深长。两句色调鲜艳，气象宏伟，意境苍凉，是诗词中写景的佳句，可与汉唐诗人争胜。据毛主席自己说，是在战争中积累了多年的景物观察，一到娄山关这种战争胜利和自然景物的突然遇合，就造成了作者自以为颇为成功的这两句话。可见，词人也觉得此两句为得意之笔。这是他在长期的战斗生活中无数次看到过的景象，在脑海中已盘桓许久，是积累起来的对生活的写真。在娄山关远望，群山起伏连绵如同沧海，革命的征途不正与此类似吗？夕阳残照，艳丽如血，悲壮中蕴含着希望，不正象征着革命征途中的艰难吗？苍山、残阳的描写，寄寓了作者对革命事业的思考，同时又体现了作者的革命浪漫主义色彩。

　　这首词作记录了中国革命历程中的光辉一刻，用诗意的语言描绘了中国共产党与红军长征时期的战斗画卷。作者对革命事业的深刻思考及壮怀激烈的革命情感，正一代一代地传递。2012 年 11 月，习总书记和全体中央政治局常委参观《复兴之路》展览时，特别引用了这首词，说中华民族的昨天，人们经过艰难困苦的革命历程，可以说是"雄关漫道真如铁"；中华民族的今天，不断艰辛探索建设社会主义，可以说是"人间正道是沧桑"；中华民族的明天，是实现中华民族的伟大复兴，可以说是"长风破浪会有时"。更进一步印证了这首词的确是继承中华优秀传统文化与展现革命文化辉煌前景的经典之作。

（康　震）

七律·长征

一九三五年十月

红军不怕远征难，万水千山只等闲。

五岭逶迤腾细浪，乌蒙磅礴走泥丸。

金沙水拍云崖暖，大渡桥横铁索寒。

更喜岷山千里雪，三军过后尽开颜。

这首诗最早发表在《诗刊》一九五七年一月号。

‖ 注 释 ‖

万水千山只等闲　本句是说艰险的遥远征途在红军看来不过是平常之事。万水千山，形容路途遥远艰险。只，仅仅，不过。等闲，寻常，平常。唐贾岛《古意》："志士终夜心，良马白日足。俱为不等闲，谁是知音目。"

五岭逶迤（wēiyí）腾细浪　五岭，即大庾、骑田、萌渚、都庞、越城等五岭的总称，在湘、赣和粤、桂等省区边境。1934年10月，中央红军从福建、江西出发，沿这四省边境的五岭山道，越过敌人封锁线，向西进军。逶迤，也作"逶蛇"，道路、河流、山脉曲折绵延的样子。汉王粲《登楼赋》："路逶迤而修迥兮，川既漾而济深。"腾，上升，一说为跳跃、奔腾。"腾细浪"是说险峻的五岭绵延起伏，尽收红军眼底，如同水面泛起的细小波浪。

乌蒙磅礴走泥丸　乌蒙，山名，绵延在贵州、云南两省之间，气势金沙水拍云崖暖，大渡桥横铁索寒。更喜岷山千里雪，三军过后尽开颜。

毛泽东

一九六三年十二月书

长征诗一首

红军不怕远征难，万水千山只等闲。五岭逶迤腾细浪，乌蒙磅礴走泥丸。金沙水雄伟。走泥丸，典出《汉书·蒯通传》"必相率而降，犹如坂上走丸也"句，一说以斜坡上滚泥丸，形容速度极快，衬出山势起伏。

金沙水拍云崖暖　金沙，金沙江，即长江上游自青海省玉树州至四川省宜宾市之间的一段。云崖，高峻的山崖。暖，一说指崖壁的色彩可能是赭色，给人以暖的感觉；一说运用了通感，强化了击水之声可闻的感受。

大渡桥横铁索寒　大渡河，古称沫水、阳山江，隋唐以后称大渡水，为岷江最大支流，发源于青海省班玛县西北果洛山东南麓，两岸都是高山峻岭，水势陡急，唐代为剑南西川防守吐蕃、南诏的重要防线。桥，指大渡河泸定桥，在四川省泸定县，桥身以十三根铁索组成，上铺木板。寒，指铁索给人寒冷的感觉。

岷山　古称汶山，《尚书·禹贡》："岷山通江。"主体部分在四川省北部，绵延于四川、甘肃两省边境。岷山的南支和北支，有几十座山峰海拔超过四千五百米，山顶终年积雪，称为大雪山。

开颜　脸上出现高兴的样子。唐杜甫《宴王使君宅题二首》："自吟诗送老，相劝酒开颜。"

‖ 作者自注自解 ‖

1958年12月21日，毛泽东在文物出版社同年9月刻印的大字本《毛主席诗词十九首》的书眉上批注道："水拍：改浪拍。这是一位不相识的朋友建议如此改的。他说不要一篇内有两个浪字，是可以的。三军：红军一方面军，二方面军，四方面军。不是海、陆、空三军，也不是古代晋国所作上军、中军、下军的三军。"

另据臧克家回忆，1960年前后听袁水拍传达毛泽东亲自回答问题时所作的记录说：" '五岭逶迤腾细浪，乌蒙磅礴走泥丸'，我的草草铅笔记录是'两说均可'，也就是说：队伍在高山峻岭中如细浪，如走泥丸；或说山岭本身像细浪，似泥丸。" 1964 年 1 月 27 日，毛泽东口头答复外国文书籍出版局《毛主席诗词》英译者说："把山比作'细浪''泥丸'，是'等闲'之意。"

‖ **赏 析** ‖

一往无前：红军不怕远征难

——重读《七律·长征》

《七律·长征》是最早以印刷文字流传开来的毛泽东诗词作品。1936 年 10 月，埃德加·斯诺在陕西保安采访毛泽东时，毛泽东把长征诗抄赠给斯诺。它最早披露于北平东方快报印刷厂 1937 年 3 月秘密出版的《外国记者西北印象记》，该诗以《毛泽东所作红军长征诗一首》为标题刊登在该书的封三上。1937 年 10 月，埃德加·斯诺的《红星照耀中国》英文版在伦敦戈兰茨出版公司出版，1938 年 2 月，上海复社翻译出版中译本《西行漫记》。在《长征》一章，斯诺写道："我把毛泽东主席关于这一六千英里的长征的旧体诗附在这里作为尾声，他是一个既能领导远征又能写诗的叛逆。" 1939 年 5 月，在延安鲁迅艺术学院为成立周年而举办的文艺创作与活动展览会上，展出了毛泽东长征诗的手书稿。1940 年前后，王承骏（久鸣）将其谱成歌曲《长征》，在抗日根据地开始传唱。

新中国成立前，国内的一些报刊、书籍也曾陆续刊登过这首诗。

如：1938 年 3 月延安的抗战杂志《血光》；1942 年 8 月 1 日苏北抗日根据地的《淮海报》；1947 年 10 月冀南书店出版的《二万五千里》一书；1949 年 8 月 2 日上海《解放日报》等。1957 年 1 月，经作者修改审定，《诗刊》创刊号正式发表了该诗，定题为《七律·长征》，未标明写作时间。1963 年 12 月人民文学出版社出版《毛主席诗词》时，标明写作时间为"一九三五年十月"。

由于王明"左"倾错误路线领导，中央红军反第五次大"围剿"遭受严重挫折。1934 年 10 月，中央红军主力从中央革命根据地进行战略转移，行军二万五千里，冲破敌人的围追堵截，战胜无数艰难险阻，1935 年 10 月到达陕北革命根据地。据《毛泽东年谱（1893—1949）》记载：1935 年 10 月，"过了岷山，长征即将取得胜利，毛泽东心情豁然开朗，作《七律·长征》诗。"

毛泽东曾多次把《七律·长征》书赠友人或工作人员。比如，1961 年 8、9 月庐山工作会议期间，毛泽东把《七律·长征》书赠给江西省农垦局文工团演员邢韵声；1962 年 4 月 20 日，毛泽东把该诗手迹赠送给卫士长李银桥。这首诗现在所见存留作者六件手迹，毛泽东也曾对此诗进行修改校订。1958 年 12 月 21 日，毛泽东在《毛主席诗词十九首》上批注道："水拍：改浪拍。这是一位不相识的朋友建议如此改的。他说不要一篇内有两个浪字，是可以的。"这位"不相识的朋友"，指山西大学历史系的罗元贞教授，他曾于 1952 年 1 月 1 日致信毛泽东，对《七律·长征》提出修改建议。

首联"红军不怕远征难，万水千山只等闲"，概括红军的英雄主义气概，点出全篇的中心思想，奠定全诗的艺术基调。面对"远征难"，红军硬是"不怕"，迎难而上；"万水千山"是"远征难"的具体化、形象化，红军以"只等闲"的态度淡然视之。"万水千山"并非实数，运用的是"互文见义"的修辞手法。

　　颔联"五岭逶迤腾细浪，乌蒙磅礴走泥丸"，以五岭和乌蒙山代表"千山"，写对"千山"的征服，把长征过程写得充满跳跃感。"逶迤""磅礴"两词极为准确地反映出千山的险峻，"腾细浪""走泥丸"与"逶迤""磅礴"形成巨大反差，表现出红军征服崇山峻岭的精神伟力。在英勇红军面前，蜿蜒不绝的五岭像是翻腾着浪花的溪流，气势雄伟的乌蒙山也只像滚动着的渺小的泥丸。1964 年 1 月 27 日，毛泽东在回答《毛主席诗词》英译者问时解释说："把山比作'细浪''泥丸'，是'等闲'之意。"

　　颈联"金沙水拍云崖暖，大渡桥横铁索寒"，以金沙江和大渡河代表"万水"，写对水的征服。金沙江两岸悬崖峭壁，湍急水流拍击两岸山崖，其声可闻，"暖"字强化这一感受。大渡河上的泸定桥横跨两岸，十几根铁索露出森森寒光。红军攻坚克难，巧渡金沙江，飞夺泸定桥，"暖""寒"力透纸背，彰显出红军的顽强斗志。

　　尾联"更喜岷山千里雪，三军过后尽开颜"，写红军翻越雪山，最终摆脱困境。岷山千里积雪不化，是长征最艰难的路段。1958 年 12 月 21 日，毛泽东在《毛主席诗词十九首》上批注道："三军：红军一方面军，二方面军，四方面军。不是海、陆、空三军，也不是古代晋国所作上军、中军、下军的三军。""更喜"表现了红军藐视困难的乐观精神，"过"字不仅指翻越岷山的胜利，"尽开颜"更凸显长征胜利后的欢欣鼓舞。

　　《七律·长征》俨然是一幅万里行军图，通篇用轻快的笔调抒发征服者的豪迈和胜利者的喜悦，尽情挥洒傲视万物、无所畏惧的大无畏气概。崇山峻岭、激流险滩、雪山冰峰在红军眼里，不再是不可逾越的险境，而变成了一种雄奇崇高的美景，升华为撼人心魄的艺术境界。《七律·长征》区区 56 个字，字字珠玑，显示了中国文字表情达意的神奇曼妙，表现了毛泽东写诗填词的深厚功力，更体现出高瞻远瞩、审时度势、攻坚克难、绝处逢生的中国智慧。

《七律·长征》不仅艺术表达了毛泽东的浪漫情怀与磅礴气势，而且充分体现了长征的史诗意味与精神价值。长征艰苦卓绝、波澜壮阔，是中国革命史上的重大历史事件，是人类历史上的伟大壮举。毛泽东在《论反对日本帝国主义的策略》中指出："长征是历史纪录上的第一次，长征是宣言书，长征是宣传队，长征是播种机。自从盘古开天地，三皇五帝到于今，历史上曾经有过我们这样的长征吗？……总而言之，长征是以我们胜利、敌人失败的结果而告结束。"长征所凝成的长征精神，是中国共产党人和中华民族的宝贵精神财富。2016 年 10 月 21 日，习近平总书记在纪念红军长征胜利 80 周年大会上的讲话中深刻阐释了长征精神的丰富蕴含："伟大长征精神，就是把全国人民和中华民族的根本利益看得高于一切，坚定革命的理想和信念，坚信正义事业必然胜利的精神；就是为了救国救民，不怕任何艰难险阻，不惜付出一切牺牲的精神；就是坚持独立自主、实事求是，一切从实际出发的精神；就是顾全大局、严守纪律、紧密团结的精神；就是紧紧依靠人民群众，同人民群众生死相依、患难与共、艰苦奋斗的精神。"《七律·长征》蕴涵着中国共产党人"四个自信"的丰富元素、情感基调和史诗底蕴，伟大长征精神必将激励着一代又一代中华儿女去战胜一切艰难险阻，去完成新长征路上的一个个崇高使命，去创造中华民族伟大复兴的辉煌未来。

（汪建新）

念奴娇 · 昆仑

一九三五年十月

横空出世，莽昆仑，阅尽人间春色。飞起玉龙三百万，（原注）搅得周天寒彻。夏日消溶，江河横溢，人或为鱼鳖。千秋功罪，谁人曾与评说？　　而今我谓昆仑：不要这高，不要这多雪。安得倚天抽宝剑，把汝裁为三截？一截遗欧，一截赠美，一截还东国。太平世界，环球同此凉热。

这首词最早发表在《诗刊》一九五七年一月号。

‖ 作者原注 ‖

前人所谓"战罢玉龙三百万，败鳞残甲满天飞"，说的是飞雪。这里借用一句，说的是雪山。夏日登岷山远望，群山飞舞，一片皆白。老百姓说，当年孙行者过此，都是火焰山，就是他借了芭蕉扇扇灭了火，所以变白了。

‖ 注　释 ‖

昆仑　山脉名称。其主脉在新疆维吾尔自治区和西藏自治区交界处，西接帕米尔高原，东段分北、中、南三支伸展。其南支向东延伸后与岷山相接，因而红军长征时所经过的岷山，也可以看作昆仑山支脉之一。

横空出世　横空，横在空中；出世，高出尘世。形容山的高大和险峻。

飞起玉龙三百万　这里是说终年积雪的昆仑山脉蜿蜒不绝，好像无数的白龙正在空中飞舞。化用北宋张元咏雪诗句，始见南宋吴曾《能改斋漫录》卷十一"战死玉龙三十万，败鳞风卷满天飞"，以后记载渐有出入。玉龙，白色的龙；三百万，非实指，形容其多。

周天寒彻　满天冷透。周天，满天，整个天地间。

江河横溢　长江和黄河都洪水泛滥。江，指长江。河，指黄河。《墨子·亲士》："江河之水，非一源之水也，千镒之裘，非一狐之白也。"

人或为鱼鳖　人们也许要被洪水淹死。《左传·昭公元年》："微（没有）禹，吾其鱼乎！"意为如果没有禹治水，人淹于水中，如鱼如鳖。

千秋功罪　指昆仑山脉几千年来，给长江、黄河输送水源和冰雪融化、造成洪灾的功绩与罪过。本词偏重于论"罪"。千秋，形容岁月长久。《文选》："嘉会难再遇，三载为千秋。"

倚天抽宝剑　传战国宋玉《大言赋》："方地为车，圆天为盖。长剑耿耿倚天外"。倚天，形容宝剑极长和带剑的人极高大。唐李白《大猎赋》："于是擢倚天之剑，弯落月之弓。"

遗（wèi）　赠予。

还东国　首次发表时原作"留中国"，1963年版《毛主席诗词》改为"还东国"。东国，指中国、日本等东亚国家。

太平世界，环球同此凉热　创立一个真正太平的世界，使全世界气候都像这里一样冷暖适宜，意即要在世界范围内实现共产主义的理想。

横空出世，莽昆仑，阅尽人间春色。飞起玉龙三百万，搅得周天寒彻。夏日消溶，江河横溢，人或为鱼鳖。千秋功罪，谁人曾与评说？

而今我谓昆仑：不要这高，不要这多雪。安得倚天抽宝剑，把汝裁为三截？一截遗欧，一截赠美，一截还东国。太平世界，环球同此凉热。

‖ **作者自注自解** ‖

关于"昆仑", 1958 年 12 月 21 日, 毛泽东在文物出版社同年 9 月刻印的大字本《毛主席诗词十九首》的书眉上批注道: "昆仑: 主题思想是反对帝国主义, 不是别的。改一句: 一截留中国, 改为一截还东国。忘记了日本人是不对的。这样, 英、美、日都涉及了。别的解释不合实际。"

关于"飞起玉龙三百万", 毛泽东在手书的一幅《念奴娇·昆仑》上批注道: "宋人咏雪诗云: '战罢玉龙三百万, 败鳞残甲满天飞。' 昆仑各脉之雪, 积世不灭, 登高远望, 白龙万千, 纵横飞舞, 并非败鳞残甲。夏日部分消溶, 危害中国, 好看不好吃, 试为评之。"

‖ **赏　析** ‖

拔剑斩昆仑，世界盼太平

——重读《念奴娇·昆仑》

这首词作于 1935 年 10 月的长征途中。毛泽东在长征中, 一共写了五首诗, 分别是《忆秦娥·娄山关》《十六字令三首》《七律·长征》《清平乐·六盘山》《念奴娇·昆仑》。按照长征途经路线, 写作《昆仑》的时间, 应该在《六盘山》之前。

1935 年 9 月 12 日, 中央红军到达甘肃迭部县俄界, 举行了中共中央政治局扩大会议。毛泽东作了目前行动方针的报告。他提出, 我们要打通同国际的联系, 打到陕北去, 以游击战争与苏联发生联系。争取"一省数省首先胜利……不过不是在江西, 而是在陕、甘"。(《毛泽东年谱（1893—1949）》上卷，人民出版社、中央文献出版社 1993 年 12 月版）会议一致同意毛泽东的结论，决定编成中国工农红军陕甘支队，毛泽东亲任政委，彭德怀为司令员，林彪为副司令员。

9 月 18 日，毛泽东率领陕甘支队翻越昆仑山分支岷山的大雪山。昆仑山脉主脉在新疆和西藏交界处，分三支向东伸展，其中横贯几千里的昆仑山脉南路尾端，与红军翻越的岷山相连。之后不久，毛泽东写下了这首《昆仑》。但是，毛泽东在给《诗刊》发表时，却将《昆仑》排在了长征诗词的最后一篇。

这恐怕不是记忆之误。毛泽东对这首词有详细批注，回忆当时自己的观昆仑感受和地理风情，历历数来，恍如昨日。在"飞起玉龙三百万，搅得周天寒彻"一句下，他注道："前人所谓'战罢玉龙三百万，败鳞残甲满天飞'，说的是飞雪。这里借用一句，说的是雪山。夏日登岷山远望，群山飞舞，一片皆白。老百姓说，当年孙行者过此，都是火焰山，就是他借了芭蕉扇扇灭了火，所以变白了。"

那么，我们可以自己去咀嚼品味。毛泽东将这首词放在长征诗词最后，实在是因为，翻越岷山，是两个转折点，不仅是红军长征和毛泽东心境的转折点，还是他诗词创作语境和立意，由国内走向国际的转折点。

第一个转折点——毛泽东在《娄山关》的批注里，将长征诗词反映的心情的跌宕起伏做了描述："万里长征，千回百折，顺利少于困难不知有多少倍，心情是沉郁的。过了岷山，豁然开朗，转化到了反面，柳暗花明又一村了。以下诸篇，反映了这一种心情。"

俄界会议确立了毛泽东提出的建立陕甘根据地的主张，为中国革命找到了新的落脚点；而且对张国焘的分裂主义、军阀主义进行了初步清算，毛泽东作出的结论也被会议一致接受："张国焘是发展着的军阀主义倾向，将来可能发展到叛变革命，这是党内空前未有的。"（《毛泽东年谱（1893—1949）》上卷）

会后，翻越雪山，远眺莽莽昆仑，想到目的地陕甘就在不远的前方，柳暗花明又一村，毛泽东的心情，也自然和全体红军官兵一样，由沉郁转变为豁然开朗。

第二个转折点——毛泽东这首词的创作立意，气势宏大，第一次把视野由国内推向了国际，境界超过他以往的诗词。

说这首词是气势宏大之最，不仅因为它所描写的"横空出世"莽莽昆仑，超过以前他在游击战和长征中攀登过的大小南国丘陵。"会当凌绝顶，一览众山小。"更在于，毛泽东昆仑山放眼，深邃视野不限于众山。他在顶峰看到了整个人类地球。

1958 年 12 月，毛泽东在文物出版社的线装本《毛主席诗词十九首》《昆仑》词天头上批注道："昆仑：主题思想是反对帝国主义，不是别的。改一句：一截留中国，改为一截还东国。忘记了日本人是不对的。这样，英、美、日都涉及了。别的解释不合实际。"1963 年人民文学出版社出版的《毛泽东诗词》，按照他的意见，改为"一截还东国"。

在此之前，毛泽东的诗词咏叹所及，范围已是广袤无涯、纵横万千，但涉及世界形势，主题思想反对帝国主义的，这是第一首。

中央红军长征以后，跋山涉险，迁徙万里，日夜鏖战，与共产国际失去了联系，对国际国内形势和其他革命根据地的情况，一无所知，十分闭塞，为了接近苏联创造根据地，不懈地向北走。

翻越岷山后，毛泽东立即召见一纵队侦察连连长梁兴初、指导员曹德连，要他们到哈达铺找些"精神食粮"，只要是近期和比较近期的报纸杂志都找来。(《毛泽东年谱(1893—1949)》上卷)侦察连果然不负所望,在缴获军阀鲁大昌一个少校行李中找到几份报纸。聂荣臻看到了两天前徐海东红军与陕北刘志丹红军在陕北延川根据地汇合、成立红十五军团的消息,立即把报纸送到毛泽东手中。毛泽东高兴地说:好了!好了!我们快到陕北根据地了。

9月27日,毛泽东在通渭县榜罗镇举行的中央常委会议上,根据报纸消息,提议改变接近苏联建立根据地的决定,把中共中央和陕甘支队的落脚点放在陕北,"在陕北保卫和扩大苏区"(《毛泽东年谱(1893—1949)》上卷)。大概同样从报纸上,他了解到新的国际形势,有了气势恢宏的联想。10月22日,毛泽东在吴起镇的中央会议上,兴奋地说:"当前世界革命进到新的阶段,帝国主义到处冲突。日本帝国主义独占华北,反帝运动高涨,反帝革命在全国酝酿,陕北群众急需革命!"(《毛泽东年谱(1893—1949)》上卷)这是《昆仑》词的政治注解。

毛泽东要倚天抽出革命的宝剑,将昆仑山"裁成三截",一截给欧洲,一截给美国,一截留给日本,让帝国主义三大势力到处侵略造成的人间炎凉不平,成为"环球同此凉热"的"太平世界"。这是何等的伟岸气魄!

作为诗人,毛泽东由这首词走向纵论世界的诗坛;作为政治家,他由中国共产党的最高领导者登上世界舞台。正如美国学者R·特里尔所说:"长征结束时,毛甚至把层峦叠嶂的山峰看作是中国革命的象征,世界和平就在山的另一边。"(《毛泽东传》,河北人民出版社1989年3月版)他隐约地感到,毛泽东如同神话夸父逐日中的巨人,正在大步地迈过群山,向世界走来。

新中国成立后,毛泽东没有忘记昆仑。1964年夏季,他拟定了一个诗人才有的浪漫计划：骑马沿着黄河考察，去黄河源头——昆仑山南支巴颜喀拉山溯源；同时也考察黄河流域的综合治理，彻底改变"夏日消溶，江河横溢，人或为鱼鳖"的洪灾。但是，8月6日深夜，美国海空军突然袭击越南北部湾，对北越进行了大规模轰炸。清晨6点，毛泽东十分遗憾地在《中国政府抗议美国侵犯越南的声明》稿上，批示给汪东兴、江青："要打仗了，我的行动得重新考虑。"（《建国以来毛泽东军事文稿》下卷，军事科学出版社、中央文献出版社2010年版）

《昆仑》词成为诗人毛泽东咏叹昆仑的绝唱。但给我们留下的，却是亘古的回响。

（陈东林）

清平乐·六盘山

一九三五年十月

天高云淡，望断南飞雁。不到长城非好汉，屈指行程二万。　　六盘山上高峰，红旗漫卷西风。今日长缨在手，何时缚住苍龙？

这首词最早发表在《诗刊》一九五七年一月号。

‖ 注　释 ‖

望断南飞雁　望着一行行南飞的大雁，一直望到看不见。化用唐王维《寄荆州张丞相》："目尽南飞雁，何由寄一言。"古人有雁足传书之说，当时还有不少同志在南方打游击，因而注目飞雁，想把胜利的消息和怀念同志、父老乡亲的感情像归雁传书那样传过去。望断，向远处望直到看不见。《南齐书·苏侃传》："青关望断，白日西斜。"

长城　一说借六盘山附近遗存的古长城指代长征的目的地；一说为抗日前线。

屈指　弯着指头计数。《三国志·魏书·张郃传》："屈指计亮粮不至十日。"

红旗漫卷　红旗，首次发表时原作"旄头"，1963年版《毛主席诗词》改为"红旗"。旄头含有作先锋的意义，用旄头表示对红军的讴歌，后改作"红旗"，更鲜明形象。漫卷，这里指随风翻卷。

六盘山上高峰，红旗漫卷西风。今日长缨在手，何时缚住苍龙？

毛泽东

清平乐

六盘山

天高云淡，望断南飞雁。不到长城非好汉，屈指行程二万。

今日长缨在手，何时缚住苍龙 化用南宋刘克庄《贺新郎·国脉微如缕》："问长缨何时入手，缚将戎主？"长缨，见《蝶恋花·从汀州向长沙》注。苍龙，既指称古代二十八星宿中东方七宿，也指太岁星，古代术数家以太岁所处为凶位，故引申为凶恶的人。

‖ 作者自注自解 ‖

1958年12月21日，毛泽东在文物出版社同年9月刻印的大字本《毛主席诗词十九首》的书眉上批注道："苍龙：蒋介石，不是日本人。因为当前全副精神要对付的是蒋不是日。"

‖ 赏 析 ‖

不怕困难，不断进取

——重读《清平乐·六盘山》

每年都有大量中外游客去爬长城，一边拍照留念，一边会不自觉地说一句"不到长城非好汉"。在这句表达决心的话语背后，有怎样的一番故事？

1934年10月，第五次反"围剿"失败后，毛泽东随中央红军从江西于都出发，踏上了漫漫长征路。一路上，总是山连着山，一山更比一山高，一山更比一山难。山，既是红军行路的敌人，"倒海翻江卷巨澜""刺破青天锷未残"；也是红军前进路上最熟悉的朋友，常常是"奔腾急，万马战犹酣"。一年的光景，红军来到六盘山，其位于宁夏西南部、甘肃省东部，因山路曲折，需要盘旋多道才能达到山顶而得名。

10 月 7 日，红军途经青石嘴，遭遇何柱国两个连的骑兵，毛泽东立即到一个山头指挥作战。从聂荣臻的回忆里，我们看到，采取的是两个大队从两侧迂回兜击、一个大队从正面突击的战法，猛虎扑食，饿虎下山，战斗很快就胜利结束了，缴获战马百余匹。毛泽东率陕甘支队顺利地越过六盘山主峰，继续向环县与庆阳之间前进。六盘山就此成为红军长征途中翻越的最后一座高山，被誉为曙光之山、胜利之山。伴随着"豁然开朗"的心情，毛泽东挥笔写下著名词作《清平乐·六盘山》。

上阕四句写景写情。"天高云淡，望断南飞雁。"一个站立于高山之巅，举目远望的形象扑面而来。起笔气势庞大，让人感受到天地之辽阔，作者气魄之博大。一个"断"字，既是写出山之高，更是写出作者之关切：极目尽头，回看从南方一路走来的路，那里有"九死一生如昨"的烽火战斗，那里还有许多革命的同志。"不到长城非好汉，屈指行程二万。"紧承上句的回首，转笔写现在，算起来有二万五千里，但在作者看来，不过是区区的扳两下手指而已；更是写未来，不达目的誓不罢休。这两句也成为许多人的座右铭。

下阕四句明志。"六盘山上高峰，红旗漫卷西风。"点明位置所在，既实写刚刚结束的战斗，胜利之心情跃然纸上；也是概写红军所向披靡，敢于和一切敌人作战，勇于胜利。"今日长缨在手，何时缚住苍龙"语词化用南宋刘克庄《贺新郎》"问长缨何时入手，缚将戎主"，用事则是汉武帝时终军"愿受长缨，必羁南越王而致之阙下"。从中，我们读到的是毛泽东那天下在肩的历史主动和担当。

从艺术上，这首词也体现了毛泽东诗词的主体风格，那就是大气磅礴，雄浑豪放，具有强烈的感染力。

在毛泽东诗词中，《清平乐·六盘山》大概是最早被谱成歌曲传唱的一首作品。1942 年 8 月 1 日，新四军办的《淮海报》刊登了一首《长征谣》，歌词是："天高云淡，望断南归雁，不到长城非好汉！同志们，屈指行程已两万！同志们，屈指行程已两万！六盘山呀山高峰，赤旗漫卷西风。今日得着长缨，同志们，何时缚住苍龙？同志们，何时缚住苍龙？"

1959 年 9 月，人民大会堂落成。在布置宁夏厅时，宁夏的同志提出，把毛泽东的《清平乐·六盘山》刻在宁夏特有的贺兰石上，再配上一幅毛主席长征过六盘山的画。由于当时未留下手稿，宁夏有关部门找到董必武，希望他出面请毛泽东亲笔书写这首词。董必武给毛泽东写了一封言辞恳切的信，转达了宁夏方面的请求。1961 年 9 月，中央工作会议在庐山召开，期间，在开会之暇，毛泽东书写了这首词。他派人把手迹送给董必武，并附上一信，特意说明道："遵嘱写了六盘山一词，如以为可用，请转付宁夏同志。如不可用，可以再写。"写了可以再写，自然是因为那段难忘岁月。

《清平乐·六盘山》是毛泽东在中央红军长征即将结束时所作的最后一首词，也是毛泽东诗词中脍炙人口的精品力作。今天我们重读这首词，最具有启发意义的有两点：

一是"不到长城非好汉"的不怕困难、不断进取。2013 年 12 月 26 日，在纪念毛泽东同志诞辰 120 周年座谈会上，习近平同志引用了这首词说道："实现我们确立的奋斗目标，我们既要有'乱云飞渡仍从容'的战略定力，又要有'不到长城非好汉'的进取精神。"三年后，2016 年 7 月，在宁夏银川主持召开东西部扶贫协作座谈会时，他充满激情地说："我要用毛主席当年过六盘山时写下的词句同大家共勉，就是'不到长城非好汉'。"长征永远在路上,会不断面临新的斗争、新的困难,有许多新的"雪山""草地"需要跨越,许多"娄山关""腊子口"需要征服。对于一个国家、一个党、一个民族来说,是这样;对于个人来说,也是如此。贪图安逸、不愿进取的想法是要不得的;害怕困难、不敢进取的行为是没有出息的。

二是"今日长缨在手"的自信与担当。走下六盘山,毛泽东对身边人说:"从江西算起到现在,我们已经走过了十个省。走下山去,就进入第十一个省——陕西省了,那里就是我们的根据地、我们的家了。"(《毛泽东年谱(1893—1949)》)但这个家并不是一下子就能安顿下来。家的四周,敌人重兵密布,前有阻敌、后有追兵,国内是蒋介石为代表的反动统治,国际是日本的不断侵华;党内也还存在不同思想的激烈斗争,等待这支队伍的,还有许多未知的凶险。然而,在词中,却处处洋溢着乐观自信,充满了"士以天下为己任"的历史担当。在这首词中,毛泽东既对红军所走过的二万五千里长征作了诗化的总结,更对我们党和军队的未来作了自信的表达:这就是今日长缨在手,他日必缚苍龙。

多年来,这首词一直广泛流传,不管是个人,还是集体,都深受这首词的鼓舞,成为人们不畏艰险,战胜困难,不断进取的精神动力。

(钟　波)

沁园春·雪

一九三六年二月

北国风光，千里冰封，万里雪飘。望长城内外，惟余莽莽；大河上下，顿失滔滔。山舞银蛇，原驰蜡象，（原注）欲与天公试比高。须晴日，看红装素裹，分外妖娆。　　江山如此多娇，引无数英雄竞折腰。惜秦皇汉武，略输文采；唐宗宋祖，稍逊风骚。一代天骄，成吉思汗，只识弯弓射大雕。俱往矣，数风流人物，还看今朝。

这首词最早发表在《诗刊》一九五七年一月号。在这以前，一九四五年十月，毛泽东在重庆曾把这首词书赠柳亚子（参看《七律·和柳亚子先生》〔索句渝州叶正黄〕注），因而被重庆《新民报晚刊》在十一月十四日传抄发表，以后别的报纸陆续转载，但多有讹误，不足为据。

‖ 作者原注 ‖

原指高原，即秦晋高原。

‖ 注　释 ‖

长城　这里指陕西、山西北部的长城。

惟余莽莽 惟余，只剩下。莽莽，本形容茂盛貌，后又形容事物无边无际的样子，这里指原野白茫茫一片。唐杜甫《秦州杂诗》其七："莽莽万重山，孤城山谷间。"

大河上下，顿失滔滔 指黄河的上游和下游，因冰封而立刻消失滚滚的波浪。河，古代专指黄河。滔滔，大水奔流貌。

山舞银蛇 本句意为连绵不断的群山，在大雪笼罩下好像白蛇在舞动。山，指陕西、山西北部的群山。舞，舞动。银，白色。

原驰蜡象 本句意为高低起伏的高原，在大雪笼罩下好像一群白象在奔跑。驰，奔跑。蜡，蜡白，引申为极白。

欲与天公试比高 本句意为在大雪笼罩下的群山和高原，好像要同长天比试高低。天公，对天拟人化的敬称。宋陆游《残雨》："五更残雨滴檐头，探借天公一月秋。"试比，即比试。

须晴日，看红装素裹，分外妖娆（ráo） 本句意为待到雪霁天晴，红日和白雪互相映照，放眼望去好像内着红艳服装的美女裹着白色的外衣，格外娇媚。须，待，等到。妖娆，娇艳美好。

竞折腰 这里是说争着为江山社稷奔走操劳。折腰，弯腰行礼，这里是倾倒的意思。《晋书·陶潜传》："吾不能为五斗米折腰。"

秦皇汉武 秦始皇嬴（Yíng）政（前259—前210），秦朝的建立者；汉武帝刘彻（前156—前87），汉朝功业最盛的皇帝。

略输文采 本句是说秦皇汉武，武功甚盛，对比之下，文治方面的成就略有逊色。文采，本指辞藻、才华，这里的"文采"和下文的"风骚"用来概括广义的文化，包括政治、思想、文化在内。

唐宗宋祖 唐太宗李世民（599—649），唐朝建立统一大业的皇帝；宋太祖赵匡胤（yìn）（927—976），宋朝开国皇帝。

稍逊风骚 意近"略输文采"。

惜秦皇汉武，略输文采；唐宗宋祖，稍逊风骚。一代天骄，成吉思汗，只识弯弓射大雕。俱往矣，数风流人物，还看今朝。

毛泽东

沁園春

北國風光，千里冰封，萬里雪飄。望長城內外，惟餘莽莽；大河上下，頓失滔滔。山舞銀蛇，原馳蠟象，欲與天公試比高。須晴日，看紅裝素裹，分外妖嬈。

江山如此多嬌，引無數英雄競折腰。

天骄 汉时匈奴自称为"天之骄子",《汉书·匈奴传》:"南有大汉,北有强胡。胡者,天之骄子也。"后以"天骄"泛称强盛的边地民族。

成吉思汗(hán) 元太祖铁木真(1162—1227)在1206年统一蒙古后的尊称,意思是"强者之汗"("汗"是可汗的省称,即王)。后来蒙古在1271年改国号为元,成吉思汗被推尊为元太祖。

只识弯弓射大雕 本句是说只以武功见长。弯弓,拉弓。雕,一种鹰类大型猛禽,善飞难射,古代常用"射雕手"比喻高强的射手。《史记·李将军列传》:"生得一人,果匈奴射雕者也。"

俱往矣 都已过去了。

数(shǔ)**风流人物** 数,计算。风流人物,这里指对历史发展有极大影响的人。苏轼《念奴娇·赤壁怀古》:"大江东去,浪淘尽,千古风流人物。"

‖ 作者自注自解 ‖

1958年12月21日,毛泽东在文物出版社同年9月刻印的大字本《毛主席诗词十九首》的书眉上批注道:"雪:反封建主义,批判二千年封建主义的一个反动侧面。文采、风骚、大雕,只能如是,须知这是写诗啊!难道可以谩骂这一些人们吗?别的解释是错的。末三句,是指无产阶级。"

纵横捭阖：欲与天公试比高

——重读《沁园春·雪》

　　这首词最早正式发表在《诗刊》1957 年 1 月号。1958 年 7 月人民文学出版社出版的《毛主席诗词十九首》将"原驰腊象"改为"原驰蜡象"，这是毛泽东采纳臧克家的建议所作的修改。1963 年 12 月，该词收入人民文学出版社出版的《毛主席诗词》，标注时间为"一九三六年二月"。这首词留有作者十件手迹，与正式发表稿略有不同：如，"望长城内外"，有作"看长城内外"；"原驰蜡象"，九件作"原驰腊象"；"引无数英雄竞折腰"，有的作"引多数英雄竞折腰"；"一代天骄"，有的作"绝代姿容"。

　　1935 年 10 月，红军胜利到达陕北。1936 年 2 月，毛泽东率领中国人民红军抗日先锋军东渡黄河，奔赴抗日前线。当时整个西北高原冰雪覆盖，真是既雄伟又壮丽，而冰冻了的黄河别有一番独特景象。毛泽东来到陕西省清涧县高杰村附近的袁家沟，面对银装素裹的大好河山，回顾中华民族灿烂悠久的文明史，不禁豪情满怀，写下了壮丽诗篇《沁园春·雪》。1945 年 8 月，毛泽东飞赴重庆和谈。1945 年 10 月 7 日，毛泽东致信柳亚子："初到陕北看见大雪时，填过一首词，似与先生诗格略近，录呈审正。"（《毛泽东书信选集》，中央文献出版社 2003 年 11 月版）柳亚子对其赞不绝口："毛润之《沁园春》一阕，余推为千古绝唱，虽东坡、幼安，犹瞠乎其后，更无论南唐小令、南宋慢词矣。"（《诗词为媒：毛泽东与柳亚子》，中共中央党校出版社 1999

年1月版)《沁园春·雪》是毛泽东诗词中艺术成就最高、社会反响最大的巅峰之作。

词的上阕以虚实相间、动静结合、冷暖相映的多转折结构，讴歌北国雪景丰富多彩的美。"北国风光，千里冰封，万里雪飘"，开篇单刀直入，大笔挥洒，千里坚冰封冻，万里雪花飘扬。"千里冰封"写大地，"万里雪飘"写天空，一静一动，互相映衬，写得气魄宏大。"望长城内外，惟余莽莽；大河上下，顿失滔滔"，长城内外白茫茫一片，黄河上下已经结冰封冻，顿时失掉滔滔滚滚的水势。"莽莽"让人感到大地纯洁，"滔滔"变动为静，使人感到黄河静穆。"长城内外"系南北，"大河上下"属东西，如椽大笔瞬间勾勒出无比辽阔的壮美河山。

"山舞银蛇，原驰蜡象，欲与天公试比高。""原"指高原，即秦晋高原。群山和高原都被冰雪掩盖，一座座山峰绵延起伏，像银蛇在舞动；秦晋高原上的丘陵一个接着一个，像一只只白象在飞奔。"银蛇"写出山之飞动，突出山之逶迤绵延。"蜡象"写出高原之奔腾，突出高原之雄浑高峻。这是化静为动，写雪景的腾挪飞扬。向远处望去，山和丘陵与天相接，像在与天公比试高低了。作者赋予群山和高原以人的情感和意志，要与天公抗衡。"须晴日，看红装素裹，分外妖娆"，待到雪后放晴，红日和白雪映照，宛如浓妆美女披着白色外衣，格外娇媚。前面几句用冷色调写雪中江山的雄浑，这里用暖色调写出雪后江山的艳丽。

词的下阕在上阕歌颂江山多娇的基础上，自然而然地引出对古往今来活跃在这片美丽土地上的英雄人物的评论，作者从指点江山转到评点人物。"江山如此多娇，引无数英雄竞折腰"，祖国江山如此壮丽，致使古今无数英雄豪杰为之倾倒。宋代苏轼《念奴娇·赤壁怀古》："江山如画，一时多少豪杰。""江山如此多娇"，既包括现实的场景，又包括理想的境界，并引出为江山折腰的英雄来。

"惜秦皇汉武，略输文采；唐宗宋祖，稍逊风骚。一代天骄，成吉思汗，只识弯弓射大雕。""惜"字统领以下七句，特举出秦始皇、汉武帝、唐太宗、宋太祖和成吉思汗等封建时代的代表人物。他们虽有历史武功，但文治方面都有欠缺。"文采"，本指辞藻、才华；"风骚"，指《诗经》中的《国风》和屈原的《离骚》，后来用以代指《诗经》《楚辞》，又引申为文学作品的代称。对这些封建帝王而言，也指包括经济、政治、文化在内的"文治"。这些功业显赫的封建帝王尚存不足，封建社会其他人物则更是不屑一顾了。

"俱往矣，数风流人物，还看今朝。"以往的英雄豪杰都已成为历史，而主宰国家和民族的命运，还要当今英雄人物来承担。"风流"，本指仪表、风度，后指英俊、杰出。"风流人物"，取自苏轼《念奴娇·赤壁怀古》："大江东去，浪淘尽，千古风流人物。"末三句收放自如，恰如"泉流归海"，既收得尽，又言已尽而意无穷。

这首词有两处容易产生歧义。其一是"欲与天公试比高"一句，这是最具毛泽东天赋个性与精神品格的诗句。孟子曰："吾善养吾浩然之气。"这种浩然之气在《沁园春·雪》中体现得十分充盈，而"欲与天公试比高"堪称诗眼。毛泽东笔下的山超凡脱俗，俨然是毛泽东的人格化身，有《十六字令三首》其三为证："山，刺破青天锷未残。天欲堕，赖以拄其间。"山把天都捅破了，然而锋芒完好无损，真乃"壁立千仞，无欲则刚"，这是使命感、责任感、道义感使然。毛泽东赋予群山高原以高尚的人格，寄寓着对伟大的中国人民崇高精神的高度赞扬，体现着毛泽东在《论反对日本帝国主义的策略》中所说的："我们中华民族有同自己的敌人血战到底的气概，有在自力更生的基础上光复旧物的决心，有自立于世界民族之林的能力。"（《毛泽东选集》第一卷，人民出版社1991年6月版）正是这种洋溢于胸中的浩然之气，成就了毛泽东的气魄，成就了他的诗作，更成就了他的千秋伟业。

另一处更为费解的是下阕对几个历史人物的评点。生活·读书·新知三联书店1986年9月版《毛泽东的读书生活》一书中林克《忆毛泽东学英语》一文写道："一九五七年五月二十一日，他在学英语休息时说，《沁园春·雪》这首词是反封建的，'惜秦皇汉武，略输文采；唐宗宋祖，稍逊风骚'，是从一个侧面来批判封建主义制度的，只能这样写，否则就不是写词，而是写历史了。"在《毛主席诗词十九首》上的批注中，毛泽东如是说："雪：反封建主义，批判二千年封建主义的一个反动侧面。文采、风骚、大雕，只能如是，须知这是写诗啊！难道可以谩骂这一些人们吗？别的解释是错的。末三句，是指无产阶级。"

历史上写咏雪的名篇不少，但无论哪一个大家高手也没有毛泽东的咏雪词写得如此雄浑豪放，气势磅礴。诚如刘勰《文心雕龙》所云："故寂然凝虑，思接千载；悄焉动容，视通万里；吟咏之间，吐纳珠玉之声；眉睫之前，卷舒风云之色。"《沁园春·雪》写景有视通万里之阔，泱泱大国壮美河山尽情礼赞；议论有思接千载之深，悠悠历史显赫帝王任其评说。作品精工而不纤巧，豪放而不粗疏，且一气贯注，气象万千。深邃的思想，宏伟的构思，壮阔的画面，浩荡的诗情，读来荡气回肠，催人奋发向上。

（汪建新）

七律 · 人民解放军占领南京

一九四九年四月

钟山风雨起苍黄，百万雄师过大江。
虎踞龙盘今胜昔，天翻地覆慨而慷。
宜将剩勇追穷寇，不可沽名学霸王。
天若有情天亦老，人间正道是沧桑。

这首诗最早发表在人民文学出版社一九六三年十二月版《毛主席诗词》。

‖ 注　释 ‖

钟山风雨起苍黄　钟山，即紫金山，在南京市的东面。苍黄，同仓皇，即匆促，这里兼有变色的意思，是双关用法。起苍黄，即引起天翻地覆的变化。人民解放军只用三天时间，就突破了蒋介石苦心经营三个半月的长江防线，并且很快占领南京，这种变化，如急风骤雨一般。

虎踞龙盘今胜昔　虎踞龙盘，形容地势雄伟险要。《太平御览》引《吴录》："刘备曾使诸葛亮至京（指吴国都城建业，今南京南），因睹秣陵山阜，叹曰：'钟山龙盘，石头虎踞，此帝王之宅。'"昔，从前，往日。今胜昔，《南史·李膺传》："武帝悦之，谓曰：'今李膺何如昔李膺？'对曰：'今胜昔。'"

慨而慷　感慨而激昂，指人民解放军推翻国民党的反动统治，广大人民为之欢欣鼓舞。东汉曹操《短歌行》："慨当以慷，忧思难忘。"

宜将剩勇追穷寇　剩勇，剩余的勇力，即余勇。《左传·成公二年》：

"欲勇者贾余余勇。"穷寇，走投无路的敌人。《孙子兵法·军争篇》："穷寇勿迫，此用兵之法也。"作者在这里一改"穷寇勿迫"的说法，号召将革命进行到底。

不可沽名学霸王　沽名，猎取名誉。霸王，古称有天下者为王，诸侯之长为霸，这里指项羽。秦朝末年，项羽（据《史记·项羽本纪》，曾自封西楚霸王）和刘邦（后来的汉高祖）同时起兵反秦。刘邦先据秦都咸阳拒项羽。项羽歼灭了秦兵主力，拥四十万大军入咸阳。他当时为了避免"不义"之名，没有利用优势兵力消灭刘邦，后来反为刘邦所消灭。

天若有情天亦老，人间正道是沧桑　前一句借用唐李贺《金铜仙人辞汉歌》中诗句，原诗为"空将汉月出宫门，忆君清泪如铅水。衰兰送客咸阳道，天若有情天亦老"。三国时期，魏明帝欲将汉武帝时制作的金铜仙人像由长安运往洛阳，相传铜人悲痛得落泪，天若有情，也要因悲伤而衰老。作者借用此句，是想表达上天如果见到国民党反动派压迫人民，也会因悲痛而衰老。人间正道，人类社会发展的正常规律。沧桑，沧海变为桑田，这里比喻翻天覆地的革命性的发展变化。晋葛洪《神仙传》："麻姑谓王方平曰：'接侍以来，已见东海三为桑田。'"

‖ 作者自注自解 ‖

关于"天若有情天亦老"，1964 年 1 月 27 日，毛泽东口头答复外国文书籍出版局《毛主席诗词》英译者说："这是借用李贺的句子。与人间比，天是不老的。其实天也有发生、发展、衰亡。天是自然界，包括有机界，如细菌、动物。自然界、人类社会，一样有发生和灭亡的过程。社会上的阶级，有兴起，有灭亡。"

鍾山風雨起蒼黃，百萬
雄師過大江，虎踞龍盤今勝昔，
天翻地覆慨而慷，宜將剩
勇追窮寇，不可沽名學霸王，
天若有情天亦老，人間
正道是滄桑。

将革命进行到底，坚定走人间正道

——重读《七律·人民解放军占领南京》

　　《七律·人民解放军占领南京》是毛泽东诗词中用典十分绵密且极具代表性的作品之一，是"纪念南京解放、庆祝革命胜利的万古不磨的丰碑"，流传甚广，备受推崇。这首诗创作于 1949 年 4 月，最早发表于人民文学出版社 1963 年 12 月出版的《毛主席诗词》。

　　党的七届二中全会后不久，为了更好地领导解放战争和筹建新中国，毛泽东率领中共中央机关离开西柏坡，于 1949 年 3 月底入驻北平香山。当时，经过辽沈、淮海、平津三大战役，国民党政府在长江以北的力量已全线崩溃，全国革命胜利的曙光已经展现，但为了早日结束战争，实现真正的和平，毛泽东和党中央一刻也没有停止争取以和平方式解决战争问题的努力。从 4 月 1 日起，中国共产党代表团以最大诚意与国民党政府代表团进行了长达半个多月的和平谈判。然而，4 月 20 日，国民党当局拒绝在《国内和平协定（最后修正案）》上签字，谈判宣告破裂。21 日，毛泽东、朱德发布《向全国进军的命令》，人民解放军百万大军在千里战线上强渡长江，国民党长期苦心经营的长江防线顷刻瓦解。23 日，人民解放军解放南京，国民党反动统治宣告灭亡。

　　在这几天里，形势发展迅猛、非常喜人，住在香山的毛泽东是忙碌的，也是兴奋的。4 月 22 日深夜子时，他为中央军委起草祝贺第三野战军第七、第九兵团渡江胜利的电报，接着又撰写了《我三十万大军胜利南渡长江》《人民解放军百万大军横渡长江》两则新华社新闻稿。24日下午，习惯在夜晚工作的毛泽东起床后，手里拿着刊登有人民解放军占领南京消息的《人民日报》号外，在双清别墅院落的凉亭里饶有兴致地读起来，此刻，他的心情无疑是激动和喜悦的。但激动和喜悦之余，他又冷静下来，以政治家和战略家的视野从历史深处思索着历史关节点上标志性历史事件的深远意义和深刻启示。于是，一首寓意深远、气象宏伟、格调崇高的珍贵诗篇诞生了！

这首诗的首联、颔联重在写实和叙述，生动展现了人民解放军发动渡江战役并势如破竹迅速解放南京的伟大壮举。

首联"钟山风雨起苍黄，百万雄师过大江"，描写人民解放军强渡长江的摧枯拉朽之势以及由此带给国民党反动派的强烈震撼和巨大冲击。此联出句以"钟山风雨"起兴，继而以"苍黄"渲染革命暴风雨之迅猛异常。对句以"雄师过大江"指明"风雨起苍黄"的原因，由此也切入正题，生动形象地刻画出人民解放军百万大军以威武雄壮之姿和排山倒海之势直捣国民党巢穴的情形。

颔联"虎踞龙盘今胜昔，天翻地覆慨而慷"，描写南京解放后，当家做主的人民慷慨激昂、欢腾庆祝的场景。南京濒临长江天堑，控扼江淮之要冲，地处东南财赋之区，形势险要，位置关键，自古以来就是兵家必争之地，也是六朝故都。而此时此刻，这个历史上虎踞龙盘的所谓"帝王州"，这个国民党反动统治的中心，已经掌握在人民手中，从此换了人间。诗人用"今胜昔"简短三字，就把对南京解放的热情讴歌和人民欢呼、山河绽笑的胜利情景淋漓尽致展现出来。继而用"天翻地覆"写出了南京解放这一标志着解放战争取得决定性胜利的重大历史事件的深远意义。"慨而慷"，既是对人民解放军英勇无畏、锐不可当的赞扬，又是对全国人民欢欣鼓舞、豪情万丈的抒发。

在这空前伟大的胜利进军和天翻地覆的巨大变化面前，只要是追求进步、向往光明的人，又有谁不会为之慷慨激昂、鼓舞振奋呢？

然而，自古以来，做事情坚持到底者少，半途而废者多；打江山难，守江山更难。何况中国共产党人志在中华民族千秋伟业，所肩负的使命任务更为艰巨复杂。鉴往事，思来者。念及此，诗人陷入到了沉思中。这也就决定了该诗的后两联转向侧重说理和议论。

诗人的深邃思考在这首诗的颈联、尾联通过生动可感的艺术形象和简约而不简单的语言文字表达出来，那就是：将革命进行到底，坚定走人间正道。

早在 1948 年 12 月 30 日，毛泽东在为新华社写的题为《将革命进行到底》的新年献词的一开头就不容置疑地宣告："中国人民将要在伟大的解放战争中获得最后胜利，这一点，现在甚至我们的敌人也不怀疑了。"1949 年 3 月，在党的七届二中全会上，面对即将到来的全国性胜利，他又语重心长地向全党发出了"两个务必"的号召。越是接连取得胜利，越要时刻保持清醒头脑。这或许就是当读到人民解放军占领南京的消息，在胜利的喜悦背后，诗人深邃思考的关键问题。

颈联集中展现了"将革命进行到底"的战略思想。南京解放后，国民党政府虽然垮台了，但其残余武装还没有被彻底消灭，在这样的关键时刻，不能松劲，更不能听信有关方面的所谓"和平"建议，而不给敌人任何喘息、反扑的机会，必须坚决"将革命进行到底"。诗人一反兵法中强调的"穷寇勿迫"的做法，反其意而用之，吹响"宜将剩勇追穷寇"的号角，紧接着又创造性地运用项羽兵败垓下的典故提醒全党全军"不可沽名学霸王"。"宜"字、"不"字，一正一反，表达了不务虚名、不图虚利，必须坚决、彻底、干净、全部地歼灭敌人的鲜明态度和坚定决心，极富感染力和号召力。这一联从历史到现实、正和反相对照，引古论今、以古鉴今，洞察大势、鞭辟入里，告诫何等及时、教诲何等深远。

尾联则重在揭示人类社会发展的必然规律，表达坚定走人间正道的决心和信心。诗人先是借用唐代诗人李贺《金铜仙人辞汉歌》中的"天若有情天亦老"，赋予它新的更深厚的意义，接着借助古代神话，用"沧桑"一语道破人类社会发展的"正道"。正如天地万物新陈代谢、永不休止一样，人类社会也是在不断革新中向前发展的。国民党反动派逆历史潮流而行，必将被历史和人民所抛弃，而中国共产党领导人民进行的全国解放战争顺应了历史发展潮流，因而必然能够取得最后的胜利，这是历史发展的客观规律。将革命进行到底，乘胜追击敌人，彻底消灭一切反动派，正是行天下之"正道"。此句不仅有力宣示了砸碎旧世界、建设新中国的革命理想，寓示着一个崭新而伟大的时代的到来，而且诗人将视野延展到更远的历史时空中，意味深长地告诫人们：建立新中国只是万里长征第一步，前路漫漫，道阻且长，只有牢牢把握人类社会发展规律，始终站在历史正确和人民利益一边，将革命进行到底、坚定走人间正道，踔厉奋发、永远奋斗，不松劲、不懈怠，才能始终赢得历史主动，不断创造不负时代的新的历史伟业。

（高长武）

七律·和柳亚子先生

一九四九年四月二十九日

饮茶粤海未能忘，索句渝州叶正黄。
三十一年还旧国，落花时节读华章。
牢骚太盛防肠断，风物长宜放眼量。
莫道昆明池水浅，观鱼胜过富春江。

这首诗最早发表在《诗刊》一九五七年一月号。

‖ 注　释 ‖

和（hè）柳亚子先生　和，唱和，酬和。和诗，有用原诗韵的，有不用原诗韵而回答原诗的，本诗属后一种。柳亚子（1887—1958），江苏吴江人，原名慰高，字安如，后改名人权，字亚卢，又更名弃疾，字亚子。早年参加旧民主主义革命，是清末文学团体"南社"发起人和主要诗人之一。旧民主主义革命失败后，继续参加新民主主义革命，是著名的国民党左派。1926年，毛泽东与柳亚子订交广州；1945年，二人相会重庆；1949年，柳亚子应毛泽东邀请赴京任事，当年3月28日作《感事呈毛主席》一诗（见本篇附诗），这是作者的答诗。

饮茶粤海未能忘　粤海，指广州。1926年5月，柳亚子曾作为国民党中央监察委员赴广州出席国民党二届二中全会，同毛泽东初次晤面。蒋介石向全会提出了所谓"整理党务案"，旨在排斥共产党，夺取国民党党权。在这次会议上，毛泽东反对陈独秀的右倾投降主义，坚持反蒋的

久有凌云志　重上井冈山　千里来寻故地
旧貌变新颜　到处莺歌燕舞　更有潺潺流水　高路入云端　过了黄洋界　险处不须看
风雷动　旌旗奋　是人寰　三十八年过去　弹指一挥间　可上九天揽月　可下五洋捉鳖　谈笑凯歌还　世上无难事　只要肯登攀

毛泽东
一九六五年　五月廿九日

革命立场，何香凝、柳亚子等也支持了这一立场。"饮茶"句即指当时作者同柳亚子的交往。按柳亚子在 1941 年《寄毛主席延安》诗中曾有"云天倘许同忧国，粤海难忘共品茶"之句。

索句渝州叶正黄　索句：索取诗篇。渝州，即重庆。那时正是秋天，故有"叶正黄"之说。毛泽东于 1945 年 8 月至 10 月曾到重庆，同国民党进行了四十多天的和平谈判。当时柳亚子曾索取诗稿，毛泽东手书《沁园春·雪》相赠，柳亚子也即席赋诗作答："阔别羊城十九秋，重逢握手喜渝州。弥天大勇诚能格，遍地劳民乱倘休。霖雨苍生新建国，云雷青史旧同舟。中山卡尔双源合，一笑昆仑顶上头。"（《柳亚子选集》，人民出版社 1989 年 1 月版）

三十一年还旧国　旧国，过去的国都。1918 年和 1919 年，作者曾两次来到北京，到 1949 年北京（当时称北平）解放后再来，前后相距约 31 年。

落花时节读华章　落花时节，春末夏初。唐杜甫《江南逢李龟年》："岐王宅里寻常见，崔九堂前几度闻。正是江南好风景，落花时节又逢君。"华章，美丽的诗篇，指柳亚子的《感事呈毛主席》一诗。

牢骚太盛防肠断　盛，极，多。肠断，形容极度悲伤。唐白居易《长恨歌》："行宫见月伤心色，夜雨闻铃肠断声。"大意为牢骚太多会损害健康。至于柳亚子的牢骚是什么，至今仍有不同看法。

风物长宜放眼量（liáng）　风物，风光，景物，延伸义包含了社会现象诸问题。晋陶潜《游斜川》诗序："天气澄和，风物闲美。"长，永远。长宜，永远应该。放眼量，放大眼界去衡量，不必斤斤计较个人得失。量，衡量。

莫道昆明池水浅　化用唐杜甫《秋兴八首》"昆明池水汉时功"句。昆明池，这里指颐和园内的昆明湖。当时柳亚子住在颐和园内。昆明湖，在明代称西湖。清乾隆年间将湖开拓，取汉武帝在长安开凿昆明池以习水战的故事，改称昆明湖。

观鱼胜过富春江 观鱼，一说出自《庄子·秋水》："庄子与惠子游于濠梁之上。庄子曰：'儵鱼出游从容，是鱼之乐也。'惠子曰：'子非鱼，安知鱼之乐？'庄子曰：'子非我，安知我不知鱼之乐？'"另有一说，用鲁隐公观鱼的典故，作谋划军国大事之意解。《左传·隐公五年》："五年春，公将如棠观鱼者。"杨伯峻注："鱼者意即捕鱼者。"富春江，在浙江省桐庐和富阳两县境内，东汉时期，严光（字子陵）在此隐居，常在江边钓鱼。这句诗的意思说，在颐和园的昆明湖观赏游鱼比在富春江更好。这是对柳亚子原诗"分湖便是子陵滩"而言。当时柳亚子想等他的家乡吴江县（今苏州市吴江区）的分湖解放后回去隐居，因此作者劝他，留在北京共商国是比隐居要好得多。

‖ **作者自注自解** ‖

1958年12月21日，毛泽东在文物出版社同年9月刻印的大字本《毛主席诗词十九首》的书眉上批注道："三十一年：一九一九年离开北京，一九四九年还到北京。旧国：国之都城，不是State，也不是Country。"

◎ **附：柳亚子原诗**

七律·感事呈毛主席

开天辟地君真健，说项依刘我大难。

夺席谈经非五鹿，无车弹铗怨冯驩。

头颅早悔平生贱，肝胆宁忘一寸丹！
安得南征驰捷报，分湖便是子陵滩。

‖ 柳亚子原注 ‖

分湖为吴越间巨浸，元季杨铁崖曾游其地，因以得名。余家世居分湖之北，名大胜村。第宅为倭寇所毁。先德旧畴，思之凄绝！

‖ 附诗注释 ‖

感事呈毛主席　感事，因事兴感。萧永义《毛泽东诗词史话》说，1912 年元旦孙中山就任临时大总统时，柳亚子任总统府秘书，因对酝酿中的南北议和拟推袁世凯为大总统一事不满，遂离京赴沪，并作《感事》云："龙虎风云大地秋，酸儒自判此生休。功名自昔羞屠狗，人物于今笑沐猴。痛哭贾生愁赋鵩，飘零王粲漫依刘。不如归去分湖好，烟水能容一钓舟。"相隔三十七年的两首《感事》诗，有许多惊人的相似之处，甚至用典都相同。

开天辟地君真健　本句赞美毛泽东是真正的英雄，领导全国人民建立新中国，功如开天辟地。开天辟地，古代神话传说盘古氏开天辟地创世界，比喻创立伟大事业。《太平御览》卷二引三国徐整《三五历纪》说："天地混沌如鸡子，盘古生其中。万八千岁，天地开辟，阳清为天，阴浊为地，盘古在其中，一日九变。神于天，圣于地。天日高一丈，地日厚一丈，盘古日长一丈。如此万八千岁，天数极高，地数极深，盘古极长……故天去地九万里。"健，高强、高明。《后汉书·袁绍传》："绍勃然曰：'天下健者，岂惟董公？'"

说项依刘我大难 这句意为说人好话、依附他人，自己很难做到。本句化用明张羽《寄刘仲鼎山长》诗"向人恐说项，何地可依刘"句。说项，为人说好话，使之扬名。唐代国子监祭酒杨敬之爱才，到处讲项斯的好话，项斯因此出名，高中进士。（杨敬之《赠项斯》诗："平生不解藏人善，到处逢人说项斯。"）依刘，依附他人。此处化用王粲去荆州依附刘表的故事。《三国志·魏书·王粲传》："乃之荆州依刘表。表以粲貌寝而体弱通侻，不甚重也。"柳诗作时正值中共中央争取南京国民党政府接受和平解决方案，希望民主人士共同努力。柳在此处表示他虽也是国民党元老，自觉无能为力。

夺席谈经非五鹿 夺席，夺取讲席，指学问成就超过他人。《后汉书·戴凭传》："正旦朝贺，百僚毕会，帝令群臣能说经者更相难诘，义有不通，辄夺其席以益通者，凭遂重坐五十余席。"五鹿，五鹿充宗，西汉人，元帝时为少府，与当时的专权宦官石显结为友党，权倾一时，精通梁丘《易》，曾仗势与诸《易》家行辩，折服了很多人，后被富有才学的朱云驳倒。柳这里借指自己有夺席谈经的学问，绝不是五鹿充宗那样依附权势、徒具虚名的人。

无车弹铗（jiá）怨冯驩（huān） 战国时齐人冯驩投靠孟尝君田文。田文门下食客分三等：上等坐车，中等吃鱼，下等吃粗饭。冯驩列下等，他弹剑唱："长铗归来乎，食无鱼。"田文把他列为中等，他又弹剑唱："长铗归来乎，出无舆。"（《史记·孟尝君列传》）铗，剑，或说剑把。冯驩，《战国策·齐策四》作冯谖（xuān）。柳在这里自比冯驩，感叹不受重视，唱起"长铗归来乎，出无舆"的怨歌。

头颅早悔平生贱 倒装句，正常语序是"早悔平生头颅贱"。柳亚子因反对蒋介石的专制独裁统治，曾遭通缉，但悬赏的赏格不是很高，所以他说早已悔恨自己的头颅价贱。

肝胆宁忘一寸丹 倒装句，正常语序是"宁忘肝胆一寸丹"。宁忘，怎能忘记，即怀有。一寸丹，一寸丹心，指一片赤诚之心。宋杨万里《新除广东常平之节感恩书怀》："向来百炼今绕指，一寸丹心白日明。"

安得南征驰捷报 怎能得到人民解放军南征传来的胜利消息。

分湖便是子陵滩 分湖在柳亚子家乡的吴江县（今江苏吴江）。子陵滩，即七里滩，富春江的一段，起自浙江建德梅城，止于桐庐钓台，相传北岸富春山为东汉严子陵隐居垂钓的地方。宋梅尧臣《送崔主簿赴睦州清溪》："舟轻不畏险，逆上子陵滩。"柳的意思是指自己要回乡去隐居。

杨铁崖 名维祯，字廉夫，元末明初诸暨（今浙江诸暨）人，当时的著名诗人。

先德旧畴 先辈旧产。

‖ 赏　析 ‖

海纳百川为国是，肝胆相照写华章

——重读《七律·和柳亚子先生》

《七律·和柳亚子先生》是毛泽东就著名爱国民主人士柳亚子《七律·感事呈毛主席》一诗的和作，最早公开发表在《诗刊》1957年1月号上，当时刊发的诗题为《七律·赠柳亚子先生》，未注明写作时间。1963年人民出版社出版的《毛主席诗词》中收入该诗，将诗题中的"赠"改为"和"，并注明写作时间为1949年夏。1964年重新印行时，写作时间进一步明确为1949年4月29日。这首诗脍炙人口、情真意切、哲理深远，尤以"牢骚太盛防肠断，风物长宜放眼量"两句被广为传诵，已经成为名言警句。

当时间进入 1948 年，随着国共双方力量对比悄然发生着根本性的变化，中共中央审时度势、顺势而为，发布纪念"五一"劳动节口号，发出了召开政治协商会议、成立民主联合政府的号召。这一口号和号召得到了包括柳亚子在内的广大爱国民主人士的赞同和响应。1949 年 2 月，毛泽东电邀柳亚子等赴北平共商建国大计。3 月 18 日，柳亚子抵达北平，受到热情接待。3 月 25 日，毛泽东抵达北平后，当天下午就在西苑机场与各界代表及民主人士亲切会面，当天晚上还在颐和园益寿堂举行宴会，与各界人士共叙友谊。柳亚子应邀参加了这些活动，可谓春风满怀、心舒意畅。然而，3 月 28 日夜，或许是由于对新的政治环境感到陌生、不太适应，抑或是因为在用车、食宿、人事安排等方面的要求不尽如己意而感觉被轻慢、被冷落，受到主客观因素影响的柳亚子作诗一首呈送毛泽东。柳亚子在诗中借西汉学者朱云夺席谈经和战国士人冯谖出门无车而弹铗的典故，表达出内心的苦闷、失落和不满，进而流露出步东汉隐士严子陵的后尘回江南故乡隐居之意。

3 月 29 日，毛泽东读到这首诗后，敏锐地觉察到柳亚子的言外之意、弦外之音，引起了他高度重视和深刻思考。他先是派人进一步了解并妥善解决柳亚子的生活问题，安排柳亚子到颐和园益寿堂静养，继而于 4 月 29 日挥笔写就《七律·和柳亚子先生》作为唱和并给予规劝。

首联、颔联四句回顾诗人与柳亚子的三次交往，可谓如数家珍、情真意切。首联出句"饮茶粤海未能忘"说的是两人第一次交往。1926 年 5 月诗人和柳亚子在广州初晤时品茗叙谈、切磋诗词、纵论天下，两人有很多共同语言，所以铭记于心"未能忘"。首联对句"索句渝州叶正黄"说的是两人第二次交往。1945年8月到10月间，国共两党在重庆进行和平谈判，期间，诗人与柳亚子久别重逢、多有交往、谈诗论政、相谈甚欢。柳亚子向诗人赠诗一首，其中写道："阔别羊城十九秋，重逢握手喜渝州"，并向诗人索取诗句。10月7日，诗人以1936年填写的词作《沁园春·雪》相赠，时值金秋，故曰"叶正黄"。

颔联"三十一年还旧国，落花时节读华章"说的是这次北平之约，也是二人的第三次交往。出句"三十一年"一语即把视野拓展开、把时间延伸开，将自己1918年为寻找救国救民道路而首次踏足北平古都的事情点出，极富感染力又极易引起共情。诗人和他的战友们团结带领广大人民，历经三十一个春秋的风雨战斗、艰辛探索，终于迎来即将取得最终胜利的时刻。在这样的时刻，诗人读到老朋友新的华美诗篇，自当是令人喜悦之事。一路走来，柳亚子等爱国民主人士为革命付出良多、卓有贡献，对此中国共产党人始终没有也永远不会忘记。此联实际上也是对柳亚子原诗"头颅早悔平生贱，肝胆宁忘一寸丹"的积极回应。

颈联"牢骚太盛防肠断，风物长宜放眼量"是全诗的主旨所在，尾联"莫道昆明池水浅，观鱼胜过富春江"则是对主旨的有力映衬和深度延展。归结起来看，这两联主要是针对柳亚子来诗中所表现出的消极思想情绪进行坦诚恳切的开导规劝，展现出诗人海纳百川的宽广气度和对诗词挚友的殷切期望。柳亚子是对革命有过重要贡献的党外民主人士，当然也还留有旧知识分子这样那样的缺点，但主流和本质则是爱国的、进步的，也是愿意和能够与中国共产党精诚合作的。之所以诗人对这类"牢骚"高度重视、踱步深思，是因为柳亚子的"牢骚"实际上在某种程度上反映了和代表着当时部分爱国民主人士的整体认识水平和思想倾向。同时，在快速发展、急剧变化的革命形势面前，党内一些干部在思想上、行动上也确实存在跟不上、不适应的现象，这其中就包括如何正确对待民主党派和爱国民主人士。

其实，"牢骚太盛"背后反映的是以柳亚子为代表的那个群体对个人出路问题的担忧。面对新的政治环境，他们既感到陌生、不适应，也心存顾虑甚至怀疑。诗人注意到了这一点，对于诗友所发的"牢骚"，诗人在答诗中既以"牢骚太盛防肠断，风物长宜放眼量"从保重身体、从长计议的高度进行委婉而坦诚的劝慰，又以"莫道昆明池水浅，观鱼胜过富春江"意味深长地指明以柳亚子为代表的那个群体的出路和前途问题。诗人实质上是以自信、宽容却又恰当、切要的方式劝诫故人，少发些牢骚，多干些实事，凡事应该打开眼界，从远处、大处着眼，从未来、全局考虑，保持开阔胸襟、健康心态，以全局视野考虑个人与国家的关系，用发展眼光看待中国共产党和新生的人民政权，积极投身到建立和建设新中国的伟大实践中。可以说，诗友和诤友间的相互爱护之情充盈于字里行间，爱人以德、重人以才的宽广胸怀跃然于纸上。柳亚子读到和诗后，深受感动，不仅欣然接受了诗人的规劝，还连写几首诗作，称赞诗人"风度元戎海水量"，并表示"昆明湖水清如许，未必严光忆富江"，愿意留下来参加建立和建设新中国的工作。之后不久，诗人还专程到颐和园探访柳亚子，并乘舫舟同游昆明湖，后又一起到香山碧云寺拜谒孙中山衣冠冢。柳亚子感慨"自揆出生六十三龄，平生未有此乐也"。

这次同柳亚子的诗词唱和，是诗人和他的战友们海纳百川、广聚贤士、协商建国的一个生动缩影，也是中国共产党同各民主党派合奏出的肝胆相照、荣辱与共的华彩乐章中的一个动人音符。

（高长武）

浣溪沙·和柳亚子先生

一九五〇年十月

一九五〇年国庆观剧，柳亚子先生即席赋浣溪沙，因步其韵奉和。

长夜难明赤县天，百年魔怪舞翩跹，人民五亿不团圆。 一唱雄鸡天下白，万方乐奏有于阗，诗人兴会更无前。

这首词最早发表在《诗刊》一九五七年一月号。

‖ 注　释 ‖

即席　当座、当场。

步韵　用他人诗词押韵的字及其先后次第来写作唱和。始于唐代白居易同元稹的互相唱和，至宋代而大盛，也称次韵。清吴乔《答万季野诗问》："和诗之体不一……用其韵而次第不同者，谓之用韵；依其次第者，谓之步韵。"

赤县　赤县神州的省称，原指中原地区，后指中国。《史记·孟子荀卿列传》："中国名曰赤县神州。赤县神州内自有九州，禹之序九州是也，不得为州数。"

百年魔怪舞翩跹（piānxiān）　自 1840 年中英鸦片战争时起，帝国主义侵略者开始侵入中国。他们和国内的反动统治者在中国横行霸道，好似群魔乱舞。从那时到 1950 年，已有一百多年的时间。翩跹，本指长夜难明赤县天，百年魔怪舞翩跹，人民五亿不团圆。

一唱雄鸡天下白，万方乐奏有于阗，诗人兴会更无前。

萧萧　书

轻盈飘逸的舞姿，这里指得意横行。晋左思《蜀都赋》："纡长袖而屡舞，翩跹跹以裔裔。"

一唱雄鸡天下白 天下白，借天亮喻指全中国的基本解放，得到光明。唐李贺《致酒行》："我有迷魂招不得，雄鸡一声天下白。"

万方乐奏 全国各少数民族文工团都聚集在一起表演音乐歌舞，表示全国各族人民的大团结。

诗人兴会更无前 本句是说诗人柳亚子的兴致极高。兴会，兴致，兴趣。清曾国藩《谕纪泽书》："诗成自读之，亦自觉琅琅可诵，引出一种兴会来。"无前，过去没有过。

‖ **作者自注自解** ‖

1958 年 12 月 21 日，毛泽东在文物出版社同年 9 月刻印的大字本《毛主席诗词十九首》的书眉上批注道："乐奏，这里误植为奏乐，应改。"（1963 年 12 月，人民文学出版社出版《毛主席诗词》时，照毛泽东的意见，作了修改。）

◎ **附：柳亚子原词**

浣溪沙

十月三日之夕于怀仁堂观西南各民族文工团、新疆文工团、吉林省延边文工团、内蒙古文工团联合演出歌舞晚会，毛主席命填是阕，用纪大团结之盛况云尔！

火树银花不夜天。弟兄姊妹舞翩跹。歌声唱彻月儿圆。

（原注）　　　不是一人能领导，那容百族共骈阗？良宵盛会喜空前！

‖ 原注 ‖

新疆哈萨克族民间歌舞有《圆月》一歌云。

‖ 附词注释 ‖

火树银花　悬灯于树，这里喻灯火辉煌。唐苏味道《观灯》："火树银花合，星桥铁锁开。"

唱彻　彻，贯通，深透。宋辛弃疾《鹧鸪天·送人》："唱彻阳关泪未干，功名余事且加餐。"

月儿圆　双关语，既实指节目中的《圆月》，又喻指中华民族大团圆。

骈阗　亦作"骈田"，聚会，会集。

空前　过去没有过。

‖ 赏 析 ‖

一词唱叹今昔巨变

——重读《浣溪沙·和柳亚子先生》

在新中国成立一周年时，毛泽东接连和了柳亚子的两首词，《浣溪沙·和柳亚子先生》便是其中第一首和词，而且这首词还是毛泽东让柳亚子填词、自己主动来和的，可见毛泽东当时诗兴之高。从毛泽东诗词不同时段的创作主题来看，这首词可谓描写今胜于昔的开国纪盛之作。开国之初，虽然百废待兴，但也诸事较顺，大陆除西藏外均告解放，刚刚执政的中国共产党得到各族人民的拥护。1950 年 10 月 3 日，来京参加国庆典礼的一百五十多名各族代表举行向中央和毛泽东的献礼大会。毛泽东与各个民族代表在一起，心情很愉快。3 日晚上，各少数民族的文工团在中南海怀仁堂联合演出歌舞，兴致勃勃的毛泽东向坐在他前排观演的柳亚子提议："这样的盛况，亚子先生为什么不填词以志盛？我来和。"同样兴奋的柳亚子当场赋得一首《浣溪沙》。第二天，毛泽东就以《浣溪沙·和柳亚子先生》相答。

"和"，读去声，唱和、酬和之意。毛泽东和词前的小序写："柳亚子先生即席赋浣溪沙，因步其韵奉和。"步韵，是和韵的一种，指使用原韵并且先后次序相同，像人行步相随而得名。虽然和韵格律严格，但没有束缚住毛泽东的才思。与柳亚子《浣溪沙》词着眼当晚演出的情景，以形容灯火之盛的"火树银花"、描摹姿态轻快的"舞翩跹"和新疆哈萨克族歌舞《圆月》等，来歌颂毛泽东"一人能领导"之好与国内"百族共骈阗"之团结不同，毛泽东的《浣溪沙·和柳亚子先生》另辟新境。

　　毛泽东由国庆联欢的歌舞汇演联想到了历史舞台，由历史写到现实，上片叹旧时长夜难明、魔怪横行，下片唱今朝天下大白、国内团结，鲜明对比了动乱与太平、分裂与团结，从高处着眼、大处落笔，构思精巧、形象生动、气魄宏大。

　　上片："长夜难明赤县天，百年魔怪舞翩跹，人民五亿不团圆"描写旧中国的悲惨画面。

　　"赤县"，指中国，战国时期齐国人驺衍称中国为"赤县神州"（《史记·孟子荀卿列传》），省称"赤县"。周恩来还曾对这首词里的"赤县"二字作过考究。1958 年 7 月，属下拿着一份《浣溪沙·和柳亚子先生》的传抄稿来向周恩来请教，询问上面的"赤悬天"为何意（后来得知是因古文中"县"同"悬"，误抄了），周恩来当时被考住了。查实之后，他专门写了封信回复："将'赤悬天'勉强解释为'赤日当空'、'赤日悬空'的意思，……现取阅主席诗词原本，方知为'长夜难明赤县天'并非'赤悬天'。赤县神州，大家懂得，自不费解。想以电话告，适你午睡，便以书代话，……"这封短信，不仅体现出周恩来对待部下的谦逊关切，还侧面体现出周恩来对待毛泽东诗词的认真琢磨，以及毛泽东诗词带起的学习热潮。

　　"长夜难明"，一个"长"、一个"难"，道出了黑暗之漫长难熬和人民期盼光明却盼不来的焦渴，象征着中国近代社会的无涯苦难。春秋齐宁戚《饭牛歌》中就有"长夜漫漫何时旦"的感慨。"百年"，从鸦片战争算起到一九五〇年，据整数说为百年。百余年中，侵略者和他们的走狗在中国横行霸道、作威作福、丑态毕露，就像群魔乱舞。"翩跹"在这里褒词贬用，刻画敌人得意猖狂的嘴脸，与柳亚子原词描写歌舞汇演中的"弟兄姊妹舞翩跹"，形成强烈反差。国内外反动势力的掠夺和奴役，使得旧中国山河破碎、民生凋敝、民族分裂，那时人民期盼的"团圆"无处可得。毛泽东用二十一个字，浓缩、深刻、艺术地把中华民族的苦难史作了勾勒。

下片："一唱雄鸡天下白，万方乐奏有于阗，诗人兴会更无前"描写新中国的光明景象。

从暗夜到白昼，承上启下。"一唱雄鸡天下白"化用自李贺《致酒行》的"雄鸡一声天下白"。"天下白"指天亮了，李贺诗中指诗人受到了开导、茅塞顿开，而毛泽东化用来比喻全国解放、得到光明，境界陡然一新。"一唱"也比"一声"有更恢弘的气势和更阔大的胸怀，表现出中国共产党领导人民实现当家做主后的自豪与喜悦之情。"万方"本指万邦，引申为天下各地，这里指全国各民族各地区。"于阗"，汉代西域的国名，是新疆维吾尔自治区西南部县名，1959年改为"于田"，在这里既是实写参加汇演的新疆文工团，照应柳亚子词中所述《圆月》曲，也是通过选取有代表性的新疆少数民族，来凸显全国各族人民的大团结，与上片中的"不团圆"形成对比。"兴会"指情致、诗兴，"无前"有空前之意。在国家统一、民族团结的崭新局面中，诗人的兴致怎能不高呢？几年后，也是在于田，有一个叫库尔班的老人因为过上了好日子，想要骑着毛驴上北京见毛主席，表达他的感谢，曾得到毛主席的多次接见，库尔班大叔"骑着毛驴上北京的故事"成为了民族团结的宝贵精神财富。而"一唱雄鸡天下白"也走进了中国话语和中国叙事体系，被大量使用，比如，习近平总书记在庆祝中华人民共和国成立六十五周年招待会上的讲话中，就引用了这句词。

《浣溪沙·和柳亚子先生》不仅通过一首小令展开宏大叙事，在上下片的鲜明对比中，反映出新旧社会两重天的巨大变化，同时，还含蓄而深刻地体现了中国共产党和毛泽东的民族政策。刘少奇在代表中华人民共和国宪法起草委员会作的报告中说："一百多年以来，我国各民族，包括汉族和各兄弟民族在内，共同遭受了外国帝国主义的压迫。帝国主义者曾经进行各种阴谋，破坏我国各民族间由于长远的历史而形成的联系，企图实现他们的'分而治之'的侵略政策。"这段话，有助于我们更深入地理解这首词的丰富思想内涵。

读者还可以了解的是，在这良宵盛会之中，毛泽东的内心其实也承受着巨大的压力，因为在国内团结的同时，新中国也处在严峻的国际环境中。就在这年国庆前夕，美国乘朝鲜内战，派兵武装干涉。美军很快越过"三八"线，向紧靠我国东北边境的鸭绿江进逼，直接威胁中国的安全。毛泽东主持召开了多次会议，熬过了许多个踌躇难眠的夜晚。10月5日，在毛泽东主持的中共中央政治局扩大会议上经过充分讨论，大家统一了认识，会议最后作出"抗美援朝，保家卫国"的重大战略决策。10月27日，毛泽东在同王季范、周世钊的谈话中说："它要把三把尖刀插在我们的身上，从朝鲜一把刀插在我们的头上，以台湾一把刀插在我们的腰上，把越南一把刀插在我们的脚上。天下有变，它就从三方面向我们进攻……'打得一拳开，免得百拳来。'我们抗美援朝，就是保家卫国。"（《毛泽东年谱（1949—1976）》第一卷，中央文献出版社2013年12月版）

习近平总书记指出："党中央和毛泽东同志以'打得一拳开，免得百拳来'的战略远见，以'不惜国内打烂了重新建设'的决心和气魄，作出抗美援朝、保家卫国的历史性决策，避免了侵略者陈兵国门的危局，捍卫了新中国安全。"（《习近平谈治国理政》第四卷，外文出版社2022年6月版）旧历史的一盘散沙、任人宰割，已经永远结束了，作为政治家、军事家也作为诗人的毛泽东，要继续领奏新中国大气磅礴的史诗……

（李雨檬）

浪淘沙·北戴河

一九五四年夏

大雨落幽燕，白浪滔天，秦皇岛外打鱼船。一片汪洋都不见，知向谁边？　　往事越千年，魏武挥鞭，东临碣石有遗篇。萧瑟秋风今又是，换了人间。

这首词最早发表在《诗刊》一九五七年一月号。

‖ 注　释 ‖

北戴河　在河北省东北部渤海边秦皇岛市西南海滨，是著名夏季休养地。

幽燕（Yān）　古代的幽州和燕国，在今河北省北部一带。唐杜甫《恨别》："闻道河阳近乘胜，司徒急为破幽燕。"

滔天　弥漫天际，形容水势极大。《尚书·尧典》："汤汤洪水方割，荡荡怀山襄陵，浩浩滔天。"

往事越千年，魏武挥鞭，东临碣石有遗篇　越，跨过，经过。《说文解字》："越，度也。"魏武挥鞭，汉献帝建安十二年（207），曹操（后被尊称魏武帝）和乌桓族作战凯旋。挥鞭，即指跃马指挥作战。碣石，古山名，汉朝时还在陆地上，后沉入海中。据考古发现，碣石在今辽宁绥中西南的近海里。遗篇，即指《步出夏门行·观沧海》。曹操在此篇中说："东临碣石，以观沧海。"

萧瑟秋风今又是　萧瑟，形容树木被风吹拂发出的声音。曹操《观

浪淘沙　北戴河

大雨落幽燕，白浪滔天，
秦皇岛外打鱼船。一片
汪洋都不见，知向谁边？

往事越千年，魏武挥
鞭，东临碣石有遗篇。
萧瑟秋风今又是，换
了人间。

沧海》有"秋风萧瑟，洪波涌起"一句。

‖ **作者自注自解** ‖

关于"一片汪洋都不见，知向谁边"，1964 年 1 月 27 日，毛泽东口头答复外国文书籍出版局《毛主席诗词》英译者说："是指渔船不见。"

‖ **赏　析** ‖

变了境界，换了人间

——重读《浪淘沙·北戴河》

1954 年夏天，毛泽东居住在北戴河，一边工作一边休养。北戴河位于河北省东北部秦皇岛市西南，紧邻渤海湾，是著名的避暑休养胜地。一天，海滨降下暴雨，风烈云谲，白浪滔天，毛泽东却兴致勃勃想下海游泳。卫士李银桥极力劝阻，毛泽东却说："风浪越大越好，可以锻炼人的意志。"他不仅畅游了一个多小时，而且面对海景，抚今追昔，感慨万千，随后便以《浪淘沙》这个非常应景的词牌为题，填出这首名作。《浪淘沙》本是唐代教坊曲名，原格式是七言绝句，到五代时期才被改造为词牌名。改造者就是大词人、南唐后主李煜。他的两首《浪淘沙》，不论是"流水落花春去也，天上人间"，还是"想得玉楼瑶殿影，空照秦淮"，都道尽亡国君、阶下囚的凄凉悲苦。有趣的是，毛泽东创作《浪淘沙·北戴河》是有意要和李后主"划清界限"并且一较高下的。他曾和保健医生徐涛评价李煜《浪淘沙》说：

"用词、意境都很美，但是情调柔弱、伤感。婉约派的作品我不大喜欢。你看曹操的诗气魄雄伟，给人鼓舞。真男子气，是大手笔。"又据秘书林克《忆毛泽东学英语》一文回忆，1962年4月21日毛泽东曾说："李煜写的《浪淘沙》都属于缠绵婉约一类，我就以这个词牌反其道行之，写了一首奔放豪迈的，也算是对古代诗坛靡弱之风的抨击吧。"由此可知，毛泽东刻意要将豪放词风贯注在《浪淘沙》这样短小、纤柔的小令中，让尺寸之水激出滔天巨浪。

与李煜相比，另一位君王诗人曹操更能引起毛泽东的共鸣。他夸奖"曹操的诗气魄雄伟，给人鼓舞。真男子气，是大手笔"，这不是随性率意的赞美，而是同样包含"一较高下"的文学雄心，因为曹操正是站在距离北戴河不远的海边，写下千古名作《观沧海》："东临碣石，以观沧海。水何澹澹，山岛竦峙。树木丛生，百草丰茂。秋风萧瑟，洪波涌起。日月之行，若出其中；星汉灿烂，若出其里。幸甚至哉，歌以咏志。"这首诗作于建安十二年（207）。曹操是雄才大略之人，他渴望"天下归心"，不仅有强大的意志力，而且有稳健的执行力。从建安元年开始，他挟天子以令诸侯，掌握战略主动权。建安五年，他赢得官渡之战，称霸北方。到建安十二年，他北征乌桓（属于鲜卑人的一支），又取得新的胜利。凯旋途中，他写下《观沧海》。所谓"观沧海"，俨然有"观天下"的野心。一千七百年后，同样面对洪波滔天的渤海湾，另一位伟人写下另一种境界的《观沧海》——曹操是"观天下"，而毛泽东更要"观古今"。

词的上阕，主要是写景。广阔的幽燕大地上，自古以来"多感慨悲歌之士"。"幽燕"二字一出，就有一番不凡的豪气，再配上大雨降落、弥漫寰宇的景致，顿时奠定了全词基调。"白浪滔天"，呼应着"大雨落幽燕"——大雨自上而下降落，白浪则自下而上翻涌。杜甫《秋兴八首》其一云:"江间波浪兼天涌,塞上风云接地阴。"古人评曰:"波浪在地而曰兼天,风云在天而曰接地,极言阴晦萧森之状。"意思是杜甫写地而兼顾天,写天而兼顾地,由此塑造出天地一气的境界。毛泽东这首词的开端两句,也用了这样的手法,但情感出口与老杜不同:杜诗极言长江之萧森,以呈现"孤舟一系"之苍凉;毛词则道尽大海之壮美,以引出"换了人间"之快慰。

在大雨与大海的交织画面中,毛泽东将视线又推向远方。"秦皇岛外打鱼船",这是对渔舟意象的创造性改造。无论是柳宗元的"孤舟蓑笠翁",还是杜甫的"江湖满地一渔翁",无论是王勃笔下的"渔舟唱晚,响穷彭蠡之滨",还是李白笔下的"明朝散发弄扁舟",这些名句或高冷或悲凉,或优美或畅快,但都将渔舟视作远离人间、不食烟火的象征。而毛泽东所看到的"打鱼船",指的不是出世之高人,而是入世之劳动者:渔民正在大海波涛之中辛勤捕捞作业,类似于范仲淹笔下的"君看一叶舟,出没风波里",但他们不再是被剥削、被怜悯的对象,而是为新中国、新生活而主动工作、艰苦奋斗的勇者。"一片汪洋都不见,知向谁边",仍然继续写这些劳动者:他们的渔船,颠簸在天风海雨中,消失在视线里。去哪里了呢?毛泽东在追问,在关怀,但并不担忧。大雨、大地、大海、渔船,他们都是"人间"的一部分。毛泽东目睹人间万象,震撼于沧海的伟大,感怀着人的渺小,一时竟有点茫然。他陷入沉思,想到了另一位"观沧海"的伟人。

词的下阕,将思绪拉回千年之前。那段"往事",便是曹操策马挥鞭,东征归来,东临碣石,以观沧海,写下名篇。名篇中的名句,"秋风萧瑟,洪波涌起",尤其让毛泽东印象深刻,并且特别契合眼下所见所感。值得注意的是"魏武"这个称谓。曹操在世之时,并没有代汉自立。直到他去世,继任者曹丕才称帝,进而追尊曹操为魏武帝。也就是说，毛泽东完全是站在盖棺定论的立场上去回顾曹操的英雄业绩与文学书写，没有像很多古代文人的怀古诗那样，试图"穿越"回到历史现场，感受历史细节与人物心情，与之同频共振。那样的写法，容易将历史情绪化、个人化。比如李商隐写贾谊："可怜夜半虚前席，不问苍生问鬼神。"这是借着悲悯贾谊之终究不遇而悲悯自己之终身坎坷，有很强的"代入感"。而毛泽东向来是以超越性、批判性态度对待一切历史人物的。对于曹操，他一方面欣赏其"男子气"和"大手笔"，但另一方面，他显然看到了曹操的局限性。曹操固然对"白骨露于野，千里无鸡鸣"的乱世惨象而唏嘘不已，"念之断人肠"，但他终究没有创造出一个国泰民安的太平世界，更不可能与"生民"保持一种平等与相互关怀的关系。不但曹操没有做到，后来的唐宗、宋祖、成吉思汗，也都没有做到。谁做到了呢？"数风流人物，还看今朝！"只有在社会主义新中国，秋风才真正不再萧瑟，"生民"才真正当家做主人，为自己劳动，为自己奋斗。只有这样的"人间"，才是真正"天翻地覆"，才是"换了人间"。想到这层意思，毛泽东心中那刚刚涌起的"一片汪洋都不见"的茫然感，终于见了分晓，有了着落——曹操从"洪波涌起"中看到的，只是一朝一代的更迭；而毛泽东从"一片汪洋"中参透的，却是跳出"历史周期率"的那种理想与实践。还有什么能比参与并领导了这场伟大胜利更令人感到振奋和幸运呢？正所谓，"幸甚至哉，歌以咏志！"

总之，与李煜《浪淘沙》相比，毛泽东这首《浪淘沙》可谓在艺术风格层面变了境界，而与曹操《观沧海》相比，这首《浪淘沙·北戴河》则在思想感情层面写出了"换了人间"的快慰与坚定，从而赋予"白浪滔天"以深沉的画外之音和新颖的韵外之致。

（谢　琰）

水调歌头·游泳

一九五六年六月

才饮长沙水，又食武昌鱼。万里长江横渡，极目楚天舒。不管风吹浪打，胜似闲庭信步，今日得宽余。子在川上曰：逝者如斯夫！　　风樯动，龟蛇静，起宏图。一桥飞架南北，天堑变通途。更立西江石壁，截断巫山云雨，高峡出平湖。神女应无恙，当惊世界殊。

这首词最早发表在《诗刊》一九五七年一月号。

‖ 注　释 ‖

游泳　据《毛泽东年谱（1949—1976）》卷二记载，毛泽东于5月31日、6月2日、3日分别畅游长江。5月31日，从蛇山北边游到汉口的淡水池附近；6月2日，在武汉长江大桥以上一千五百米的汉阳岸下水，游到徐家棚以北上岸；6月3日，从造船厂码头下水。这首词即记录游泳所见所思。

极目楚天舒　极目，放眼远望。武昌、汉口一带在春秋战国时属于楚国，所以作者把这一带的天空叫"楚天"。北宋柳永《雨霖铃》："暮霭沉沉楚天阔。"舒，舒展，开阔。

闲庭信步　在安静的庭院里散步。

宽余　指神态舒缓，心情畅快。

子在川上曰：逝者如斯夫　语出《论语·子罕》，由河水的流逝，借喻时间的消失、世事的变化。

风樯（qiáng）　樯，桅杆。风樯，指帆船。

龟蛇　汉阳龟山和武昌蛇山，二山隔江对峙。

起宏图　拟定宏伟的计划，指建设武汉长江大桥和三峡大坝。

一桥飞架南北，天堑（qiàn）**变通途**　一桥，指当时正在修建的武汉长江大桥。天堑，天然的沟壑。古人把长江视为"天堑"。据《南史·孔范传》记载，隋伐陈，孔范向陈后主说："长江天堑，古来限隔，虏军岂能飞度？"通途，四通八达的大道。

更立西江石壁……当惊世界殊　将来还打算在鄂西、川东长江三峡一带建立巨型水坝（"西江石壁"）蓄水发电，水坝上游原来高峡间狭窄汹涌的江面将变为平静的大湖。到那时，巫山一带的雨水被水坝拦阻也都得流入这个"平湖"里来。巫山上的神女应当会健在如故，她看到这种意外的景象，该惊叹世界真是大变样了。巫山，在四川省巫山县东南。巫山形成的峡谷巫峡和上游的瞿塘峡、下游的西陵峡合称长江三峡。巫山云雨，传楚国宋玉《高唐赋·序》说，楚怀王在游云梦泽的高唐时曾梦与巫山神女相遇，神女自称"旦为朝云，暮为行雨"，这里只是借用这个故事中的字面和人物。又传说神女化为神女峰，巫峡北岸有十二峰，以其最为峭拔壮美，神女立于峰顶，守望三峡并为来往船只导航。无恙，健在如故。殊，不同，变化。

南北，天堑变通
立西江石壁，截断巫
云雨，高峡出平湖。神女
应无恙，当惊世界殊。
张。

毛泽东

十一月二十四日

水调歌头

游泳

才饮长沙水，又食武昌鱼。万里长江横渡，极目楚天舒。不管风吹浪打，胜似闲庭信步，今日得宽馀。子在川上曰：逝者如斯夫！

风樯动，龟蛇静，起宏图。一桥飞架

‖ 作者自注自解 ‖

1957 年 5 月 21 日毛泽东学英语休息时说:"《水调歌头·游泳》这首词是反映社会主义建设的。"(林克《忆毛泽东学英语》,见生活·读书·新知三联书店《毛泽东的读书生活》2009 年 7 月版)

1958 年 12 月 21 日,毛泽东在文物出版社同年 9 月刻印的大字本《毛主席诗词十九首》的书眉上批注道:"长沙水:民谣:常德德山山有德,长沙沙水水无沙。所谓无沙水,地在长沙城东,有一个有名的'白沙井'。武昌鱼:三国孙权一度从京口(镇江)迁都武昌,官僚、绅士、地主及其他富裕阶层不悦,反对迁都,造作口号云:宁饭扬州水,不食武昌鱼。那时的扬州人心情如此。现在变了,武昌鱼是颇有味道的。"

编者按:此注有误记,据《三国志·吴书·陆凯传》记载,吴主孙晧一度从建业(故城在今南京市南)迁都武昌(今鄂城),反对迁都者造的童谣是:"宁饮建业水,不食武昌鱼。宁还建业死,不止武昌居。"

‖ 赏　析 ‖

不管风吹浪打,终成三峡工程

——重读《水调歌头·游泳》

1956 年,踌躇满志的毛泽东,带着自信,走向长江。

5 月 31 日早晨 7 时 20 分,毛泽东由长沙乘专机飞到武汉。一个小时后,他在长江船上听取关于武汉长江大桥工程情况的汇报。随后,毛泽东下水游泳,从蛇山北边游到汉口的淡水池,约十五公里,历时两小时。这是毛泽东第一次横渡长江。

6月2日下午，毛泽东第二次游长江。他提议，在长江大桥上游的鹦鹉洲下水，穿过桥墩，闯过龙王庙，也就是长江和汉水的汇合处。鹦鹉洲，是富有诗意的地方。汉代黄祖任江夏太守时，大宴宾客，有人在此洲献鹦鹉，故有此名。但闻名天下，还是因为唐代诗人崔颢的那首七律："晴川历历汉阳树，芳草萋萋鹦鹉洲。日暮乡关何处是？烟波江上使人愁。"

毛泽东下水时，气温不到20℃，三四级的东北风用江浪拍打着堤岸。毛泽东神态安然地划动着双臂，两眼环顾左右。周围是一群护游健儿。忽然，毛泽东消失在波涛汹涌之中。一秒，两秒，三秒……时间如江水东下，人们的心跃出了胸膛。就在人群出现骚动不安之时，毛泽东出现在桥墩下游十几米的江面上。依然是那样怡然自得。桥墩漂向了远方，越来越小。龙王庙迎面掀起了浪峰。毛泽东把头一低，避开浪头，潜游十几米，在浪峰后钻出水面，脸上带着微笑。

风，越刮越紧；浪，越翻越高。随行的小船在剧烈地摇晃，船上的人还穿着黄色军棉大衣。一个，两个，三个，随行的长者陆续爬上了小船。人们开始劝说毛泽东上船，但他置若罔闻。这是湘江、东湖、更是中南海里寻觅不到的，岂可放弃。他仍然在迎接着前方的浪尖。秘书叶子龙再也忍不住了，他大声命令着："主席，赶快上船！"也许是发现了周围人们紧张、惊恐的神色与他的恬静是那样的不和谐，毛泽东终于转过身，踩水上了船。

这一天，原准备游到青山，但风浪太大，只游到徐家棚北，已十五公里，历时两小时。这一夜，平时只睡三四小时的毛泽东酣睡了九个小时，没有吃安眠药。长江，是他的摇篮。

6月3日，蒙蒙细雨，江面一片烟尘。有人建议，去东湖游泳。

毛泽东不同意，他仍要去长江。下午 3 时 30 分，毛泽东走下轮船扶梯，撩起一掬江水，泼洒在胸前，然后游入江中。他仰面朝天，微合双眼，顺流而下。霖霖细雨轻轻拂动着他的面庞。一会儿，他改换着侧泳姿势，向两岸景色眺望。护堤上杨柳依依，山色空蒙。（参见《中流击水：毛泽东畅游长江纪实》，武汉大学出版社 1992 年 7 月版）

这个月，他写下了《水调歌头·长江》。12 月 4 日和 5 日，在中南海紫云轩，他挥毫疾书，将这首词书赠黄炎培和周世钊。1957 年 1 月《诗刊》发表时，将题目改为《水调歌头·游泳》。1957 年 2 月 11 日，他在给黄炎培的信中说："游长江二小时飘三十多里才达彼岸，可见水流之急。都是仰游侧游，故用'极目楚天舒'为宜。"（《毛泽东书信选集》，人民出版社 1983 年 12 月版）

"不管风吹浪打，胜似闲庭信步"是毛泽东词中的得意之笔。他在横渡长江中对陪同游泳的王任重说：应当号召人们到大江大河里去游水，可以锻炼人们的意志。有些人害怕大的东西，美国不是很大吗？我们碰了它一次（指抗美援朝战争——编者注），也没有什么了不起。（《毛泽东年谱（1949—1976）》第二卷，中央文献出版社 2013 年 12 月版）

1956 年，毛泽东的心情确实极为舒畅。9 月 15 日，中共八大在北京开幕。这是中共执政后的第一次全国代表大会。毛泽东在开幕词中高声宣布："这次大会的任务是：总结从七次大会以来的经验，团结全党，团结国内外一切可能团结的力量，为了建设一个伟大的社会主义的中国而奋斗！"这铜钟般的声音在神州大地上回荡，用他"闲庭信步"的自信，踌躇满志的情怀，强烈感染着每一个人。中共第八次全国代表大会指出：国内主要矛盾，已经不再是工人阶级和资产阶级的矛盾，而是人民对于经济文化迅速发展的需要同当前经济文化不能满足人民需要的状况之间的矛盾；全国人民的主要任务是集中力量发展社会生产力……大会制定了一系列重要的经济目标。"风樯动，龟蛇静，起宏图"。一幅壮丽的经济建设蓝图，已经展现在人们的眼帘。

"更立西江石壁，截断巫山云雨，高峡出平湖"。这段景色的描述，并不是毛泽东在眺望长江时的写实，而是他经年夙愿的涌现——修建三峡大坝和水电站。1919 年，孙中山先生在《建国方略》中提出了利用三峡水力发电。然而，"建国"尤为艰难，何来三峡工程？1953 年 2 月，毛泽东在新中国成立后第一次巡视长江，听取水利专家林一山关于长江流域规划有关问题的汇报，他俯身地图，用一枝红蓝铅笔指点江山。毛泽东了解到在长江流域修许多水库，加起来也抵不上三峡水库。他问："为什么不在这个总口子上卡起来，毕其功于一役？就先修那个三峡水库怎么样？"林一山兴奋地回答："我们很希望能修，但现在还不敢这样想，造价要十三亿美元（当时约合四五十亿人民币）。"毛泽东专门就长江流域规划、三峡工程和南水北调等问题同林一山谈了三天，在同林一山分别时说："我算是了解了长江，了解了长江的许多问题和知识，学习了水利，谢谢你！"1954 年，长江发生百年不遇的特大洪水，严重威胁着武汉，毛泽东的决心更坚定了。

1957 年 7 月 7 日，毛泽东在上海给中央发出了一个惊人的电报："我拟七月二十四日到重庆，二十五日乘船东下，看三峡。如果峡间确能下水，则下水过三峡，或只游三峡间有把握之一个峡。"（《毛泽东年谱（1949—1976）》第三卷，中央文献出版社 2013 年 12 月版）当晚，刘少奇主持中央政治局常委扩大会议讨论后，紧急复电说，关于在三峡游泳一事，常委提出先派人调查和试水，然后再作决定。后来，根据试水情况，中央政治局没有同意毛泽东的要求。"巴东三峡巫峡长，猿鸣三声泪沾裳。"三峡之险，天下为之敛容屏息。

这时的毛泽东，听得进劝。他曾在 1956 年游过长江后，笑着对医生朱仲丽说："人不可逞能啊！我这次在长江游的时间太长了，已经感到全身疲乏，还要逞能，继续游，要不是叶子龙叫我上船，我只怕淹死了。"因此，他没有游三峡，却没有忘记三峡工程。然而，1958 年 1 月南宁会议上，毛泽东提议兴建三峡工程，在党内决策层遇到了阻力。难度并不仅在于钱，技术也是使人们斟酌再三的理由。三峡工程被搁置起来。

1970 年 12 月 26 日，作为向毛泽东诞辰的献礼，武汉军区和湖北省革委会关于兴建三峡工程的前期工程——葛洲坝水利枢纽工程的请示报告，摆在了毛泽东的书桌上。第一句话就是："为了实现伟大领袖毛主席'高峡出平湖'的伟大理想。"当时，毛泽东的"更立西江石壁，截断巫山云雨，高峡出平湖"三句词，在长江流域规划办公室是这样解释的：第一句讲在三峡建大坝，第二句讲防止洪水泛滥，第三句讲崇高理想。一贯稳重的周恩来批示，在"四五"计划中兴建葛洲坝水利工程是可行的。但他也附上了持不同意见者的一封信。夙志将酬的毛泽东，却谨慎再三。他批示："赞成兴建此坝"，又指出："现在文件设想是一回事。兴建过程中将要遇到一些现在想不到的困难问题，那又是一回事。那时，要准备修改设计。"（《毛泽东年谱（1949—1976）》第六卷，中央文献出版社 2013 年 12 月版）果然，被不幸言中了。由于当时的历史环境，葛洲坝兴建过程中热情一度代替了理智。在"三边"（边勘测、边设计、边施工）政策的催促下，施工不够严谨。由于种种原因，1972 年底决定工程停工。在葛洲坝工程修改设计工作基本完成后，主体工程重新开工。1988 年底，葛洲坝水利枢纽工程建成。1991 年，第二期工程通过国家验收，葛洲坝工程宣告全部竣工。

1992 年 4 月 3 日，在第七届全国人大第五次会议上举行兴建三峡工程的决议表决。在此之前，中共中央、国务院、全国人大、全国政协进行了长时期的审查和论证。表决结果：1767 票赞成，177 票反对，664 票弃权，25 票未按表决器。赞成票刚刚超过三分之二。这也是全国人大各项议案中反对和弃权票最多的一项。

全国人大常委会委员长万里庄严宣布：“《关于兴建长江三峡工程的决议》通过！”会场响起了热烈的掌声，许多人老泪纵横。他们想起了毛泽东的《水调歌头·游泳》，想起了毛泽东曾经说过的一句话：我是看不到了。……将来建成时，……写一篇祭文告诉我。

（陈东林）

蝶恋花·答李淑一

一九五七年五月十一日

我失骄杨君失柳，杨柳轻飏直上重霄九。问讯吴刚何所有，吴刚捧出桂花酒。　　寂寞嫦娥舒广袖，万里长空且为忠魂舞。忽报人间曾伏虎，泪飞顿作倾盆雨。

这首词最早发表在一九五八年一月一日湖南师范学院院刊《湖南师院》。

‖ 注　释 ‖

答李淑一　这首词是作者写给当时的湖南长沙第十中学语文教员李淑一（1901—1997）的。词中的"柳"指李淑一的丈夫柳直荀烈士（1898—1932）。柳直荀，湖南长沙人，作者早年的战友，1924年加入中国共产党，曾任湖南省政府委员，湖南省农民协会秘书长，参加过南昌起义。1930年到湘鄂西革命根据地工作，曾任红军第二军团政治部主任、第三军政治部主任等职。1932年9月在湖北洪湖革命根据地的"肃反"中被害。

骄杨　意为值得骄傲的杨开慧烈士。这是对她英勇牺牲的赞美。

杨柳轻飏（yáng）　这里指两位烈士的忠魂升天。飏，飘扬。晋陶潜《归去来兮辞》："舟摇摇以轻飏，风飘飘而吹衣。"

重霄九　又作九重霄或九霄，意为天之极高处。我国古代神话认为天有九重。

问讯吴刚　问讯，问候和询问。吴刚，神话中月亮里的仙人。唐段成式《酉阳杂俎·天咫》：“旧言月中有桂，有蟾蜍，故异书言，月桂高五百丈，下有一人常斫之，树创随合。人姓吴，名刚，西河人，学仙，有过，谪令伐树。”

寂寞嫦娥舒广袖　嫦娥，神话中月亮里的女仙。据《淮南子·览冥训》，嫦娥（一作姮娥、恒娥）是后羿的妻子，因为偷吃了后羿从西王母那里求到的长生不死药而飞入月中。唐李商隐《嫦娥》：“嫦娥应悔偷灵药，碧海青天夜夜心。”舒广袖，伸展宽大的袖子，指舞蹈。唐李白《高句骊》：“翩翩舞广袖，似鸟海东来。”

忽报人间曾伏虎，泪飞顿作倾盆雨　意为忽然听到中国人民终于推翻了国民党政权统治的捷报，两位烈士的忠魂顿然高兴得泪流如雨。伏虎，制伏猛虎，比喻打倒反动派，消灭恶势力。倾盆雨，大雨倾盆，形容雨势很猛。宋苏轼《介亭饯杨杰次公》：“前朝欲上已蜡屐，黑云白雨如倾盆。”

‖ 作者自注自解 ‖

1959 年 6 月 27 日，毛泽东在长沙接见李淑一和杨开慧兄嫂杨开智、李崇德时，对在座的华国锋、柯庆施等说：“她就是李淑一，是开慧的好朋友。前年她把悼念直荀的词寄给我看，我就写了《蝶恋花》这首词和她，完全是照她的意思和的。”

李淑一说：“我在抄给主席的《菩萨蛮》里写道：‘征人何处觅？六载无消息。’主席向我回答了征人的去处：‘杨柳轻飏直上重霄九。’我的《菩萨蛮》词的后两句是：‘醒忆别伊时，满衫清泪滋。’毛主席答我的是：‘忽报人间曾伏虎，泪飞顿作倾盆雨。’我是在想念传闻中牺牲了的亲人，主席答我烈士忠魂也因人民革命的胜利而高兴落泪。主席的词写出了烈士的高尚革命气节和伟大革命精神。主席是了解他们的。”（李淑

* 此版手迹为中央档案馆收录版本，其中"骄杨"作"杨花"。

我失骄杨君失柳，杨柳轻飏直上重霄九。问讯吴刚何所有，吴刚捧出桂花酒。寂寞嫦娥舒广袖

一《两世情深，一阕惊天》，见冯彩章主编《毛泽东与他的友人》，中国青年出版社 1996 年 12 月版）

关于"泪飞顿作倾盆雨"，1964 年 1 月 27 日，毛泽东口头答复外国文书籍出版局《毛主席诗词》英译者说："是指高兴得掉泪。"

1958 年 12 月 21 日，毛泽东在文物出版社同年 9 月刻印的大字本《毛主席诗词十九首》的书眉上批注道："上下两韵，不可改，只得仍之。"按：《毛泽东诗词选》和《毛泽东诗词集》编者注："（舞、虎、雨）这三个韵脚字跟上文的'柳、九、有、酒、袖'不同韵。"

◎附：李淑一原词

菩萨蛮·惊梦

兰闺索寞翻身早，夜来触动离愁了。底事太难堪，惊侬晓梦残。　　征人何处觅？六载无消息。醒忆别伊时，满衫清泪滋。

‖ 附诗注释 ‖

兰闺索寞翻身早　兰闺，如同说香闺，旧时女子居室的美称。索寞，寂寞无聊，失意消沉。唐贾岛《即事》："索漠对孤灯，阴云积几层。"
底事太难堪　底，这。难堪，不易耐受。
征人　远行的人。晋陶潜《答庞参军》："勖哉征人，在始思终。"
滋　浸染。

‖ 赏　析 ‖

杨柳歌，忠魂舞

——重读《蝶恋花·答李淑一》

清代词人纳兰性德有词《临江仙·寒柳》：飞絮飞花何处是，层冰积雪摧残。疏疏一树五更寒。爱他明月好，憔悴也相关。　　最是繁丝摇落后，转教人忆春山。湔（jiān）裙梦断续应难。西风多少恨，吹不散眉弯。

毛泽东曾在他阅读过的《近三百年名家词选》中圈画过这首词，并题写了"悼亡"二字。"悼亡"是中国古代爱情书写中一个不可或缺的主题。从《诗经》的《绿衣》到潘岳的《悼亡诗》、元稹的《遣悲怀》，再到苏轼的《江城子》、贺铸的《鹧鸪天》……文人墨客用悼亡寄托着对爱人逝去的无限哀思，辞句哀感顽艳，情感动人心魄。1957 年 5 月 11 日，年逾花甲的毛泽东提笔写下了一生中唯一一首悼亡词《蝶恋花·答李淑一》。这首词用饱含深情的如椽大笔，通过恢弘的艺术想象，深切悼念了杨开慧、柳直荀等为了民族解放事业献身的英烈，将对爱侣和挚友的深切缅怀与对英雄烈士的热情赞颂相结合，熔铸了夫妻爱、同志情，寄托了大情怀、大境界。

1957 年 1 月，《诗刊》创刊号第一次公开发表了毛泽东的 18 首诗词。毛泽东早年革命战友柳直荀的夫人、时任长沙第十中学语文教师的李淑一看到后，十分激动，回想起毛泽东早年曾写给杨开慧一首《虞美人》，可惜她只记得开头两句。于是，她便于 2 月 7 日致信毛泽东，请求寄赠全词，并抄寄了自己 1933 年听闻丈夫柳直荀牺牲时，和泪填写的一首《菩萨蛮·惊梦》。词曰："兰闺索寞翻身早，夜来触动离愁了。底事太难堪，惊侬晓梦残。　　征人何处觅？六载无消息。醒忆别伊时，满衫清泪滋。"

收到故人书信，毛泽东百感交集，新思旧念一并涌上心头。5月11日，毛泽东回信李淑一，信中说："大作读毕，感慨系之。开慧所述那一首不好，不要写了罢。有《游仙》一首为赠。这种游仙，作者自己不在内，别于古之游仙诗。但词里有之，如咏七夕之类。"毛泽东还特意嘱托李淑一："暑假或寒假你如有可能，请到板仓代我看一看开慧的墓。此外，你如去看直荀的墓的时候，请为我代致悼意。你如见到柳午亭先生时，请为我代致问候。午亭先生和你有何困难，请告。为国珍摄！"杨开慧是毛泽东的亲密战友和夫人，湖南长沙县板仓人，1921年加入中国共产党，曾随毛泽东在上海、武汉等地开展工人运动、农民运动和妇女运动。第一次国内革命战争失败后，受党派遣回板仓坚持地下斗争，1930年10月被捕，坚贞不屈，壮烈牺牲。李淑一是杨开慧的挚友，1924年经杨开慧介绍，与柳直荀结为夫妻。柳直荀也是毛泽东早年的战友，曾参加过南昌起义，1932年牺牲在洪湖革命根据地。信中提到的柳午亭先生为柳直荀的父亲。

毛泽东随信所赠的这首《游仙》，即后来的《蝶恋花·答李淑一》。1958年元旦，经毛泽东同意，《湖南师院》首次发表了这首词，并根据毛泽东的意见改题为《蝶恋花·游仙赠李淑一》。1963年12月人民文学出版社正式出版《毛泽东诗词》时，标题改定为《蝶恋花·答李淑一》。这首词是毛泽东诗词中唯一一首首先在地方刊物上公开发表的作品。

这首《蝶恋花·答李淑一》通过融入古老动人的神话传说，运用浪漫主义的创作手法，营造了一个无比奇妙的艺术世界：忠魂升天，月宫相迎，神人捧酒，仙子起舞，人间伏虎，喜泪倾盆。词作通过描绘杨开慧、柳直荀两位烈士的忠魂飞入月宫受到神仙敬仰以及他们为革命胜利而泪洒长空的场景，表达了诗人对革命先烈的深切悼念和崇高敬意，歌颂了革命先烈生死不渝的革命情怀。整首词悼亡而不悲伤，神游而不厌世，是毛泽东对古代悼亡诗与游仙诗艺术精髓的融会贯通和创新创造，情感真挚，豪情满怀，气象宏大，意境深远。这首词是毛泽东心中长久以来的哀思、怀念与崇敬孕育出的一朵生命之花。

我们可以从炼字的艺术、恢弘的想象、崇高的境界三个方面赏读与把握这首词。

炼字的艺术是这首词的精妙之处。

词中的用字极为精当，总是以极简之词表达极深之意，换一字则不巧，缺一字则不妙。词中最值得称道的便是首句"我失骄杨君失柳"中"骄"字的使用。"骄"字，既坚强又柔美，是词人对杨开慧坚强无畏精神的高度赞扬，也凝结着词人为她一生骄傲的一片深情。1930 年 10 月，杨开慧被湖南军阀何键逮捕。敌人曾多次逼迫她与毛泽东断绝夫妻关系，然而，这位外表柔弱但内心却无比坚强的女子拒绝了这条唯一可以给她带来生路的选择。11 月 14 日，杨开慧毅然走向刑场，就义于长沙浏阳门外的识字岭，年仅 29 岁。章士钊后来曾就此词询问毛泽东何谓"骄"？毛泽东答曰："女子革命而丧其元（头），焉得不骄？"1963 年 9 月 1 日，毛岸青和邵华请求毛泽东书赠这首词，毛泽东将"骄杨"写成"杨花"，二人唯恐有误，提醒毛泽东："不是'骄杨'吗？"毛泽东则说："称'杨花'也很贴切。"毛岸青、邵华写道："称'骄杨'表达了爸爸对妈妈的赞美。称'杨花'，又表达出爸爸对妈妈的亲近之情。"

除了"骄"字，首句中两个"失"字的重复使用，也充分体现了诗人痛失爱侣、战友的悲痛之情。两个"失"字，写出了"我"即毛泽东与"你"即李淑一之间的感同身受，"我失"即"你失"，从君至我，从我至君，情深意切，一咏三叹。而"杨柳轻飏"中的"杨柳"二字，也是一语双关。一方面，"杨柳"是杨开慧和柳直荀两位烈士的姓氏，在此借以代二人的忠魂；另一方面，"杨柳"又是自然植物，同时也是中国古代具有离别含义的重要意象。无论是"渭城朝雨浥轻尘，客舍青青柳色新"，还是"杨柳岸，晓风残月"，"柳"作为"留"的谐音，都寄托着古人的离别相思之情。而在此处，诗人将两位烈士的英灵比作杨柳，轻飏直上于九霄，使得虚拟的事物有了真实的画面感，寄托了深深的不舍与敬仰之情。此外，词中的"捧""顿""飞"等字，也都具有不可替代的独特作用，是作者炼字艺术的丰富展现。

恢弘的想象是这首词的匠心之处。

这首词的别具匠心之处，就是以悼亡为主题，以游仙为表现形式，通过恢弘的想象，将地下与天上、凡人与神仙、现实与虚幻相结合，熔铸出一个真情流淌而又博大神奇的艺术世界。中国古代不乏游仙诗歌，譬如楚辞中的《远游》、曹植的《仙人篇》、郭璞的《游仙诗》、李贺的《梦天》等，这些诗歌往往借描述美好仙境，表达逃避现实之情。而毛泽东所创作的这首以游仙为表现形式的词作，则避开了以往游仙诗中的消极情绪，而是运用非凡的想象，以游仙丰富诗境，营造了一个热情迎接忠魂英灵的温情月宫世界。当两位烈士的英灵飞向了冰清玉洁、宁静怡人的月宫，吴刚捧出了美酒，嫦娥为他们翩翩而舞，就在这样的世界里，诗人用革命的胜利告慰了烈士的英灵。这是浪漫与现实的结合，也是古代神话与革命实践的融合。一直以来，毛泽东便偏爱富于幻想的诗词作品。他曾说："光是现实主义一面不好，李白、李贺、李商隐，要搞点幻想。太现实就不能写诗了。"不拘陈规，富于想象，是毛泽东独特的人格魅力。特别是一步入诗歌的王国，他精微的感觉、丰富的思想、充沛的情感，便会喷涌而出，以富有想象力和感染力的艺术表现形式在这个王国里肆意挥洒，绚丽而美好。

崇高的境界是这首词的独步之处。

王国维在《人间词话》中曾谈道：有境界则自有高格。毛泽东的这首悼亡词正是以其大境界、大情怀超越了古今悼亡诗词而独步词坛。毛泽东一生中，曾为杨开慧写下三首词作。第一首是1921年的《虞美人·枕上》，第二首是1923年的《贺新郎·别友》，第三首便是这首《蝶恋花·答李淑一》。对比这三首词作，不难发现，毛泽东的情感与境界不断发生着转变。如果说《虞美人·枕上》更多的是青年人缠绵悱恻的深情，那么《贺新郎·别友》已经开始脱离"昵昵儿女语"，展现出"我自欲为江海客"的豪情，到了《蝶恋花·答李淑一》，儿女情怀已经升华为感天动地的大情怀、大境界。毛泽东的悼念，不再仅仅是悼念爱情，而是悼念战友，悼念同志，悼念无数为中国革命事业牺牲的烈士们，他们的精神与天地同在，与日月同辉。正如周恩来在评价这首词时所说："对于我们的革命先烈寄予如此崇高的怀念之情，没有比这首词更深切、更激昂慷慨，因此也就更动人心弦的了。'泪飞顿作倾盆雨'，是嫦娥之泪？是吴刚之泪？还是作者之泪？是普天下革命人民洒下的倾盆热泪。"这首《蝶恋花·答李淑一》可以说是毛泽东爱情词的收官之作，从小情小爱升华至大情大爱，这是古今悼亡从未有之的伟大创作。

唱不尽的杨柳歌，舞不完的忠魂曲。毛泽东与伴侣、战友、同志的情感，就这样永远定格在了历史的经纬中。

（董晓彤）

七律二首·送瘟神

一九五八年七月一日

读六月三十日《人民日报》，余江县消灭了血吸虫。浮想联翩，夜不能寐。微风拂煦，旭日临窗。遥望南天，欣然命笔。

绿水青山枉自多，华佗无奈小虫何！
千村薜荔人遗矢，万户萧疏鬼唱歌。
坐地日行八万里，巡天遥看一千河。
牛郎欲问瘟神事，一样悲欢逐逝波。

其　二

春风杨柳万千条，六亿神州尽舜尧。
红雨随心翻作浪，青山着意化为桥。
天连五岭银锄落，地动三河铁臂摇。
借问瘟君欲何往，纸船明烛照天烧。

这两首诗最早发表在一九五八年十月三日《人民日报》。

‖ 注　释 ‖

送瘟神　把迷信传说中的司瘟疫之神送走。意为动员起来的群众力量同科学知识相结合，将有可能彻底消灭危害中国长江流域以南很多省

份广大人民的血吸虫病。

余江县 位于江西省东北部，曾是血吸虫病流行的地区之一。

联翩 鸟飞的样子，形容连续不断。晋陆机《文赋》："浮藻联翩，若翰鸟缨缴而坠层云之峻。"

微风拂煦 微风拂拭，送来温暖。

欣然命笔 欣然，喜悦的样子。《史记·吕太后本纪》："上有欢心以安百姓，百姓欣然以事其上，欢欣交通而天下治。"命笔，使笔，用笔，指写作。

枉自 徒然，白白地。

华佗无奈小虫何 意指新中国成立前，没有发动人民群众，即便是名医也无能为力。华佗，三国时期的名医。小虫，指血吸虫。

千村薜荔人遗矢 薜荔（bì lì），野生常绿藤本植物。千村薜荔，形容很多村落荒凉。五代谭用之《秋宿湘江遇雨》："秋风万里芙蓉国，暮雨千家薜荔村。"人遗矢，借用《史记》所记战国时赵国名将廉颇的故事。廉颇虽老仍健，赵王想再起用他，但有人谤其"一饭三遗矢"。

万户萧疏鬼唱歌 萧疏，萧条凄凉。鬼唱歌，形容病死者多，一片死寂。唐李贺《秋来》："秋坟鬼唱鲍家诗，恨血千年土中碧。"

坐地日行八万里，巡天遥看一千河 坐地日行八万里，人们坐在地面上不动，一天之间被地球带着走了八万里。巡天，巡视天上。一千河，很多星河。

牛郎 牛郎织女神话故事中的人物，亦为牵牛星的别称。东汉民歌《古诗十九首·迢迢牵牛星》："迢迢牵牛星，皎皎河汉女。"

一样悲欢逐逝波 这里是说人间的血吸虫病，在新中国成立前没有发动群众加以扑灭的时候，还是同牛郎在时一样，悲者自悲（指人民的悲苦），欢者自欢（指瘟神的得意），多少年就这样流水似地过去了。逝春风杨柳万千条，六亿神州尽舜尧。红雨随心翻作浪，青山着意化为桥。天连五岭银锄落，地动三河铁臂摇。借问瘟君欲何往，纸船明烛照天烧。

送瘟神二首

毛泽东

读六月三十日人民日报，余江县消灭了血吸虫。浮想联翩，夜不能寐。微风拂煦，旭日临窗。遥望南天，欣然命笔。

绿水青山枉自多，华佗无奈小虫何！千村薜荔人遗矢，万户萧疏鬼唱歌。坐地日行八万里，巡天遥看一千河。牛郎欲问瘟神事，一样悲欢逐逝波。

春风杨柳万千条，

波，一去不返的流水，借喻已过去的时间或事物。唐贾岛《送玄岩上人归西蜀》："去腊催今夏，流光等逝波。"

春风杨柳万千条　象征新中国的欣欣向荣。一说化用北宋王安石《壬辰寒食》诗"客思似杨柳，春风千万条"句。

六亿神州尽舜尧　意为新中国成立后，中国的六亿人（当时人口约数）在才能、品德方面都有了极大提升。舜尧，虞舜、唐尧，传说中的圣明君主。《周易·系辞下》："黄帝尧舜，垂衣裳而天下治。"

红雨随心翻作浪，青山着意化为桥　红雨，红色的雨，比喻落花或桃花。唐李贺《将进酒》："况是青春日将暮，桃花乱落如红雨。"随心，随着千百万人民群众的心意。翻作浪，转变为红色高潮。着意，特意。

天连五岭银锄落，地动三河铁臂摇　五岭，详见《七律·长征》注，泛指南方。银锄，这里指农民使用的闪着银光的锄头。三河，汉代把河东、河内、河南三郡称为三河之地（《史记·货殖列传》），原指今晋西南和豫西黄河两侧的一部分地方，这里泛指北方。铁臂，这里指工人使用的各种钢铁机器的长臂。

纸船明烛照天烧　这里是说瘟神（"瘟君"）在六亿人民的奋进中无处存身，只有逃离人间。纸船明烛，旧时祭送水中鬼神有烧纸船、点蜡烛等习俗。

‖ 作者自注自解 ‖

1964 年 1 月 27 日，毛泽东口头答复外国文书籍出版局《毛主席诗词》英译者说："人坐在地球这颗行星上，不要买票，在宇宙里旅行。地球自转的里数，就是人旅行的里数。地球直径为一万二千七百多公里，乘以圆周率，即赤道长，约四万公里，再折合成华里，约八万里。人在

二十四小时内走了八万里。"又说:"牛郎织女是晋朝人的传说。"关于"红雨随心翻作浪,青山着意化为桥",作者说:"'红雨'指桃花。写这句是为下句创造条件。'青山着意化为桥',指青山穿洞成为桥。这两句诗有水有桥。"

‖ 赏 析 ‖

抗疫情志:六亿神州尽舜尧
——重读《七律二首·送瘟神》

这两首诗最早发表在《诗刊》1958 年 10 月号和 1958 年 10 月 3 日《人民日报》第 1 版上,题为《送瘟神二首》,同日《人民日报》第 8 版刊登这两首诗的手稿。1963 年 12 月人民文学出版社出版《毛主席诗词》时,由作者将标题改为《七律二首·送瘟神》,并在第二首正文的前面补写了"其二"二字。

血吸虫病,俗称"大肚子病",是由血吸虫寄生于人体所引起的疾病。血吸虫病曾长期在我国南部及长江沿岸一带肆虐,死亡率极高,群众称之为"瘟神"。1955 年,毛泽东发出号召:"一定要消灭血吸虫病!"在中国共产党的坚强领导下,广大干部群众迅速掀起了轰轰烈烈的消灭血吸虫病的人民战争。江西省余江县在全国率先消灭了血吸虫病,创造了世界血吸虫病防治史上的奇迹。

1958 年 6 月 30 日,《人民日报》发表长篇通讯《第一面红旗——记江西余江县根本消灭血吸虫病的经过》。当晚,毛泽东读罢通讯后,心潮起伏,欣然赋诗。据《毛泽东年谱(1949—1976)》卷三记载:1958 年 7 月 1 日,"作《七律二首·送瘟神》。……毛泽东为这两首诗写有小引说:'读六月三十日《人民日报》,余江县消灭了血吸虫。浮想联翩,夜不能寐。微风拂煦,旭日临窗。遥望南天,欣然命笔。'所写的后记说:'六月三十日《人民日报》发表文章说:余江县基本消灭了血吸虫,十二省、市灭疫大有希望。我写了两首宣传诗,略等于近来的招贴画,聊为一臂之助。就血吸虫所毁灭我们的生命而言,远强于过去打过我们的任何一个或几个帝国主义。八国联军,抗日战争,就毁人一点来说,都不及血吸虫。除开历史上死掉的人以外,现在尚有一千万人患疫,一万万人受疫的威胁。是可忍,孰不可忍?然而今之华佗们在早几年大多数信心不足,近一二年干劲渐高,因而有了希望。主要是党抓起来了,群众大规模发动起来了。党组织、科学家、人民群众,三者结合起来,瘟神就只好走路了。'当天致信胡乔木:'睡不着觉,写了两首宣传诗,为灭血吸虫而作。请你同《人民日报》文艺组同志商量一下,看可用否?如有修改,请告诉我。如可以用,请在明天或后天《人民日报》上发表,不使冷气。灭血吸虫是一场恶战。诗中坐地、巡天、红雨、三河之类,可能有些人看不懂,可以不要理他。过一会,或须作点解释。'"

　　一个通宵未眠,先是赋诗,接着写序,又写后记,然后张罗发表事宜,足见毛泽东的心情何其兴奋,何其欣慰。后因反复修改,两首诗三个月之后才发表。长期以来一些毛泽东诗词版本都说两首诗是在杭州创作的,这纯属讹误。据《毛泽东年谱(1949—1976)》第三卷,1958年5月2日至8月4日,毛泽东都在北京,不可能在杭州写诗。浙赣两省东西相邻,"遥望南天"不合逻辑。

　　第一首写旧中国瘟神猖獗、人民遭殃的悲惨景象,表达对百姓命运的深切关怀和对旧社会的强烈愤恨。"绿水青山枉自多",血吸虫病致使大好河山萧杀黯淡。"华佗无奈小虫何",旧社会腐败黑暗,神医华佗也手足无措。"千村薜荔人遗矢",描绘村落萧条,杂草丛生。此句在上述发表稿中均为"薜荔",1966 年 4 月 5 日,胡乔木根据读者建议致信毛泽东,指出:"荔只用于荸荠,系十字花科植物,即薜菜;薜字不与薜连用,亦不单用。"1966 年 9 月人民文学出版社出版《毛主席诗词》(横排版)时,将其改为"薜荔"。"矢"同"屎","人遗矢"写身体病态,典出《史记·廉颇蔺相如列传》:"廉将军虽老,尚善饭。然与臣坐,顷之三遗矢矣。""万户萧疏鬼唱歌",人丁稀少,死只有鬼在哀号。

"坐地日行八万里,巡天遥看一千河。"作者的忧患之情遨游至浩渺宇宙之中,可年年岁岁惨况依然,人们到哪去寻求消灭瘟君的救星呢? 1958 年 10 月 25 日,毛泽东致信周世钊说:"坐地日行八万里,蒋竹如(毛泽东湖南一师的同学)讲得不对,是有数据的。地球直径约一万二千五百公里,以圆周率三点一四一六乘之,得约四万公里,即八万华里。这是地球的自转(即一天时间)里程。……巡天,即谓我们这个太阳系(地球在内)每日每时都在银河系里穿来穿去。银河一河也,河则无限。'一千'言其多而已。我们人类只是'巡'在一条河中,'看'则可以无数。""牛郎欲问瘟神事",牛郎是穷苦出身,当然会关切瘟神肆虐之事。"一样悲欢逐逝波",如何回答牛郎的发问呢? 诗人的答词是:一切悲欢离合都随时光流逝而逝。

第二首描写新社会劳动人民斗志昂扬,战胜瘟神,欣欣向荣。作品情绪热烈、语调高亢,与第一首感情抑郁、语气哽咽形成鲜明对比。"春风杨柳万千条,六亿神州尽舜尧",春风荡漾,杨柳轻拂,生机盎然。中国人民满腔热情,个个像古代圣贤尧舜一样奋发有为,不断创造人间奇迹。"红雨随心翻作浪,青山着意化为桥。"暮春的落花飘入水中,随人的心意翻着锦浪,一座座青山相互连接,宛如凌波之桥。"天连五岭银锄落，地动三河铁臂摇。"五岭绵延于江西、湖南、广东、广西四省之间的山脉，这里泛指南方。三河泛指北方。"银锄落"写山上劳动，"铁臂摇"写兴修水利，通过描绘改天换地来反映送瘟神的伟大实践。"借问瘟君欲何往，纸船明烛照天烧。"试问瘟神，你还能逃往何处？人们已焚化纸船，点燃蜡烛，火光照耀天际，以此送走瘟神。此句表达了对瘟神的蔑视和嘲笑，表现了胜利者的自豪和喜悦。

《七律二首·送瘟神》以民生问题、医疗事业为主题，生动体现了毛泽东的忧民之心、爱民之情、为民之举，充分彰显了毛泽东为人民抒写、为人民抒情、为人民抒怀的诗人情怀。从2020年初开始，新冠肺炎疫情曾在全球蔓延，不啻"瘟神"肆虐。回首那一特殊时期，重温《七律二首·送瘟神》，回顾当年波澜壮阔的消灭血吸虫病的人民战争，更能深切体会毛泽东对人民的一颗赤诚之心、一片奔涌之情，深刻体会中国共产党为民解难、为民造福的责任担当，更能深刻认识社会主义制度的巨大优越性。在以习近平同志为核心的党中央坚强领导下，全国形成统一指挥、全面部署、立体防控的战略布局。全国人民风雨同舟、众志成城，进行了一场疫情防控人民战争，铸就了"生命至上、举国同心、舍生忘死、尊重科学、命运与共"的伟大抗疫精神，夺取了全国抗疫斗争重大战略成果，充分展现了中国精神、中国力量、中国智慧、中国担当。

（汪建新）

七律·到韶山

一九五九年六月

一九五九年六月二十五日到韶山。离别这个地方已有三十二周年了。

别梦依稀咒逝川，故园三十二年前。
红旗卷起农奴戟，黑手高悬霸主鞭。
为有牺牲多壮志，敢教日月换新天。
喜看稻菽千重浪，遍地英雄下夕烟。

这首诗最早发表在人民文学出版社一九六三年十二月版《毛主席诗词》。

‖ 注 释 ‖

到韶山 韶山在湖南省湘潭县，是作者的故乡。1927 年 1 月，毛泽东在湖南考察农民运动时曾回到韶山。三个月以后，蒋介石发动了"四一二"反革命政变，随后 5 月 21 日湖南军阀许克祥在长沙袭击省总工会、省农民协会等革命团体，屠杀革命群众，这就是马日事变（旧时用韵目代日期，马日即 21 日）。当时韶山成立了农民自卫军，拿着枪和梭镖，准备配合其他农民武装力量进攻长沙。后来反动军队大举进攻韶山，农民自卫军在英勇抵抗后失败。作者于 1959 年 6 月 25 日至 27 日重返韶山，离 1927 年 1 月已有三十二年。

别梦依稀咒逝川 别梦，离别后的思念之梦。依稀，仿佛，模糊。咒，慨叹。逝川，一去不回的流水，喻指消逝的年代。唐李白《古风

晋察冀边区有月夕阳人漫菱稻天高云喜春月独秋

一九五一

别梦依稀咒逝川，故园三十二年前。红旗卷起农奴戟，黑手高悬霸主鞭。为有牺牲多壮志，敢教日月换新天。喜看稻菽千重浪，遍地英雄下夕烟。

五十九首》之十一："逝川与流光，飘忽不相待。"

故园　故乡，家园。唐杜甫《复愁十二首》之三："万国尚防寇，故园今若何？"

红旗卷起农奴戟（jǐ），**黑手高悬霸主鞭**　戟，古代的一种刺杀武器，指当时农民革命所用的梭镖之类的武器，也指革命武装。黑手，指反革命的血腥魔掌。霸主，指蒋介石。

为有牺牲多壮志　本句意为因为有先烈的流血牺牲，更激发起革命者斗争的壮志。为有，因为有。唐李商隐《为有》："为有云屏无限娇，凤城寒尽怕春宵。"多，增多，引申为激发。

敢教日月换新天　本句意为敢于使日月更新，改造新天地。教，使，令。换新天，把旧社会变为新社会，即推翻帝国主义、封建主义、官僚资本主义三座大山的压迫。

稻菽（shū）　农作物的通称。菽本指大豆，引申为豆类的总称。

遍地英雄下夕烟　本句意为到处有建设社会主义的农人们在黄昏时的烟雾里下工回家。英雄，此处指新中国的农民。夕烟，傍晚时的烟霭，亦指黄昏时的炊烟。唐谢偃《高松赋》："霏夕烟而暖景，度神飙而流音。"

‖ 作者自注自解 ‖

1959 年 9 月 13 日，毛泽东致胡乔木信中说："通首写三十二年的历史。"（《毛泽东书信选集》，中央文献出版社 2003 年 11 月版）

1978 年 12 月 29 日《光明日报》刊登的杨建业《在毛主席身边读书——访北京大学中文系讲师芦荻》一文写道："主席说，人对自己的童年，自己的故乡，过去的朋侣，感情总是很深的，很难忘记的。到老年就更容易回忆、怀念这些。随后又说，他写《七律·到韶山》的时候，就深切地想起了三十二年前许多往事，对故乡是十分怀念的。"

关于"红旗卷起农奴戟，黑手高悬霸主鞭"句，1959 年 9 月 13 日，毛泽东致胡乔木信说："'霸主'指蒋介石。这一联写那个时期的阶级斗争。"（《毛泽东书信选集》，中央文献出版社 2003 年 11 月版）

1961 年出版毛泽东诗词英文版时，郭沫若曾问毛泽东，《七律·到韶山》中"黑手高悬霸主鞭"的"黑手"指谁，因有人释为人民，有人释为反动派。毛泽东回答指反动派。（陈晋《毛泽东之魂》，中央文献出版社 1997 年 9 月版）

1964 年 1 月 27 日，毛泽东口头答复外国文书籍出版局《毛主席诗词》英译者说："'咒逝川''三十二年前'，指大革命失败，反动派镇压了革命。这里的'霸主'，就是指蒋介石。"

‖ **赏　析** ‖

故乡谣，英雄赞

——重读《七律·到韶山》

1910 年，一个少年留下"孩儿立志出乡关"的誓言，走出山村。

1927 年，一个青年带着革命不成誓不回乡的志向，阔别故土。

1959 年，饱经沧桑的他终于回到这片生他养他的土地。

一别，已三十二年。

对于远离家乡的游子而言，故乡就是魂牵梦萦的远方。而韶山，对于毛泽东来说，便是这样一个远方。据同治刊《湘乡县志》载：

"韶山因虞舜南巡而得名。"相传，五千多年前，舜帝南巡至湘江流域，为这里的山清水秀所吸引，遂命乐工在一座山上演奏"韶乐"，美妙的音乐引来了凤凰起舞，后人便称这座山为"韶山"。毛泽东生于斯，长于斯，这里的一山一水、一草一木，见证着毛泽东的成长，这里的父老乡亲、亲朋故旧，是毛泽东思之念之的深深牵挂。

1959 年 6 月 25 日傍晚，阔别家乡三十二年的毛泽东终于回到了这里。25 日至 27 日，在短短不到三日的时间里，毛泽东参拜了父母墓地，探访宴请了乡亲故旧，了解了家乡的生产情况，视察了韶山学校，拜访了毛氏宗祠，甚至还在韶山水库畅游了一番。故乡之景，故乡之思，如涓涓细流融汇成毛泽东的诗情，一首《七律·到韶山》由此而生。

毛泽东对这首诗十分重视，曾经多次征求他人意见并反复修改。1959 年 9 月 7 日，毛泽东致信胡乔木，嘱其将这首诗和《七律·登庐山》一并送予郭沫若一阅："看有什么毛病没有？加以笔削，是为至要。"9 月 13 日，毛泽东又致信胡乔木："沫若同志两信都读，给了我启发。两诗又改了一点字句，请再送陈沫若一观，请他再予审改，以其意见告我为盼！"此诗现存作者两件手迹，一件与发表的定稿完全相同，另一件较之发表的定稿有三处不同之处，分别为：首句作"别梦依稀哭逝川"，三句作"红旗飘起农奴戟"，末句作"人物峥嵘变昔年"。

岁月不淹，春秋代序。三十二年，于历史长河，不过为一瞬，然而于一个人的一生，却漫长悠远。彼时，毛泽东 66 岁，三十二年已近其过往人生的一半，感慨思之，怎会不情绪飞扬呢？毛泽东在小序中用质朴的话语写道："离别这个地方已有三十二周年了。"毛泽东在这里使用了"周年"二字，给予三十二年的时光以庄重的强调，浸润了他对故乡沉甸甸的情感。1937年11月，在抗日战争爆发的紧张岁月里，毛泽东曾致信表兄文运昌，深情地写下："我为全社会出一些力，是把我十分敬爱的外家及我家乡一切穷苦人包括在内的，我十分眷念我外家诸兄弟子侄，及一切穷苦同乡。"新中国成立后，毛泽东曾想回家乡看看。然而，繁忙的政事使他抽不开身，只能让儿子毛岸英代劳。临行前，毛泽东叮嘱：千万不要在乡亲们面前显威风，要在二十里外的银田寺下马，步行回韶山。毛泽东对故乡和乡亲们的感情，可见一斑。

三十二年的沧桑巨变，使作为游子的毛泽东吟唱出了这曲故乡歌谣，也使作为政治家诗人的毛泽东谱写出了这首英雄赞歌。

首联"别梦依稀咒逝川，故园三十二年前"，表达了诗人对故乡魂牵梦萦的深深眷恋，对旧中国黑暗统治的深恶痛恨。"别梦依稀"化用五代张泌《寄人》中的"别梦依依到谢家"，写出如烟似梦的往事，一齐涌上诗人心头。"咒逝川"中的"逝川"，指逝去的时光，典出《论语》："子在川上，曰：'逝者如斯夫！不舍昼夜。'"一个"咒"字，不仅写出了诗人对于时光飞逝的慨叹，更抒发了诗人对反动派的无比憎恨，可谓点睛之笔。1927年1月，毛泽东在湖南考察农民运动时曾回韶山，此后一别三十二年。"故园三十二年前"句，便由此而来。此句未使用一个动词，紧扣本诗主旨"通首写三十二年的历史"。就在毛泽东离开韶山的3个月后，蒋介石发动了"四一二"反革命政变，随后湖南军阀许克祥又发动"马日事变"，大肆屠杀革命群众。1964年1月，毛泽东解释此句："'咒逝川'、'三十二年前'，指大革命失败，反动派镇压了革命。"回首往昔，怀念与愤恨的交织，促成此联。

颔联"红旗卷起农奴戟，黑手高悬霸主鞭"紧承上联之意，形象生动地描绘了中国共产党领导下的农民群众与国民党反动派展开的激烈而尖锐的斗争。1959年9月13日，毛泽东在给胡乔木的信中曾明确说明："'霸主'指蒋介石。这一联写那个时期的阶级斗争。"此联对仗工整，"红旗"与"黑手"对立，色彩突出；"农奴戟"与"霸主鞭"对立，形象生动。一红一黑，一正一反，正是光明与黑暗、正义与邪恶、革命与反革命的对抗。这是对韶山和韶山人民的咏赞，更是对中国和中国人民的咏赞。

颈联"为有牺牲多壮志，敢教日月换新天"为本诗"诗眼"，深情赞颂了为实现改天换地事业而壮烈牺牲的革命烈士。一个"敢"字，笔力雄健，浩气充盈，充分体现了革命者敢于斗争、敢于胜利的气概与豪情。改天换地，从来九死一生。革命战争年代，仅韶山地区，就有144位革命者牺牲，其中包括毛泽东的6位亲人：杨开慧、毛泽民、毛泽覃、毛泽建、毛岸英、毛楚雄。从中国共产党成立到新中国成立，为革命牺牲的党员和仁人志士多达2100万。这些革命烈士是中华民族的脊梁，他们用热血染红了党旗国旗，用生命诠释了信念信仰，抒写了一行行可歌可泣的战斗诗篇，谱就了一首首感天动地的英雄史诗。毛泽东在回乡诗篇中，想念他们，致敬他们，令人动容。

尾联"喜看稻菽千重浪，遍地英雄下夕烟"，从过去回到现在，描绘了一幅闲适、美好的农村生活图景。夕阳西下，稻浪滚滚，农人们结束一天的劳作，在暮霭中收工归来。诗人见此景，喜悦欣会。一头一尾，"喜"字与"咒"字的鲜明对比，实则是新旧中国的鲜明对比——三十二年，山河巨变，换了人间。此句诗中有画，画中有诗，为我们铺展了一幅农村新生活的美好画卷。农民，是毛泽东心中的"英雄"；农民情感，是毛泽东一生割舍不断的感情。在毛泽东的诗词中，始终充满着对农民的赞颂，它们有时是"地主重重压迫，农民个个同仇"的抗争，有时是"秋收时节暮云愁，霹雳一声暴动"的勇猛，有时又是"命令昨颁，十万工农下吉安"的浩荡。而这一次，毛泽东第一次也是唯一一次，直接在诗词中用"英雄"称颂农民。这是"农民的儿子"写就的诗篇，这是土地里长出的声音。

"情眷眷而怀归兮"。叶落归根，也许是每一个中华儿女的心愿。1976 年，即将走向生命尽头的毛泽东向身边工作人员表达了同样的愿望：回到韶山。然而，这一心愿还未实现，毛泽东便与世长辞。

如果说韶山是毛泽东地理意义上的故乡，那么整个中华大地便是毛泽东精神意义上的故乡。自立志成为一名职业革命家开始，毛泽东便注定迎来"我自欲为江海客"的革命征程。井冈翠柏，乌蒙磅礴，黄土尘沙……毛泽东的家乡早已化为祖国的每一寸山河、每一寸土地。

毛泽东用自己的一生，将家乡书写成了整个中国。

（董晓彤）

七律·登庐山

一九五九年七月一日

一山飞峙大江边，跃上葱茏四百旋。
冷眼向洋看世界，热风吹雨洒江天。
云横九派浮黄鹤，浪下三吴起白烟。
陶令不知何处去，桃花源里可耕田？

这首诗最早发表在人民文学出版社一九六三年十二月版《毛主席诗词》。

‖ 注　释 ‖

庐山　在江西省北部，屹立在长江之南和鄱阳湖之北。

一山飞峙大江边　意为庐山在长江之滨高高地耸立。

冷眼向洋看世界　以冷静甚至轻蔑的眼光，面对着外洋，观察世界形势。

江天　江和江上的天空，多指江河上的广阔空际。南朝梁范云《之零陵郡次新亭》："江天自如合，烟树还相似。"

云横九派浮黄鹤　意为站在庐山顶上向长江上游望去，似乎可以望到武汉三镇，白云缥缈间仿佛有黄鹤翱翔。九派，见《菩萨蛮·黄鹤楼》注。黄鹤，这里描绘浮云的形态。

三吴　古代指江苏省南部、浙江省北部的某些地区，具体说法不一。这里泛指长江下游。

白烟　水气。唐刘禹锡《途中早发》："水流白烟起，日上彩霞生。"

陶令　指陶潜（365—427），一名渊明，字元亮，东晋诗人。他曾经做过彭泽县令，故称陶令。据《南史·陶潜传》记载，他曾经登过庐山。他是浔阳柴桑人，辞官后归耕之地，离庐山也不远。

桃花源　桃花源是陶潜的理想境界，他曾写过一首寄托其社会理想的《桃花源诗》，诗前附有记文，通称《桃花源记》，文中说秦时有些人为躲避战乱逃到一个偏僻宁静的地方"桃花源"，从此与世隔绝，过着和平的、没有剥削的劳动生活，直到晋朝才有一个武陵的渔人因迷路偶然发现这个奇境。

‖ 作者自注自解 ‖

关于"冷眼向洋看世界"，1964 年 1 月 27 日，毛泽东口头答复外国文书籍出版局《毛主席诗词》英译者说："'冷眼向洋'就是'横眉冷对'。"

关于"云横九派浮黄鹤，浪下三吴起白烟"，1964 年 1 月 27 日，毛泽东口头答复外国文书籍出版局《毛主席诗词》英译者说："'黄鹤'不是指黄鹤楼。'九派'指这一带的河流，是长江的支流。明朝李攀龙有一首送朋友的诗《怀明卿》：'豫章西望彩云间，九派长江九叠山。高卧不须窥石镜，秋风憔悴侍臣颜。'李攀龙是'后七子'之一。明朝也有好诗，但《明诗综》不好，《明诗别裁》好。"又说："'白烟'为水。"

关于"陶令不知何处去，桃花源里可耕田"，1964 年 1 月 27 日，毛泽东口头答复外国文书籍出版局《毛主席诗词》英译者说："陶渊明设想了一个名为桃花源的理想世界，没有租税，没有压迫。"

浪下三吴起白烟。
陶令不知何处去，
桃花源里可耕田？

毛泽东
一九五九年

一山飞峙大江边，跃上葱茏四百旋。冷眼向洋看世界，热风吹雨洒江天。云横九派浮黄鹤，浪下三吴起白烟。

‖ 赏　析 ‖

登高望远：冷眼向洋看世界
——重读《七律·登庐山》

　　《七律·登庐山》最早发表于 1963 年 12 月人民文学出版社出版的《毛主席诗词》。这首诗现在所见留有作者四件手迹，毛泽东曾多次请包括郭沫若在内的友人帮助润色修改，发表稿与手迹有诸多不同之处。"跃上葱茏四百旋"，有手迹为"欲上逶迤四百旋""跃上青葱四百旋"；"热风吹雨洒江天"，有手迹为"热风飞雨洒南天""热肤挥汗洒江天"；"冷眼向洋看世界"，有手迹为"冷眼望洋看世界"；"陶令不知何处去，桃花源里可耕田"，有手迹为"陶潜不受元嘉禄，只为当年不向前"。

　　庐山位于江西北部，耸立于鄱阳湖、长江之滨，又名匡山、匡庐，相传因殷周间有匡姓兄弟七人结庐隐居而得名。庐山以雄、奇、险、秀闻名于世，素有"匡庐奇秀甲天下"之誉。毛泽东先后于 1959 年、1961 年和 1970 年三次登上庐山。《毛泽东年谱（1949—1976）》第四卷记载："（1959 年）7 月 1 日晨，在九江下船登岸，乘汽车上庐山，住 180 别墅（美庐）。""同日上午，同林克学英语。其间谈到李白的诗《庐山谣寄卢侍御虚舟》和苏轼的诗《题西林壁》。""同日，作《七律·登庐山》。"诗前原有一小序："一九五九年六月二十九日登庐山，望鄱阳湖、扬子江，千峦竞秀，万壑争流，红日方升，成诗八句。"（《毛泽东诗词全编鉴赏》，中央文献出版社 2003 年 12 月版）小序中的登山日期与《毛泽东年谱》颇有出入。逄先知、金冲及主编

《毛泽东传》记载:"六月三十日下午,毛泽东一行乘船离开武昌,到达庐山脚下的九江已经是晚上十一点半了。第二天(七月一日)一大早,乘车上了庐山。连日来,庐山一直是阴雨天,这天早上突然放晴。一路上,毛泽东心情轻松,作了一首诗《七律·登庐山》。"《毛泽东年谱》《毛泽东传》依据相关档案写就,具有权威性,因此,毛泽东7月1日登上庐山的说法,更值得采信。湖南省委第一书记周小舟曾看过此诗,建议删去小序,毛泽东采纳了他的建议。

首联"一山飞峙大江边,跃上葱茏四百旋",写庐山的雄伟壮丽以及登山的情景。庐山山势高峻,巍然凌空拔地而起,恰似天外飞临长江边。乘车盘旋而上,飞驰在青翠浓茂的崇山峻岭之间。"葱茏",指草木青翠繁茂,诗中指山顶。"四百旋",指庐山盘山公路的转弯数,显示出庐山的高耸。上山之前,毛泽东听取了江西省省长邵式平介绍庐山公路的建设情况,说到盘山公路全程24公里,有396道弯。上山时,毛泽东让警卫员准备了四盒火柴,每盒100根,每转过一道弯,就丢一根火柴。车子抵达庐山牯岭街时,四盒火柴正好丢完。途中毛泽东抽烟用了4根火柴,正好396道弯。这个细节说明毛泽东有几分较真,也有几分闲趣。

颔联"冷眼向洋看世界,热风吹雨洒江天",写登高远望,环视天下,眼前所见和心中所感浑然一体。毛泽东用冷静眼光面向重洋观察世界,一阵热风吹起疾风骤雨,洒向寥廓的江天。"冷眼"颇似元代杨显之《潇湘雨》杂剧中的"常将冷眼观螃蟹,看你横行得几时",既冷静冷峻,又轻蔑鄙视,不免心生"风景这边独好"的慨叹。

颈联"云横九派浮黄鹤,浪下三吴起白烟",继续写登高远眺,所不同的是驰骋想象沿着大江上下游远眺。1959年12月29日,毛泽东在致庐山疗养院护士钟学坤的信中写道:"九派,湘、鄂、赣三省的九条大河。究竟哪九条，其说不一，不必深究。三吴，古称苏州为东吴，常州为中吴，湖州为西吴。"（《毛泽东书信选集》，中央文献出版社 2003 年 11 月）作者西望长江上游，远及有黄鹤楼的武汉。崔颢有名句"黄鹤一去不复返，白云千载空悠悠"，因此武汉被称为"白云黄鹤的地方"。白云笼罩，水天相接，武汉三镇仿佛飘浮其上。作者继而东眺长江下游，浪涛滚滚，一泻直下三吴，一片迷迷茫茫水雾，气象雄奇。

尾联"陶令不知何处去，桃花源里可耕田"，作者把思绪收回到庐山，洞察古今之变。东晋诗人陶渊明曾做过八十几天彭泽县令，因"不为五斗米折腰"而弃官归隐，在浔阳柴桑"躬耕自资"。彭泽和柴桑都在庐山附近，毛泽东很自然地联想到陶渊明和《桃花源记》。1964 年，毛泽东对《毛主席诗词》英译者解释："陶渊明设想了一个名为桃花源的理想世界，没有租税，没有压迫。"

郭沫若在 1964 年 2 月 2 日《人民日报》的《"桃花源里可耕田"——读毛主席新发表的诗词七律〈登庐山〉》中，解释"一山飞峙大江边"："这使你庐山飞跃起来了，不仅使你有了生命，而且使你能够飞……这就是大跃进精神的诗的表现呵。"他解释"跃上葱茏四百旋"："这就是你庐山身上自有历史以来所没有过的一项重大变化，也就是大跃进的一项形象化。"他解释"热风吹雨洒江天"："这儿的风和雨，在我看来，不单指自然界的风和雨……但有更现实的眼前风光，则是大跃进的气氛，共产主义的风格，使劳动英雄们在田园中，在工地上，银锄连天，铁臂撼地，'挥汗成雨'。这样便把自然界和精神界扣合了起来，表现出了大跃进的气势。"王国维《人间词话》云："以我观物，故物皆着我之色彩。"《七律·登庐山》本身只是即景抒怀的山水诗，带有一定的政治色彩，但毕竟不是政治宣言。如果将每个词、每个意象都和政治术语挂钩，难免生拉硬扯，难免陷入政治图解的窠臼。

庐山是历代诗人歌咏的名山，李白、苏轼等人都给我们留下了吟咏庐山的名篇。李白的《庐山谣寄卢侍御虚舟》里"登高壮观天地间，大江茫茫去不还。黄云万里动风色，白波九道流雪山"的描写，气势雄壮，诗人用大胆的想象夸张，突出了山川的壮丽。而毛泽东的《七律·登庐山》不仅境界壮阔，气象雄浑，而且情景交融，寓意深刻。陆机《文赋》云："精骛八极，心游万仞。"毛泽东登高远眺，极目天宇，放眼神州，纵论中外，雄视古今。"冷眼向洋"是蔑视当时国际上的反华势力，"热风吹雨"是肯定当时的国内形势。诗的末尾，以问作结，借用桃花源的典故写庐山的风景，又风趣含蓄，余味无穷，表现出毛泽东的理想追求。《七律·登庐山》中的形象完全突破了时空的限制，表现出诗人壮阔的胸怀和中国人民革命建设的满腔热情，体现了伟大的时代精神。反复诵读《七律·登庐山》，令人感到，这不是一般的登山吟咏之作，而是东方巨人毛泽东领唱的创建人类社会理想的雄壮进行曲和声威激越的时代导航歌。

（汪建新）

七绝·为女民兵题照

一九六一年二月

飒爽英姿五尺枪，
曙光初照演兵场。
中华儿女多奇志，
不爱红装爱武装。

这首诗最早发表在人民文学出版社一九六三年十二月版《毛主席诗词》。

‖ 注　释 ‖

演兵场　旧称演武场，即练兵场。

‖ 赏　析 ‖

以诗心激励民心

——重读《七绝·为女民兵题照》

1958 年 8 月，中共中央发出关于民兵问题的决定，提出："必须在全国范围内把能拿武器的男女公民武装起来，以民兵组织的形式，实行全民皆兵。"全国各地随之掀起了"大办民兵师"的热潮。民兵，是不脱离生产的群众性的人民武装组织，这其中就包括女民兵。毛泽东的机要员小李也参加了中南海里的民兵组织，在女民兵训练的休息间隙，小李曾拍摄了一张自己扛枪的照片。有一次，小李给毛泽东送文件，毛泽东突然问起她有没有参加民兵，小李回答说参加了，并拿出自己参加训练的那张照片给毛泽东看。毛泽东端详了一阵儿，称赞说"好英武的模样"，随后即兴写下了这首《七绝·为女民兵题照》，毛泽东还对小李说："你们年轻人就是要有志气，不要学林黛玉，要学花木兰、穆桂英！"

《七绝·为女民兵题照》篇幅小、用典少、明白晓畅，而语言铿锵、节奏欢快、形象鲜活，使人读后过目不忘，同时又耐人寻味、历久弥新。在20世纪60年代初期国际国内阶级斗争尖锐的复杂的背景下，这首诗激励了一代中国青年，并被谱成歌曲唱遍了神州大地。诗句中蕴含着拼搏奋斗意旨的中华民族伟大精神，至今仍然对我们产生着强有力的诗美教化影响。

"飒爽英姿五尺枪，曙光初照演兵场。"飒爽，形容敏捷勇健。英姿，英俊威武的姿态。唐代杜甫写的《丹青引赠曹将军霸》里有"褒公鄂公毛发动，英姿飒爽来酣战"，称赞曹霸所画的功臣像充分展现出了唐代名将褒公殷志元、鄂公尉迟敬德等的英武风姿和英雄气概。毛泽东用"飒爽英姿"来描写女民兵，可见称赞之情。"曙光初照"，既是实写自然时间，天刚亮女民兵就在演兵场上操练，是难能可贵的，同时也虚指心理时间上的朝气蓬勃。"五尺枪"和"演兵场"，也不仅是具体的"武"的展示，同时也是抽象的拼搏奋斗精神的载体。

"中华儿女多奇志，不爱红装爱武装。"儿女，本义指子女或男女，这里为偏义副词，特指女青年，比如唐代李白《越女词》其一的"长干吴儿女，眉目艳星月"。红装，妇女鲜艳华美的装束打扮。武装，战斗装束。奇，特殊的，罕见的，引申为不平常的。这句诗赞颂新中国的女青年有着不同凡响的志向，不喜欢鲜艳打扮，而是喜欢持枪练武，她们立志保卫祖国，展现着新中国妇女的豪情。这里，毛泽东的诗情超越了女民兵的个体，而指向了全体中华儿女。不仅是妇女，全体中华儿女应有的"奇志"，就是时刻准备着在国家和民族需要的时候，不屈不挠地去拼搏奋斗。

为何这张女民兵照片会如此激发毛泽东的诗情？一方面，是民兵制度在毛泽东人民战争思想中占有极其重要的地位，看到全民练武，毛泽东感到很欣喜。另一方面，也可以从毛泽东读白居易诗时的批语"作者与琵琶演奏者有平等心情。白诗高处在此处，不在他处"中的"平等心情"，窥得一二。

毛泽东与"女民兵"的确有着某种"平等心情"。青年毛泽东在湖南第一师范读书时，便常对人说："丈夫要为天下奇，即读奇书、交奇交、创奇事，做个奇男子。"同学们感叹于毛润之的行为之奇、胆识之奇、志向之奇，甚至是他写诗作文的"戛戛之奇"，称毛泽东为"奇士"。20世纪30年代，毛泽东曾回忆过自己青年时期的一个细节："在这种年龄的男青年的生活中，议论女性姿色通常占有重要的位置，可是，我的同伴不但不这样做，而且连日常生活中的普通事情也拒绝谈论。记得有一次我到一位青年的家里去，他对我说起要买些肉，而且当我的面把他的佣人叫来，同佣人谈买肉的事，然后吩咐他去买。我感到恼火，以后再也不和这个家伙见面了。我的朋友们和我只乐于谈论大事——人的性质，中国的性质，世界，宇宙！"这又何尝不是青年毛泽东的"不爱红装爱武装"呢？

毛泽东之后的人生，证明了其人格气质和功业贡献确是当得起这个"奇"字。而从毛泽东对于"奇志"的情有独钟，也可以体会到毛泽东与女民兵们在抱负和志向上的共鸣。

对于妇女群体而言，毛泽东是中国妇女解放运动的直接倡导者与领导者。毛泽东在青年时期就已经从人格独立的角度考察妇女的权益问题，到了延安时期，妇女在政治、生产建设、家庭婚姻和教育上都获得了很大解放，而倡导"妇女能顶半边天"，更是充分肯定了女性的力量，使新中国的女性进一步实现了自尊、自立、自信、自强，投身到保卫祖国、建设祖国的神圣事业中去。

对于青年人而言，一九五七年毛泽东在莫斯科对中国青年留学生们说的"世界是你们的，也是我们的，但归根结底是你们的"，影响了整整一代中国人。毛泽东钟情于青年，也偏爱青年人，强调青年人要有志气、热气、豪气、朝气，他期望着社会主义新人身上散发出昂扬蓬勃的人格气象。

这时的毛泽东总是告诫人们："人是要有一点精神的。"与《临江仙·给丁玲同志》中的"昨天文小姐，今日武将军"一脉相承，《七绝·为女民兵题照》"飒爽英姿五尺枪，曙光初照演兵场"不仅传神地再现了照片中女民兵的风姿，"中华儿女多奇志，不爱红装爱武装"更是承载了诗人的人格精神，表现了诗人所追求的人生境界。以诗语代替宣言，以诗心激励民心，这首题照诗倾注了毛泽东对女民兵的期望，也倾注了毛泽东对新一代与整个中华民族的期望。

（李雨檬）

雄の杰、

八雀的

此农雀戴农。

为食民兵盟

毛泽东

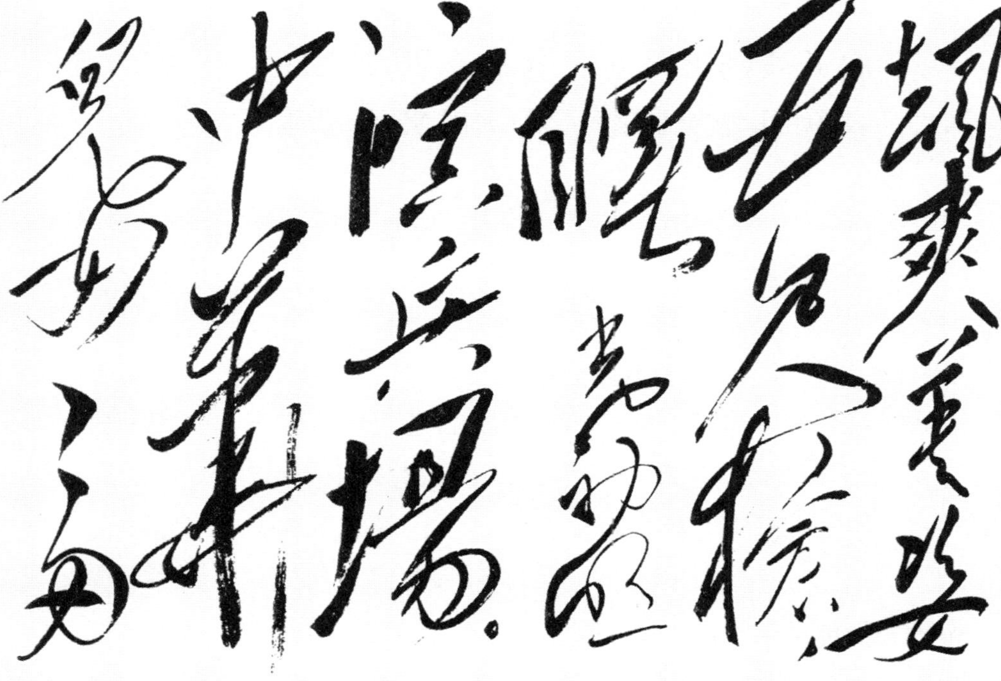
飒爽英姿五尺枪，
曙光初照演兵场。
中华儿女多奇

七律·答友人

一九六一年

九嶷山上白云飞，帝子乘风下翠微。
斑竹一枝千滴泪，红霞万朵百重衣。
洞庭波涌连天雪，长岛人歌动地诗。
我欲因之梦寥廓，芙蓉国里尽朝晖。

这首诗最早发表在人民文学出版社一九六三年十二月版《毛主席诗词》。

‖ 注 释 ‖

九嶷（yí）山　"嶷"一作"疑"，又名苍梧山，在湖南省南部宁远县城南，传说舜帝南巡死于苍梧，即葬此地。《山海经·海内经》："南方苍梧之丘，苍梧之渊，其中有九疑山，舜之所葬，在长沙零陵界中。"

帝子　指传说中尧帝的女儿娥皇、女英，同嫁舜帝为妃。南朝齐谢朓《新亭渚别范零陵》："洞庭张乐地，潇湘帝子游。"

翠微　泛指青山。唐高适《赴彭州山行之作》："峭壁连嵂崱，攒峰叠翠微。"

斑竹一枝千滴泪　本句意为旧社会的人民经历了巨大的苦难。据晋张华《博物志》载："尧之二女，舜之二妃，曰湘夫人。舜崩，二妃啼，以涕挥竹，竹尽斑"，即舜帝死后，二妃寻至湘江，悲痛不已，泪洒竹上，留下斑点，称为斑竹，又称湘妃竹。清洪昇《黄式序出其祖母顾太君诗集见示》诗有"斑竹一枝千点泪，湘江烟雨不知春"句。

红霞万朵百重衣　有两说。一说本句蕴含作者怀念杨开慧烈士之意，杨小名霞姑，"红霞"与霞姑之名相应。一说身披万朵红霞化成的百重彩衣，象征新社会使人民过上了幸福生活，承接上句。

洞庭　洞庭湖，在湖南省北部。

雪　形容白浪。

长岛　长沙橘子洲，因南北狭长故称，这里代指长沙。

动地　震撼大地。唐李商隐《瑶池》："瑶池阿母绮窗开，黄竹歌声动地哀。"

我欲因之梦寥廓　化用唐李白《梦游天姥吟留别》诗"我欲因之梦吴越"句。

芙蓉国　是说木芙蓉花到处盛开的地方，这里指湖南省。

‖ 作者自注自解 ‖

1964年1月27日，外国文书籍出版局《毛主席诗词》英译者向毛泽东提问《七律·答友人》的"友人"指谁，毛泽东口头答复说："'友人'指周世钊。"根据《毛泽东书信选集》记载，1961年12月26日毛泽东致周世钊信云："'秋风万里芙蓉国，暮雨朝云薜荔村。''西南云气来衡岳，日夜江声下洞庭。'同志，你处在这样的环境中，岂不妙哉？"

关于"九嶷山上白云飞"，1964年1月27日，毛泽东口头答复外国文书籍出版局《毛主席诗词》英译者说："'九嶷山'，即苍梧山，在湖南省南部。"

关于"斑竹一枝千滴泪，红霞万朵百重衣"，1964年1月27日，毛泽东口头答复外国文书籍出版局《毛主席诗词》英译者说："'红霞'，指帝子衣服。"《毛泽东年谱》第六卷写道："'斑竹一枝千滴泪，红霞万朵百重衣'就是怀念杨开慧的，开慧就是霞姑嘛！可是现在有的解释却不是这样，不符合我的思想。"

关于"洞庭波涌连天雪"，1964 年 1 月 27 日，毛泽东口头答复外国文书籍出版局《毛主席诗词》英译者说："'洞庭波'，取自《楚辞》中的《九歌·湘夫人》：'洞庭波兮木叶下。'"

关于"长岛人歌动地诗"，1964 年 1 月 27 日，毛泽东口头答复外国文书籍出版局《毛主席诗词》英译者说："'长岛'即水陆洲，也叫橘子洲，长沙因此得名，就像汉口因在汉水之口而得名一样。"

关于"芙蓉国里尽朝晖"，1964 年 1 月 27 日，毛泽东口头答复外国文书籍出版局《毛主席诗词》英译者说："'芙蓉国'，指湖南，见谭用之诗'秋风万里芙蓉国'。'芙蓉'是指木芙蓉，不是水芙蓉，水芙蓉是荷花。谭诗可查《全唐诗》。"

‖ 赏　析 ‖

故乡新梦，岂不妙哉

——重读《七律·答友人》

1961 年 12 月 26 日，毛泽东给老同学周世钊写了一封回信："惠书收到，迟复为歉。很赞成你的意见。你努力奋斗吧。我甚好，无病，堪以告慰。'秋风万里芙蓉国，暮雨朝云薜荔村'。'西南云气来衡岳，日夜江声下洞庭'。同志，你处在这样的环境中，岂不妙哉？"

周世钊时任湖南省副省长、湖南省政协副主席。他是毛泽东在湖南省立第一师范学校读书时的同窗挚友。新中国成立后，两人书信往来不辍，诗词亦互有赠答。毛泽东在这封回信中引用的"秋风"一联，出自唐末诗人谭用之《秋宿湘江遇雨》（下句原为"暮雨千家薜荔村"），"西南"一联，则是长沙岳麓山望湘亭上的一副对联，录自清末诗人黄道让的七律《重登岳麓》；由此可见毛泽东对故乡风物人事的念念不忘。他又说"很赞成你的意见""你努力奋斗吧"，既是对老同学汇报的肯定，也是对故乡在社会主义建设时期种种新变化、新气象的由衷赞叹。正是在这样的心境中，毛泽东写下《七律·答友人》。根据作者手迹，诗题原为《答周世钊同学》，后来发表时改为《答友人》。

　　诗的前四句，"九嶷山上白云飞，帝子乘风下翠微。斑竹一枝千滴泪，红霞万朵百重衣"，是一气直下的四句，不像通常七律的前半段那样章法森然，会让人想起李白名作《登金陵凤凰台》前四句："凤凰台上凤凰游，凤去台空江自流。吴宫花草埋幽径，晋代衣冠成古丘。"而李白此诗又是学崔颢《黄鹤楼》的："昔人已乘黄鹤去，此地空余黄鹤楼。黄鹤一去不复返，白云千载空悠悠。"将这三首诗放在一起看，影影绰绰之间总有形似神接之处。此种写法，能制造出浑然一体、排云驭气的大境界——小心翼翼的两联的威力不如连续四句的威力来得大。"九嶷"四句，塑造了一个完整且流动的天仙下凡境界。

　　相传，尧的两个女儿娥皇和女英嫁给了舜。舜巡视南方，病死在苍梧，葬于九嶷山。两位妃子寻夫至湘江，悼念不已，泪洒竹上而形成斑斑点点的泪痕，从此以后湖南的竹子就叫"斑竹"或"湘妃竹"。而两位妃子，据说泪尽而亡，也有说法是投湘江而死，化作湘水之神。这个故事原本颇令人伤感，但变伤感为温暖、化消极为积极，向来是毛泽东诗词的绝技。他写道：湘妃已然成仙，她们从白云缭绕、青翠苍茫的九嶷山上御风而下，经过曾经沾染她们无穷泪水的竹林，拂一拂衣袖，那重重叠叠的衣裳立刻如朵朵红霞一般熠熠生辉。李白咏杨妃云："云想衣裳花想容。"湘妃大约也是这样曼妙吧！这一连串对于山水意态、人物风神的描绘，是作者站在湘妃故事终结之处，将想象力、乐观精神、楚文化传统以及自己对于故乡的清晰记忆与深情怀念统统融会于心，发而成诗，如歌如画。

更重要的是，毛泽东将凄迷的"千滴泪"与绚烂的"百重衣"对立起来，分别赋予"昔日"与"今朝"的内涵，从而告诉友人也告诉读者，在旧世界中垂泪千年的湘妃，已经在新世界中重新飞舞起来。那么，湘妃究竟隐喻着谁呢？往大了说，可以隐喻故乡、祖国、人民；往小了说，则可能指向某个故人。毛泽东在1975年对北京大学中文系讲师芦荻说："《七律·答友人》，'斑竹一枝千滴泪，红霞万朵百重衣'，就是怀念杨开慧的。开慧就是霞姑嘛！"将湘妃理解为杨开慧，很契合晚年毛泽东的忆旧心态，但将湘妃视作一种更抽象、更广泛的形象，则更有助于领略毛泽东诗词中的大境界与大胸怀。更何况，毛、杨二人的情缘原本就不限于儿女私情；在毛泽东心目中，过早就义的"霞姑"早已凝定为一切光明理想乃至美好事物的代名词。在这个意义上，"霞姑"的确如湘妃般不朽于天地之间。她若在天有灵，也一定愿意乘风而下，行走在新中国，徜徉在新湖南。她会看到怎样的景象呢？

毛泽东继续写道："洞庭波涌连天雪，长岛人歌动地诗。"这是借湘妃或"霞姑"的眼光来书写湖南大地上的新气象。洞庭湖滋养了湖南，正所谓"气蒸云梦泽，波撼岳阳城"。洞庭湖水的浩渺与神秘，也完美应和着楚文化的独特气质——万物皆灵，群仙毕至。屈原《九歌·湘夫人》云："帝子降兮北渚，目眇眇兮愁予。袅袅兮秋风，洞庭波兮木叶下。"这里的"湘夫人"或"帝子"，指湘水女神，很多人认为也就是湘妃形象的继续发展。屈子笔下的"帝子"与"洞庭波"都是萧瑟凄美的，他让秋风落叶与洞庭波相搭配。毛泽东却将凄景置换为壮景，写出一番"惊涛拍岸，卷起千堆雪"的气势。壮景背后，实有壮心支撑。这壮心就体现为"动地诗"。长沙人民传唱着怎样的时代颂歌呢？也许当时有很多，但有一首一定放在了毛泽东的书桌上，那便是"友人"周世钊曾经寄赠过来的《沁园春·访常德石板滩大队》。这首词描写了湖南常德人民开荒种田、将"烂板滩"变成"样板滩"的事迹，其中"黄溢稻田""香溢菘园""棉花上岭""果树遮天""麦土条条""茶林片片"的丰收美景，会让远在北京、心系故园的毛泽东热泪盈眶。只有这样的动地诗篇，才能与洞庭湖的连天雪浪相配相应，汇聚成湖南大地上正在舒卷开合的社会主义建设新画卷。

面对这幅画卷，湘妃一定惊喜，"霞姑"一定欣慰，而毛泽东自己的心情也冲上了最高峰。他不禁想起李白《梦游天姥吟留别》中的名句"我欲因之梦吴越，一夜飞度镜湖月"。李白飞过的是大地与月光，而毛泽东飞度的是往昔与未来。他期待一个更广阔的世界，在这里，到处盛开着鲜花，沐浴着朝阳，充满着希望。他是湖南人，所以把这个完美新世界称作"芙蓉国"。他更是中国人，所以这份祝福也一定会随着诗的发表与流传，温暖九州，照亮历史。《诗经·大雅·文王》云："周虽旧邦，其命维新。"作为坚定的马克思主义者，毛泽东当然不信"天命"，但他信"梦"，信意志，信奋斗。故乡新梦，就是《七律·答友人》的主题。而任何新旧之争、古今之变，在毛泽东诗词中都会被处理成一段必然如此、必须如此的历史传奇。"三军过后尽开颜""人间正道是沧桑""敢教日月换新天",是回荡在伟人笔下的极致浪漫。一切历史皆是心史,一切处境都是妙境。正如他在给周世钊回信的结尾所说的:"同志,你处在这样的环境中,岂不妙哉?"

（谢　琰）

七绝·为李进同志题所摄庐山仙人洞照

一九六一年九月九日

暮色苍茫看劲松，
乱云飞渡仍从容。
天生一个仙人洞，
无限风光在险峰。

这首诗最早发表在人民文学出版社一九六三年十二月版《毛主席诗词》。

‖ 注 释 ‖

暮色苍茫看劲松，乱云飞渡仍从容 意为黄昏时迷茫的景色中看那遒劲的苍松，飞渡的乱云依然形态舒缓悠然。

‖ 作者自注自解 ‖

1964 年 1 月 27 日，毛泽东口头答复外国文书籍出版局《毛主席诗词》英译者说："是云从容，不是松从容。"

暮色苍茫看劲松，乱云飞渡仍从容。天生一个仙人洞，无限风光在险峰。

一九六一年九月

‖ 赏　析 ‖

乱云喜飞渡，险峰仍从容
——重读《七绝·为李进同志题所摄庐山仙人洞照》

这首诗 1961 年 9 月 9 日写于庐山。李进就是毛泽东夫人江青。

庐山仙人洞位于庐山牯岭西侧佛手岩，海拔约 1049 米，深约 10 米，相传唐代名道吕洞宾曾在此洞中修炼，直至成仙，后人为奉祠吕洞宾，将佛手岩更名为仙人洞。仙人洞进口处，为一圆形石门。门上方正中镌刻"仙人洞"三字。左右刻有对联："仙踪渺黄鹤，人事忆白莲。"入圆门便见一大巨石横卧山中，宛若一只大蟾蜍伸腿欲跃，人称"蟾蜍石"。石上有一株苍松，名石松。石松凌空展开两条绿臂，作拥抱态。其枝枝叶叶，蓊蓊郁郁，生机盎然。其根须裸露，却能迎风挺立，百年不倒，堪称庐山奇景。

这首诗没有典故，饱含激情，流畅易懂。公开发表以后很快就脍炙人口，被人民喜爱。但是，有两个问题却很少被人关注。

第一个问题，"劲松""乱云""险峰"都是比喻什么？

这是毛泽东的第二首庐山诗。如果说，作于 1959 年 6 月 29 日的第一首《登庐山》诗中，充满着"跃二葱茏四百旋"的轻松自信；那么，这第二首庐山诗中，仍饱含着自信，却也带有几丝孤傲，几丝忧愤。

过去的权威解读是：毛泽东把自己比作"仍从容"的"劲松"，比作天生"仙人洞"；而"乱云飞渡"，是指"当时正值我国由于自然灾害和国际上的敌对势力掀起反华浪潮"，"乱云翻涌，大有山雨欲来之势";"我国国民经济面临严重困难","在外交上也面临不利的局面","中国面对着一个所谓的'新月形包围圈'。苏联领导人挑起中苏论战,并把两党之间的原则争论变为国家争端,对中国施加政治上、经济上和军事上的巨大压力"。因此,毛泽东"激励全党,坚信乌云必将过去,曙光即在前头"。(《毛泽东诗词鉴赏》,河北人民出版社 1990 年 8 月版)

一首好诗,并不属于作者个人。读诗的人可以联系到不同际遇和背景,触诗生情,寄托自己的共鸣,抒发自己的感情。因此,从当时的国际国内背景看,前面的解读是合理的。但如果要了解作者的个人心境,则也要关注毛泽东自己的解释。

1964 年 1 月 27 日,毛泽东口头答复外国文书籍出版局《毛主席诗词》英译者问,关于"乱云飞渡仍从容",他解释说:是云从容,不是松从容。毛泽东身边的工作人员怕是口误,后来又问他"乱云"的含意,他再次明确答道,"仍从容"是指云从容,并说他喜欢乱云。

当时,为了渡过难关,中央决定进行国民经济调整。8 月 23 日到 9 月 16 日,中共中央在庐山召开工作会议。针对经济高指标,会议作出了《中共中央关于当前工业问题的指示》,指出:"我们已经丧失了一年多的时机。现在,再不能犹豫了,必须当机立断,该退的就坚决退下来,切实地进行调整工作。如果不下这个决心,仍然坚持那些不切实际的指标,既不能上,又不愿下,那末,我们的工业以至整个国民经济就会陷入更被动、更严重的局面。"(《中国共产党历史》第二卷(1949—1978)下册,中共党史出版社 2011 年 1 月版)退,是中央一致的意见,尽管有些人不情愿。但退多少,退到何时?在各人眼中,却是"横看成岭侧成峰,远近高低各不同"。

毛泽东此刻的心态处在重重矛盾之中。他支持国民经济调整,认为退是必要的，但又不愿退得过多，更不愿退到原来的起点上去。他在会上说：问题暴露出来了，将走向反面，现在是退到山谷了，形势到了今天，是一天天上升了。

《论语·雍也》曰："知者乐水，仁者乐山。"意思是说：智慧的人通达事物规律而行事流畅无阻，所以喜欢水。仁义的人遵守伦理规范，朴厚、稳重而不改变主旨，所以喜欢山。

毛泽东，乐水乎，乐山乎？这首诗正反映了他的山一般政治家稳重和水一样诗人浪漫的双重性格。正如他后来自喻说身上有虎气，也有些猴气。

毛泽东的诗和山有不解之缘。他从韶山走出，上了井冈山，在长征中咏诵过岷山、昆仑山、六盘山，终于到达延安清平山。以此为新的起点，向更高的峰巅攀登。……据笔者统计，已正式发表的毛泽东的诗中，直接提到的共有三十三座大大小小的山，按诗作顺序是：岳麓山、天马山、凤凰山、龟山、蛇山、井冈山、武夷山、不周山、白云山、会昌山、骷髅山、八面山、娄山、大庾岭、骑田岭、萌渚岭、都庞岭、越城岭、乌蒙山、岷山、昆仑山、六盘山、陇山、钟山、妙香山、北高峰、扇子岭、美人峰、莫干山、五云山、巫山、庐山、九嶷山。其中除去不周山、骷髅山等神话传说山名和朝鲜的妙香山外，绝大部分他都亲履登临。人们常说湖光山色可以入诗，仅就到过的山而言，我们不知道还有哪个著名诗人可以和毛泽东相比，更何况他还在这些山上进行了史诗般的斗争呢？可以说，毛泽东的登山之路，养成了他稳重如山、艰苦攀援的性格。

毛泽东诗中写水的相对少一些，写到了长江、湘江、大海、赣江。这并不说明他喜山而不喜水。相反，我们可以说，他对水的向往是更多的，他的名"泽东"，字"润之"，都蕴含有丰富的水分。因为，水可以使他投入其中，亲身领略；水是动态的，变化的。而山，是静止的，凝重的。但毛泽东笔下的山，也是跃跃欲起的，你看："山舞银蛇"，"刺破青天"，"一山飞峙"，"飞起玉龙三百万"……在他的眼中，山即是水，水即是山。你看："山，倒海翻江卷巨澜"，"五岭逶迤腾细浪"，"苍山如海"……实在应该说，毛泽东的赋性，是水一般湍急，山一般庄重。在探索、求新方面，他像奔腾的大海，永不平息；在挑战、冲击面前，他像巍峨的崇山，岿然不动。

毛泽东这首诗把自己比作飞渡的乱云，正是另有所寄。他平素的性格，喜欢挑战，喜欢主动进击，喜欢在惊涛骇浪中搏击，而不喜欢固若金汤的防御。他曾说过：与天奋斗，其乐无穷；与地奋斗，其乐无穷；与人奋斗，其乐无穷。他把自己比作"乱云飞渡"，与下句"险峰"是相合的——乱的创意，险的奇趣。

第二个问题，江青所摄照片中有仙人洞吗？

这幅《庐山仙人洞》照片公开发表于《新摄影》1968年第一期的封二，晚于诗作发表五年。从照片来看，难以分辨仙人石洞位于何处，山势起伏也不见险峰突兀。但在当时的环境下，没有人能提出质疑。几十年后，这个问题得到了解答。原来，江青所摄的《庐山仙人洞》照，画面并非仙人洞，实为从仙人洞前面远望西北方的锦绣峰。画面上方有古松疏影数丛作为点缀，左下方为锦绣峰白鹿升仙台以及台上御碑亭的黑影，中间大片空间则为黄昏时天幕上的阴暗云层。

因此，与其说毛泽东是触景生情，倒不如说他是借景抒情。他一生都在追求浪漫的愿景，为此而执著。即使由于客观规律的制约而遭受挫折之时，他心中仍有"乱云飞渡""险峰"的那份从容。

（陈东林）

七律·和郭沫若同志

一九六一年十一月十七日

一从大地起风雷，便有精生白骨堆。

僧是愚氓犹可训，妖为鬼蜮必成灾。

金猴奋起千钧棒，玉宇澄清万里埃。

今日欢呼孙大圣，只缘妖雾又重来。

这首诗最早发表在人民文学出版社一九六三年十二月版《毛主席诗词》。

‖ 注 释 ‖

郭沫若（1892—1978） 四川乐山人，现代著名的文学家和历史学家，曾任中国科学院院长兼历史研究所所长。

风雷 《周易·说卦》载："动万物者莫疾乎雷，挠万物者莫疾乎风。"暴风与雷霆，这里比喻革命。

精生白骨堆 指白骨精。《西游记》第二十七回说，白骨精是从"一堆粉骷髅"里变出来的。这里喻指当时所说的现代修正主义。

僧是愚氓犹可训，妖为鬼蜮必成灾 本句意为唐僧是被白骨精欺骗的愚蠢人，还可以教育过来，白骨精则是妖魔鬼怪，必然酿成灾祸。僧，唐代高僧玄奘（602—664），曾至印度研究佛学，带回大批经典在长安翻译，归国后受唐太宗召见。明代吴承恩农民间流传唐僧取经事编成小说《西游记》。愚氓（méng），愚蠢的人；氓，古义通"民"。鬼蜮（yù），即鬼怪，后来比喻阴险作恶的人；蜮，古代传说中水里一种暗害人的怪物，《诗经·小雅·何人斯》："为鬼为蜮，则不可得。"

金猴奋起千钧棒 金猴，指孙悟空，《西游记》写他被太上老君投入八卦炉烧了四十九天，炼成铜头铁臂，火眼金睛。钧，古代的重量单位，一钧合三十斤。《西游记》第三回说，孙悟空的金箍棒重一万三千五百斤。

玉宇澄清万里埃 本句意为歼灭妖精，扫除妖雾。玉宇，用玉建成的殿宇，古代传说中天帝或神仙的住所。宋陆游《十月十四夜月终夜如昼》："西行到峨眉，玉宇万里宽。"澄清，谓肃清混乱局面。《后汉书·党锢传》："滂登车揽辔，慨然有澄清天下之志。"埃，微尘，指妖雾。

孙大圣 孙悟空在花果山为美猴王时自封"齐天大圣"。

缘 因为。

妖雾 神话传说中妖魔出没之处弥漫的烟雾，喻指反革命的迷雾。

‖ 作者自注自解 ‖

关于"僧是愚氓犹可训，妖为鬼蜮必成灾"，1964 年 1 月 27 日，毛泽东口头答复外国文书籍出版局《毛主席诗词》英译者说："郭沫若原诗针对唐僧。应针对白骨精。唐僧是不觉悟的人，被欺骗了。我的和诗是驳郭老的。"

三打白骨精

一从大地起风雷，便有精生白骨堆。僧是愚氓犹可训，妖为鬼蜮必成灾。金猴奋起千钧棒，玉宇澄清万里埃。今日欢呼孙大圣，只缘妖雾又重来。

毛泽东

◎附：郭沫若原诗

七律·看《孙悟空三打白骨精》

人妖颠倒是非淆，对敌慈悲对友刁。
咒念金箍闻万遍，精逃白骨累三遭。
千刀当剐唐僧肉，一拔何亏大圣毛。
教育及时堪赞赏，猪犹智慧胜愚曹。

‖ **附诗注释** ‖

人妖颠倒是非淆　意为唐僧把妖精当人，混淆是非。

对敌慈悲对友刁　意为唐僧对敌人爱护怜悯，对孙悟空一再刁难。

咒念金箍　指唐僧念"紧箍咒"惩罚孙悟空。《西游记》中写道观音菩萨为了使孙悟空听从唐僧的管束，将禁箍及紧箍咒传给唐僧。唐僧每念紧箍咒语，箍便会缩小，令孙悟空头痛难忍。

累三遭　接连三次。

千刀当剐唐僧肉　意为唐僧活该千刀万剐。这里作者错把唐僧比喻为当时所说的现代修正主义。

大圣毛　这是双关语。一指孙悟空身上的毫毛，一指大圣人毛泽东。

猪犹智慧胜愚曹　意为猪八戒还比较聪明，胜过唐僧这样的愚蠢之辈。按剧中的猪八戒虽起初也为白骨精迷惑，但觉悟得比较早，在唐僧被妖精捉去后，又用激将法请回孙悟空，并协助悟空扫灭群妖。犹，尚且。曹，辈。

‖ 赏　析 ‖

认真分清敌我友，斗争教育不可少

——重读《七律·和郭沫若同志》

这首诗写于 1961 年 11 月 17 日。当时，中苏两党、两国之间的矛盾开始激化，国际形势也面临着大动荡、大分化、大改组。

1959 年，中苏两党在禁止试验核武器协议、中印边界冲突、台湾问题上发生了分歧。1960 年 7 月，苏联领导人赫鲁晓夫悍然单方面决定召回在中国的全部苏联专家，废止两国的合作协定，给中国经济造成了很大困难。两党关系分歧，被扩大为两国关系恶化。

1961 年 10 月，苏共二十二大召开，赫鲁晓夫想借此机会让各国共产党重新拥戴苏共的"老子党"地位，讨伐不肯就范的"异端"。对他所作所为早有看法的中国共产党自然无法接受。一场交锋在所难免。10 月 19 日，中共代表团团长周恩来在大会发言，对苏共组织围攻兄弟党，甚至公开号召推翻兄弟党领导人的做法，提出不同意见说："对任何一个兄弟党进行公开的片面的指责，是无助于团结、无助于问题的解决的。这种态度，只能使亲者痛，仇者快。"这些话，赫鲁晓夫听不进去，进而组织了对中共的围攻。周恩来讲话之后，会场上响起一片指责和嘘声，只有朝鲜、越南代表团保持沉默。周恩来愤而决定，提前回国。大会之后，中国转发了阿尔巴尼亚劳动党抨击苏共的材料，苏共就此向中共发出了激烈指责。

论战，在毛泽东的预料之中。11 月 17 日，毛泽东在广州看到了郭沫若写下的《七律·看〈孙悟空三打白骨精〉》，感触顿生，挥毫写下了一首《七律·和郭沫若同志》。

郭沫若原诗是这样产生的：10 月 18 日，他在北京民族文化宫观看了浙江绍兴剧团演出的绍剧《孙悟空三打白骨精》，觉得很有教育意义。后来剧团的同志要他提点意见，他联想到苏共二十二大对兄弟党进行了猛烈攻击，致使周恩来提前回国，便写出一首《七律·看〈孙悟空三打白骨精〉》，送给剧团。

孙悟空三打白骨精的故事，家喻户晓，无须赘述。不难看出，郭沫若原诗是严厉批评唐僧即苏共"人妖颠倒是非淆"，甚至激愤地认为"千刀当剐唐僧肉"。但还认为唐僧的错误是"对敌慈悲对友刁"。唐僧还不是敌。

毛泽东的和诗，则重新划分了敌、我、友的范围。重点抨击赫鲁晓夫"现代修正主义"的白骨精，指出"妖为鬼蜮必成灾"，必须"奋起千钧棒"澄清"妖雾"。上一句"僧是愚氓犹可训"，是说中间派的大量其他政党，尽管有不少被动地参加了对中共的围攻合唱，但还是可以教育和争取的。

1962 年 1 月 6 日，郭沫若在广州看到了毛泽东托人转交他的和诗，受到很大启发，当天便步毛泽东诗原韵，又和了一首：

赖有晴空霹雳雷，不教白骨聚成堆。
九天四海澄迷雾，八十一番弭大灾。
僧受折磨知悔恨，猪期振奋报涓埃。
金睛火眼无容赦，哪怕妖精亿度来。

毛泽东看到郭沫若送来的和诗后，回信说："和诗好，不要'千刀当剐唐僧肉'了。对中间派采取了统一战线政策，这就好了。"1964

年1月27日，毛泽东口头答复外国文书籍出版局《毛主席诗词》英译者问说："郭沫若原诗针对唐僧。应针对白骨精。唐僧是不觉悟的人，被欺骗了。"

毛泽东从这首诗开始，认定苏共赫鲁晓夫是"白骨精"，今后的主要任务是反对现代修正主义思潮。一首诗，成为一张应战的战书，标志着开始一个"反修防修"的新时代。董必武1961年12月29日和毛泽东诗，更能使我们明确"白骨精"的所指，更能感受到毛泽东这首诗在党内的号角式影响：

> 骨精现世隐原形，火眼金睛认得清。
> 三打纵能装假死，一呵何遽背前盟。
> 是非颠倒孤僧相，贪妄纠缠八戒情。
> 毕竟心猿持正气，神针高举孽妖平。

董必武诗下对"三打"注云："布加勒斯特会上一打，莫斯科两党会谈二打，莫斯科八十一国党的会议上三打。"（《董必武诗选》，人民文学出版社1977年10月版）

几十年过去后，邓小平回顾这段历史时说："各国的事情，一定要尊重各国的党、各国的人民，由他们自己去寻找道路，去探索，去解决问题，不能由别的党充当老子党，去发号施令。我们反对人家对我们发号施令，我们也决不能对人家发号施令。""经过二十多年的实践，回过头来看，双方都讲了许多空话。"他还说："真正的实质问题是不平等，中国人感到受屈辱。"（分见《邓小平文选》第二卷，人民出版社1993年11月版）这使得中国共产党不得不和"老子党"和大国沙文主义斗争。

今天，我们重读毛泽东的这首诗，不必拘泥于当时复杂的中苏关系，而是要认真体味诗中提出的分清敌我友、采取不同政策的思想。

毛泽东从他的四卷选集开篇之作《中国社会各阶级的分析》，就提出：谁是我们的敌人，谁是我们的朋友，这个问题是革命的首要问题。新中国成立以后，他在《关于正确处理人民内部矛盾的问题》的光辉著作中，又升华为学说：社会主义社会存在着敌我之间矛盾和人民内部矛盾两类不同性质的矛盾，前者是对抗性的，后者是非对抗性的，应正确认识两类不同性质的矛盾；解决敌我矛盾要用专政的方法，解决人民内部矛盾只能用民主的方法，"团结—批评—团结"。二十世纪六七十年代，毛泽东又针对世界格局提出了"两个中间地带"和"三个世界"划分的战略思想，根据这一划分，中国作为第三世界的一员，要加强同广大第三世界国家的团结，争取第二世界国家，联合反对超级大国的控制和压迫。

这些，可以作为我们解读这首诗的路径。

（陈东林）

卜算子·咏梅

一九六一年十二月

读陆游咏梅词，反其意而用之。

风雨送春归，飞雪迎春到。已是悬崖百丈冰，犹有花枝俏。　　俏也不争春，只把春来报。待到山花烂漫时，她在丛中笑。

这首词最早发表在人民文学出版社一九六三年十二月版《毛主席诗词》。

‖ 注 释 ‖

陆游（1125—1210） 字务观，号放翁，山阴（今浙江绍兴）人，南宋爱国诗人。他生活在南宋朝廷向外来侵略势力委曲求和的时代，爱国抱负不为时用，晚年退居家乡。他在《咏梅》词中表现出孤芳自赏、凄凉抑郁的调子。本词用陆游原词牌、原词题，但情调完全相反，所以说"反其意而用之"。

俏也不争春 本句意为梅花开得俏丽，不是要同别的花在春天争奇斗艳。俏，俊美，俏丽。

只把春来报 本句意为梅花把春天到来的消息传到人间。宋欧阳修《蝶恋花》："雪里香梅，先报春来早。"

山花烂漫 满山遍野百花盛开，色彩艳丽。

她 指梅花，把梅花拟人化，即含有把梅花比美人、比革命者的意味。

只把春来报。待到山花烂漫时，她在丛中笑。

卜算子

咏梅 读陆游咏梅词，反其意而用之。

风雨送春归，飞雪迎春到。已是悬崖百丈冰，犹有花枝俏。

俏也不争春

‖ 作者自注自解 ‖

1962 年 1 月 12 日毛泽东写信给康生说："近作咏梅词一首，是反修正主义的，寄上请一阅。并请送沫若一阅。外附陆游咏梅词一首。末尾的说明是我作的，我想是这样的。究竟此词何年所作，主题是什么，尚有待于考证。我不过望文生义说几句罢了。"（《建国以来毛泽东文稿》，中央文献出版社 1996 年 8 月版）

◎ **附：陆游原词**

卜算子·咏梅

驿外断桥边，寂寞开无主。已是黄昏独自愁，更著风和雨。　　无意苦争春，一任群芳妒。零落成泥碾作尘，只有香如故。

‖ 附词注释 ‖

驿外断桥边　驿，驿站，古代官府设置的供来往官员或传递公文的人中途住宿和换马的处所。断桥，暗含无人经过之意。

开无主　指无人欣赏的开在野外的梅花。唐杜甫《江畔独步寻花七绝句》其五："桃花一簇开无主，可爱深红爱浅红。"

著　遭受，承受。

一任群芳妒　一任，听任，任凭。群芳，各种花草。

零落成泥碾作尘，只有香如故　梅花凋谢后被轧碎为尘土，惟独它的幽香不变。作者暗喻不管遭到什么磨难，都将继续保持自己的品德和节操。零落，凋谢。《楚辞·离骚》："惟草木之零落兮，恐美人之迟暮。"碾作尘，宋王安石《北陂杏花》："纵被春风吹作雪，绝胜南陌碾成尘。"

‖ **赏　析** ‖

画梅骨·书梅神·写梅魂

——重读《卜算子·咏梅》

"江南无所有，聊赠一枝春"，这是南北朝的梅花。

"来日绮窗前，寒梅著花未"，这是盛唐的梅花。

"人间奇绝，只有梅花枝上雪"，这是赵宋的梅花。

"檐流未滴梅花冻，一种清孤不等闲"，这是清代的梅花。

……

古人写梅，有遥寄相思的寒梅，有月下疏影的幽梅，有凄风苦雨的愁梅，有清绝冷艳的孤梅……这些梅花浸润着古代文人或落落寡合，或凄婉孤独，或孤傲标格的情感与思绪，往往拘泥于个人的一方狭窄天地。情虽至，格局尚小。

1961 年 12 月，又逢寒冬，诗人毛泽东也将诗情注入"梅花"这个被历代文人反复歌咏的物象。受陆游《卜算子·咏梅》的影响，毛泽东"反其意而用之"，创作出了同题同调却立意相反的词作，一朵朵一簇簇"翻千古新意"的梅花跃然纸上：她是面对冰雪却呼唤春天的梅花，她是生长于绝地却心怀希望的梅花，她是俏丽多姿却不争妍斗艳的梅花，她是心有百花却不孤芳自赏的梅花。

这样的梅花，古今独步；

这样的梅花，首开奇响；

这样的梅花，只属于毛泽东。

毛泽东之所以创作这样一首梅花词，离不开当时复杂严峻的国内外环境。当时的中国，内有三年自然灾害造成的困难局面，外有美苏霸权主义的施压。内外交困，孤立无援，如何振奋精神，鼓舞人民？如何战胜困难，迎接挑战？毛泽东陷入了沉思。寒天渐近，风雪欲来。也许是自然气候与政治气候中的某种相似，毛泽东决意要为傲雪斗霜的梅花唱一首赞歌。毛泽东深知，再写梅花，脱俗不易，他开始翻阅历代咏梅佳作，酝酿一首属于自己的咏梅诗词。

11月6日，毛泽东曾一日三寻梅花诗。早6时，毛泽东给秘书田家英写了第一张便条："田家英同志：请找宋人林逋（和靖）的诗文集给我为盼，如能在本日下午找到，则更好。"林逋是宋朝著名隐逸诗人，晚年隐居杭州西湖孤山，以种梅养鹤自娱，后人称其为"梅妻鹤子"。他的《山园小梅》被誉为"咏梅诗之最"，"疏影横斜水清浅，暗香浮动月黄昏"更是传诵千古的名句。8时半，毛泽东又写了第二张便条给田家英："有一首七言律诗，其中两句是：'雪满山中高士卧，月明林下美人来'，是咏梅的，请找出全诗八句给我，能于今日下午交来则最好。何时何人写的，记不起来，似是林逋的，但查林集没有，请你再查一下。"不久，毛泽东又补写了第三个便条："又记起来，是否清人高士奇的。前四句是：琼姿只合在瑶台，谁向江南处处栽。雪满山中高士卧，月明林下美人来。下四句忘了。请问一下文史馆老先生，便知。"原来此前毛泽东要田家英帮他找寻林逋的诗集，是为了查找一首与梅花相关的诗歌。随后，这首诗的出处被查了出来，是明代高启《梅花九首》的第一首。全诗为："琼姿只合在瑶台，谁向江南处处栽。雪满山中高士卧，月明林下美人来。寒依疏影萧萧竹，春掩残香漠漠苔。自去何郎无好咏，东风愁寂几回开。"高启，明初诗文三大家之一，《梅花九首》是高启创作的关于梅花的组诗，被前人誉为"飘逸绝群，句锻字炼"。毛泽东找寻的这一首，以瑶台仙姿歌梅花之超凡脱俗，以高士美人赞梅花之高洁孤傲，以疏影残香怜梅花之澹泊自爱，突出了梅花高洁坚贞的精神。得到原诗的毛泽东难掩喜悦，当日便以草书笔法书写了这首诗歌，并题写："高启，字季迪，明朝最伟大的诗人。"

除了林逋、高启的咏梅诗，毛泽东阅读的当然还有陆游的这首《卜算子·咏梅》。陆游，南宋著名爱国诗人，一生力主抗金，可惜志不得伸，郁郁而终。他的这首《卜算子·咏梅》借梅花喻指自身，虽赞颂梅花孤高清冷的高洁品行，然而落笔却在愁苦自怜、花开无主，格调依然没有跳脱哀怨与低沉。

翻阅了这么多前人诗词，毛泽东发现，这些诗词似乎都缺少某种力量，某种气魄，某种襟怀，不能够振奋民族精神，鼓舞民族士气。于是，毛泽东决意打开一个生面，创造一个全新的梅花形象。一首《卜算子·咏梅》横空出世。

毛泽东的咏梅词一扫前人诗词的自怜、哀怨、孤高，以别具一格的昂扬基调和时代精神，赋予梅花坚强、旷达、乐观、豪迈之新意蕴。毛泽东通过画梅骨，书梅神，写梅魂，刻画了梅花凌寒独放、俏不争春、乐观谦逊的形象，赞颂了中国共产党人和中国人民不畏艰难，顽强拼搏的斗争精神以及自信乐观、豁达潇洒的胸襟与品格。无论是主旨意蕴还是艺术手法，毛泽东都在陆游原作的基础上翻出了新意，较之角度更新，立意更高，气魄更大。

下面，我们可以从梅骨、梅神、梅魂三个方面更好地赏析与理解这首词。

首先来说"傲霜斗雪"之"梅骨"。清代沈祥龙在《论词随笔》中写道："咏物之作，在借物以寓性情，凡身世之感，君国之忧，隐然蕴于其内，斯寄托遥深，非沾沾焉咏一物矣。"这首词便是通过描绘梅花在严酷环境中依然顽强不屈的"梅骨"，赞誉中国共产党人的骨气品格与斗争精神。词的上阕从自然环境起笔，以风雨、飞雪、悬崖、寒冰描绘出梅花生存与绽放所面对的恶劣自然环境。首二句节奏明快，旋律欢畅，一连运用"送"与"迎"、"归"与"到"两对反义动词，通过快速流转的时间，突出"风雨"与"飞雪"的接连而至都无法扼杀春天的生机，阻挡春天的脚步，梅花终会恣意绽放。第三句化用唐代岑参《白雪歌送武判官归京》中的"瀚海阑干百丈冰"，用"已是"突出隆冬时节悬崖峭壁上之险峻与严寒。第四句以"犹有"一词转折，在这周天寒彻、漫天皆白的环境中，犹有一株俏美的梅花凌寒独放。正是恶劣环境的衬托，凸显了梅花的铮铮铁骨。词中的自然环境，实际上正暗指当时的社会环境。茫茫风雪中迎浓浓春意，危崖绝壁中俏丽怒放，梅花的铁骨正是中国共产党人面对艰难险阻的骨气、志气与底气。

再来看"俏丽多姿"之"梅神"。词中的"俏"字，可谓神来之笔，无愧为本词词眼，挈领全篇。一个"俏"字写尽了梅之气韵风神，发古今之新声，开千古之奇响。"俏"是一种自信的神韵，写尽梅花对春天的希望；"俏"是一种刚健的神韵，写尽梅花不畏严寒的生机；"俏"是一种胜利的神韵，写尽梅花战风斗雪的姿态。一个"俏"字，画龙点睛，灵气飞动，让梅花的形象积极、清新、靓丽起来。从此，柔弱的梅花有了力量，她美得传神，美得风流，美得劲拔，美得潇洒，美得让人心驰神往；从此，自然的梅花通了人性，她有了情，有了趣，有了神，有了韵，有了更加鼓舞人心的力量。

最后来说"笑靥如花"之"梅魂"。"有第一等襟抱，第一等学识，斯有第一等真诗。"毛泽东在这首词中用一个"笑"字展现了博大的胸襟，刻画了梅花的人格美，突出了梅花之"魂"，也突出了共产党人之"魂"。下阕的"俏"字用顶针手法，承接上文，突出梅花报春却不争春的高尚品格，而紧接着又以全景式的镜头呈现春光明媚的百花争艳图，最终镜头定格在百花丛中的梅花之上，刻画了梅花在百花丛中与众花共享美好春光的幸福形象，彰显了梅花不争不抢，愿把春天洒满人间的格局与气魄。词作以第三视角梅花之"笑"作结，意蕴悠远，梅花之"魂"便也跃然而出。这一"笑"是战胜困难的淡然之笑，是苦尽甘来的欣慰之笑，是功成身退的会心之笑，是憧憬未来的乐观之笑，这正是梅花之"魂"。清代刘熙载在《艺概·词曲概》中有言："昔人词咏古咏物，隐然只是咏怀，盖其中有我在也。"实际上，词中描绘的梅花之"魂"，正是以毛泽东为代表的中国共产党人之"魂"——不居功、不自傲，心怀共产主义远大理想，永远为劳苦大众而奋斗。这是豁达潇洒的襟怀，也是胸怀天下的格局。

实际上，本词中还有一个令人拍案叫绝的地方，那便是全词无一梅字却无不在写梅，足见作者之功力。

如果说古人的梅花自怜，那么毛泽东的梅花便自信。

如果说古人的梅花脆弱，那么毛泽东的梅花便强劲。

如果说古人的梅花哀怨，那么毛泽东的梅花便乐观。

如果说古人的梅花孤傲，那么毛泽东的梅花便谦恭。

如果说古人的梅花是"小我"，那么毛泽东的梅花便是"大我"。

俄国文学批评家别林斯基曾言："在真正的艺术作品里，一切形象都是新鲜的，具有独创性的，其中没有哪一个形象重复着另一个形象，每一个形象都凭它所特有的生命而生活着。"毛泽东的咏梅词正具有这样的独创性，它发时代之音，言革命家之志，以全新的世界观赋予梅花新的生命意蕴，指引人们迈向更加光明的未来。正如毛泽东所言："当着天空中出现乌云的时候，我们就指出：这不过是暂时的现象，黑暗即将过去，曙光即在前头。"

（董晓彤）

七律·冬云

一九六二年十二月二十六日

雪压冬云白絮飞，万花纷谢一时稀。

高天滚滚寒流急，大地微微暖气吹。

独有英雄驱虎豹，更无豪杰怕熊罴。

梅花欢喜漫天雪，冻死苍蝇未足奇。

这首诗最早发表在人民文学出版社一九六三年十二月版《毛主席诗词》。

‖ 注　释 ‖

冬云　作诗日期 12 月 26 日为作者生日，是当年冬至节后的第四天。旧说"冬至一阳生"，阳气开始升起，寒威开始减弱，这里是比喻虽在冬至，大地并没有完全被寒流控制。

白絮　柳絮，比喻纷飞的雪花。

熊罴（pí）　熊和罴皆为猛兽，这旦比喻凶恶的敌人。罴，熊的一种，现在叫马熊或人熊。《尚书·牧誓》："勖哉夫子！尚桓桓，如虎如貔，如熊如罴。"

苍蝇　喻指卑污渺小、鼓噪一时的反华势力。

‖ 赏　析 ‖

于高天寒流之中“突围”

——重读《七律·冬云》

　　毛泽东诗词着意思考和表达的题材内容在 1959 年发生转折，从“今胜于昔”的凯歌，走向了对形势前途的忧虑，其中的借物言志诗词，无论是“物”还是“志”，都开始浸染上某种凝重而急促的气氛，并且在创作的心态情结和思想倾向上，显现出在冲突中寻求政治“突围”。《七律·冬云》就是这样的一首借物言志诗。1962 年，年初在中南海西楼召开的中央政治局扩大会议，通过了陈云作的《目前财政经济的情况和克服困难的若干办法》的报告，到了年底，国民经济已经走出低谷，然而中苏两党积累下来的分歧和矛盾在经过一段和缓时期后，走到一触即发的地步。毛泽东面对苏共等兄弟党的围攻，精神处在应战和挑战的激越状态中。1962 年 12 月 26 日，毛泽东像往年一样没有庆祝地度过了自己的生日，能称得上特别的，是毛泽东在上海湿寒的凌晨里，写下了自己唯一一首创作于生日的作品——《七律·冬云》，并在那天早晨七点批示当时的国际问题秘书林克：“请将诗一首付印，于今天下午印成五十份，于下午六时前交我为盼。”

　　《七律·冬云》大量使用象征、比兴和对比的手法，将自然气候与政治气候联结在一起，表达勇于战胜困难、实现政治“突围”的革命乐观主义、革命英雄主义的大无畏精神，唱响具有鲜明品格和崇高使命感的强音。

　　首联：“雪压冬云白絮飞，万花纷谢一时稀。”起笔以“冬云”起兴入题。冬天下雪前，水汽在空中遇冷凝结成雪，一个"压"字，既有寒气压云而成雪之意，又是暗指国际上的反华势力在不断施加压力。称雪为"白絮"本于《世说新语·言语》，东晋女诗人谢道韫以"柳絮因风起"比拟飘雪。纷谢，纷纷凋谢。一时，顿时、短时间、暂时，比如宋代文天祥《南安军》中有"山河千古在，城郭一时非"的诗句。严寒的风雪中万花凋谢，仍在开放的花很少了，这里虽然没有点出"梅花"，但是为尾联中"梅花"的出场做了铺垫。这一联诗句以严寒冰雪的凌厉象征当时国际形势的严峻。

颔联："高天滚滚寒流急，大地微微暖气吹。"这一联的出句与对句形成鲜明对比，既是描写自然气候，也在象征中比照出了政治气候里的冲突，以及在冲突中寻求"突围"。诗句落脚在"暖气吹"，一扫前几句的肃杀之气。滚滚，形容大水奔流的样子，这里指寒流奔腾。高空中的寒流滚滚而来，一个"急"字，可见来势猛烈急促。然而，冬至之后，阳气萌生，寒威减弱，此时的大地上已经有了微微的暖气。一个"吹"字，似乎是春天的信使款款而来，预示着严冬就要过去。古人有候气之法，认为天地之间充满了气，风即是气，四时寒暑的风气各有不同，天有天气，地有地气，天气的凉热容易被人感知，而地气的变化却不易被人察觉，便以候鸟骨骼制成十二个长短不同的管子来代十二律，并将律管依方位埋入地下使得律管的上口与地面平齐，再把芦苇内膜焚成的灰填入律管中。到了某个时令，对应时令律管内的灰就会飞出，冬至一阳生，就像是萌生的阳气"吹"出了暖意。有了这暖意，纵然是高天寒流也不再可怕，体现出了诗人的革命乐观主义精神。此外，毛泽东不仅看到了对立的两方面，并借助阴极阳生的自然运动变化规律进行了辩证的哲理思考，这是革命者看问题的方法，也极具教育启发意义。

颈联:"独有英雄驱虎豹,更无豪杰怕熊罴。"这一联直抒胸臆。独,唯。颔联中的"寒流",一是指帝国主义的压力,在这里比作"虎豹";二是指修正主义的压力,在这里比作"熊罴"。古代诗歌中也有"虎豹"与"熊罴"对举的诗句,比如曹操《苦寒行》中的"熊罴对我蹲,虎豹夹路啼"。与两方面所指相对应,出句中的"英雄",比喻中国共产党人,对句中的"豪杰",比喻坚持马列主义的中国革命者,英雄豪杰面对气势汹汹的帝国主义、修正主义及一切反动派,是无所畏惧的,敢于斗争、敢于胜利的。诗人在颈联发出了铿锵有力的革命英雄主义的强音。

尾联:"梅花欢喜漫天雪,冻死苍蝇未足奇。""梅花"意象与"苍蝇"意象,在这一联里形成了强烈鲜明的对比。"梅花"的出场,与首联呼应,在漫天飞雪、"万花纷谢"中盛开的正是"梅花"。这里塑造的"梅花"意象,是《卜算子·咏梅》中"俏于冰"的潇洒劲拔的梅花的延续,此时还有了新的战斗姿态——在风雪中不仅无畏,而且是"欢喜"的,让人不禁想起高尔基笔下在暴风雨中渴望战斗的海燕。用"梅花"比喻坚贞的革命战士,而用"苍蝇"比喻"帝、修、反",既是揭露敌人的卑污渺小,也是彰显诗人对敌的轻蔑与不屑,那些经不起寒流侵袭的纷谢万花,那些甚嚣尘上、鼓噪一时的"反华大合唱",终将像苍蝇一样在寒流中被冻死,不足为奇。"苍蝇"意象,也在毛泽东紧接着创作的《满江红·和郭沫若同志》"小小寰球,有几个苍蝇碰壁"中出现。而类似的表述,还可见于1958年12月下旬毛泽东在批阅文物出版社出版的《毛主席诗词十九首》时写下的一段话:"革命尚未全成,同志仍须努力。港台一带,饕蚊尚多,西方世界,饕蚊成阵。安得起全世界各民族千百万愚公,用他们自己的移山办法,把蚊阵一扫而空,岂不伟哉!"这里的"饕蚊"便与"苍蝇"

类同。

　　《七律·冬云》前两联写景，后两联抒情，毛泽东通过借物言志，将革命家的人格和诗人的气质进行了高度的融合。毛泽东，这位时刻关注国际形势的领袖，这位为中国的发展方向敏锐把舵的政治家，这位充满使命感的马克思主义者，在自己六十九岁生日时，以"诗化"的形式传达出对中国命运、社会主义事业命运，乃至对整个世界未来的思考，表现了强烈的斗争意志，表达了实现政治"突围"的强烈愿望。在创作《七律·冬云》三个月前的 9 月 28 日，毛泽东会见越南南方民族解放阵线代表团的外宾时也谈起了诗词创作，毛泽东说："你要写诗，就要写阶级斗争……我也是写阶级斗争。"把毛泽东在这时自述的诗歌创作动机和思想主题，与四十年代他在重庆回答徐迟怎样作诗的提问时所答的"诗言志"相比较琢磨，应该可以帮助读者探究出毛泽东诗词创作在不同时期的一点变化脉络吧。

（李雨檬）

满江红·和郭沫若同志

一九六三年一月九日

小小寰球，有几个苍蝇碰壁。嗡嗡叫，几声凄厉，几声抽泣。蚂蚁缘槐夸大国，蚍蜉撼树谈何易。正西风落叶下长安，飞鸣镝。　　多少事，从来急；天地转，光阴迫。一万年太久，只争朝夕。四海翻腾云水怒，五洲震荡风雷激。要扫除一切害人虫，全无敌。

这首词最早发表在人民文学出版社一九六三年十二月版《毛主席诗词》。

‖ 注　释 ‖

寰球　指地球、全世界。

苍蝇　喻指一切修正主义者和敌对势力。

蚂蚁缘槐夸大国　唐李公佐传奇小说《南柯太守传》载：有个叫淳于棼（fén）的人，在槐树下喝醉酒，梦见自己在"大槐安国"做了驸马，又在南柯郡当了二十年太守，权势显赫。醒后才知槐安国原来是大槐树洞中的蚂蚁窝。（《南柯太守传》与作者自注自解提到的明传奇《南柯记》表现出明显的前后继承关系，但也显示出各自的时代倾向和文人创作选择上的不同。——编者注）缘，攀援，唐李白《蜀道难》："猿猱欲度愁攀缘。"

蚍蜉撼树　力量小而妄想动摇很大的事物，这是对不自量力的人的嘲笑。蚍蜉，大蚂蚁。撼，摇动。

正西风落叶下长安，飞鸣镝（dí）　西风，秋风。长安，唐朝都城，即今西安市。这里喻指苏联首都莫斯科。前半句化用唐贾岛《忆江上吴处士》诗"秋风生渭水，落叶满长安"句，表示秋风已起，虫子不好过了。鸣镝，古时一种射出去能发声音的箭，也叫响箭。三国吴韦昭《汉之季》："飞鸣镝，接白刃。"

迫　急促。

四海　古人认为中国四周都是海，犹言天下。

五洲　指亚洲、非洲、欧洲、美洲、大洋洲五大洲，这里用来概括全世界。

一切害人虫　喻指世界上一切反华势力。

无敌　没有对手。《孟子·公孙丑上》："如此，则无敌于天下。"

‖ 作者自注自解 ‖

关于"蚂蚁缘槐夸大国"，1964 年 1 月 27 日，毛泽东口头答复外国文书籍出版局《毛主席诗词》英译者说："'大槐安国'是汤显祖《南柯记》里的故事。"

关于"正西风落叶下长安，飞鸣镝"，1964 年 1 月 27 日，毛泽东口头答复外国文书籍出版局《毛主席诗词》英译者说："'飞鸣镝'指我们的进攻。'正西风落叶下长安'，虫子怕秋冬。形势变得很快，那时是'百丈冰'，而现在正是'四海翻腾云水怒，五洲震荡风雷激'了。从去年起，我们进攻，九月开始写文章，一评苏共中央的公开信。"

又据臧克家回忆，1960 年前后听袁水拍传达毛泽东亲自回答问题时

所作的记录也说："'飞鸣镝'——指革命力量。"(《臧克家文集》，山东文艺出版社 1994 年 8 月版）

关于"天地转，光阴迫。一万年太久，只争朝夕"，1964 年 1 月 27 日，毛泽东口头答复外国文书籍出版局《毛主席诗词》英译者说："你要慢，我就要快，反其道而行之。你想活一万年？没有那么长。我要马上见高低，争个明白，不容许搪塞。但其实时间在我们这边，'只争朝夕'，我们也没有那么急。"

◎附：郭沫若原词

满江红·一九六三年元旦书怀

沧海横流，方显出英雄本色。人六亿，加强团结，坚持原则。天垮下来擎得起，世披靡矣扶之直。听雄鸡一唱遍寰中，东方白。　　太阳出，冰山滴；真金在，岂销铄？有雄文四卷，为民立极。桀犬吠尧堪笑止，泥牛入海无消息。迎东风革命展红旗，乾坤赤。

‖ 附词注释 ‖

沧海横流　沧海，即大海。横流，指海水泛滥。这里喻指动荡的国际局势。《晋书·王尼传》："常叹曰：'沧海横流，处处不安也。'"

擎　举，向上托起。

披靡 本义为草木随风倒下。汉司马相如《上林赋》："应风披靡，吐芳扬烈。"

寰中 指宇内、天下。

冰山 冰冻形成的山。冰山遇天气转暖即消融，故比喻不可长久依赖的靠山。五代王仁裕《开元天宝遗事》载，唐玄宗时，杨国忠权倾天下，有人劝进士张彖谒之以图显贵。张彖说："尔辈以谓杨公之势，倚靠如泰山；以吾所见，乃冰山也。或皎日大明之际，则此山当误人尔。"

真金 指马列主义、毛泽东思想的伟大真理。

岂销铄 岂，表反问。销铄，熔化，消除。

雄文四卷 指《毛泽东选集》第一至四卷。

立极 树立准则。

桀犬吠尧堪笑止 比喻坏人的爪牙攻击好人，这里指国内外敌对势力的攻击和叫嚣。相传桀是夏代最末一个帝王，是个暴君。尧即唐尧，是古代历史传说中的圣君。《汉书·邹阳传》："桀之犬可使吠尧，跖之客可使刺由。"堪笑止，可笑至极。

泥牛入海无消息 北宋僧道原《景德传灯录》："我见两个泥牛斗入海，直至如今无消息。"比喻一去不返，杳无音信。这里喻指一切反动势力都会灭亡。

乾坤赤 乾坤即天地，这里引申指全世界。赤，红色。寓意为无产阶级革命在全世界取得胜利。

钟山风雨起苍黄，百万雄师过大江。虎踞龙盘今胜昔，天翻地覆慨而慷。宜将剩勇追穷寇，不可沽名学霸王。天若有情天亦老，人间正道是沧桑。

一九六三年一月 毛泽东

满江红　和郭沫若

小小寰球，有几个苍蝇碰壁。嗡嗡叫，几声凄厉，几声抽泣。蚂蚁缘槐夸大国，蚍蜉撼树谈何易。正西风落叶下长安，飞鸣镝。

不畏沧海，只争朝夕

——重读《满江红·和郭沫若同志》

　　20世纪50年代后期，中苏两国两党的意识形态分歧与政治矛盾日渐凸显。赫鲁晓夫上台后，企图改变斯大林时代对美关系的紧张局面，要求中国服从苏联的需要，频繁干涉中国的内政与外交事务。1960年6月，在布加勒斯特会议上苏共对中共代表组织围攻，成为中苏两党公开破裂的开端。7月，苏联突然宣布撤离援华专家，停止两国经济技术合作项目，严重损害了中国的经济发展。从1962年底到1963年初，苏联报刊发表大量文章攻击中共领导人。从1963年元旦开始，中共重要报刊《红旗》《人民日报》相继刊发社论政论，批判苏联"修正主义集团"及其追随者。1963年1月6日，毛泽东在杭州会见来访的日本共产党中央政治局委员、书记处书记袴田里见时说："有些党依靠压力过日子，还搞收买、颠覆，强加于人，不让各国党有自己的独立思考，不让各国党自己制定自己党的路线。凡是只依靠外国才能制定自己党的政治路线和组织路线，革命绝不会成功。"1月9日，他写下《满江红·和郭沫若同志》，书赠一位身边工作人员，又书赠周恩来。

　　"满江红"是词牌名，"和郭沫若同志"是词的真正题目。"唱和"是古典诗歌传统中非常重要且常见的写作方式：有人先写了一首诗词，这叫"唱"；另一个人仿照这首作品的格式与内容，续写了一首，这就叫"和"。任何一首"和作"都在与"原作"相呼应、相交流，很多重要信息都出现在"原作"中，需要对照阅读才能更准确理解"和作"。毛泽东所"和"的原作，就是郭沫若《满江红·一九六三年元旦书怀》：

> 沧海横流，方显出英雄本色。人六亿，加强团结，坚持原则。天垮下来擎得起，世披靡矣扶之直。听雄鸡一唱遍寰中，东方白。　　太阳出，冰山滴；真金在，岂销铄？有雄文四卷，为民立极。桀犬吠尧堪笑止，泥牛入海无消息。迎东风革命展红旗，乾坤赤。

这首词中，郭沫若描述了中苏关系时局和中国人民的信念，也表达了对毛泽东思想的由衷赞美。词的大意是苏联修正主义思潮就好像海水肆虐，但越是在这样的复杂国际局势中，越能展现出中国共产党的坚韧与英勇。神州有六亿人民，要团结一致，坚持走我们自己的社会主义道路。即便天塌下来也能撑起，世风不正也能将其扶直。以毛泽东为核心的中国共产党，犹如雄鸡鸣唱于东方，呼唤出万丈光芒。如此热力，可融化冰山；我们手握真理，犹如真金不怕火炼。毛泽东的著作与思想能为天地立心、为生民立命。那些诽谤与攻击的言论真是可笑至极，终将被历史埋葬，犹如泥牛入海，再无消息。我们必将迎来胜利，让红旗高高飘扬。

毛泽东读了郭沫若这首词，很快就写出了和作，一方面肯定原词中的信念与热情，另一方面则站在中共最高领导人角度重新分析时局，展现了更强大、更坚决、更自信的斗争精神，在思想境界和文学趣味上都超越了原词。

词的上阕，出语就格局宏大：浩瀚宇宙中，地球不过是沧海一粟；而在广阔无垠的地球上，苍蝇更是小之又小的存在。郭沫若词中的"沧海横流"，在毛泽东眼中不过是"苍蝇碰壁"：苏联人气势汹汹的压迫，在中国人民面前根本没有作用，而那些追随者们更是丑陋且渺小，只会嘤嘤嗡嗡，惨叫几声，哭泣几声。这还不够，毛泽东又继续用蚂蚁和蚍蜉来比喻敌人。唐人李公佐写过一篇《南柯太守传》，记载一个人梦入某国、经历一生荣华与幻灭，醒来后发现面对的只是大槐树下的蚁穴。"蚂蚁缘槐夸大国"，就是讽刺蚂蚁国的自大与虚妄，借以讽刺赫鲁晓夫们。蚍蜉，同样是缺乏自知之明的可笑虫蚁。韩愈《调张籍》云："李杜文章在，光焰万丈长。不知群儿愚，那用故谤伤？蚍蜉撼大树，可笑不自量。"当时有人谤伤李白杜甫（很可能是褒杜贬李），但丝毫不能撼动李杜的伟大，就好比蚍蜉无法撼动大树。毛泽东借这个比喻同样是讽刺苏联人的霸权行径。这首词写作的时候，《人民日报》已经刊发评论文章反击苏联领导人及媒体的压迫与诽谤；从更大时间范围来看，中国共产党和中国人民已做好了不依靠任何外部势力、独立自主发展经济和治理国家的准备。正是在这样的形势中，毛泽东放出了一支穿云箭："正西风落叶下长安，飞鸣镝。""秋风生渭水，落叶满长安"，是贾岛描写长安秋色的名句，这里借用来形容敌人的好景不长，因为秋风一起，苍蝇、蚂蚁、蚍蜉这些虫蚁就要衰歇灭亡了。正在此时，长空万里飞来响箭，呼啸而过，象征着回击修正主义错误思潮的号角已然吹响。

词的下阕，承接吹响号角之意，连续写出节奏急促的四个短句即"多少事，从来急；天地转，光阴迫"，给人紧锣密鼓之感。毛泽东认为，古往今来很多大事的成败，都取决于当机立断；天地轮转，光阴迅速，由不得半点犹豫。尤其是马列主义原则问题以及国家独立自主问题，这些大事的争论根本不能等一千年、一万年后再作历史评价，必须马上定是非、见高下，故曰"一万年太久，只争朝夕"。毛泽东写过一篇文章《一切反动派都是纸老虎》，说："为了同敌人作斗争，我们在一个长时间内形成了一个概念，就是说，在战略上我们要藐视一切敌人，在战术上要重视一切敌人。"这个重要原则从革命战争年代一直延续到新中国建设时期。他在战略上绝对藐视苏联修正主义集团及其追随者，但在战术上却又高度重视这次新的斗争，讲究方式方法，团结国际友人，创造国际舆论导向。"四海翻腾云水怒，五洲震荡风雷激"，这是对当时国际形势尤其是各国革命运动形势的估计与评价，认为国家独立、民族解放、人民革命是不可阻挡的历史潮流。由此引出全词的最后一句："要扫除一切害人虫，全无敌。"这就像《国际歌》结尾所唱的那样："这是最后的斗争，团结起来到明天，英特纳雄耐尔就一定要实现！"整首词在高亢激越的声调中结束，而从艺术性来看又颇为严谨："一切害人虫"呼应着上阕所写的苍蝇、蚂蚁、蚍蜉等虫蚁；上阕藐视它们、嘲讽它们，下阕则要与它们战斗、将它们扫除。

整体看来，《满江红·和郭沫若同志》不仅展现了革命英雄主义精神，而且表现了革命乐观主义趣味。郭沫若笔下的"沧海横流"，在毛泽东的和作中变成一场虫蚁闹剧，而"英雄本色"也化作一次当机立断、胆大心细的灭虫运动。这种嬉笑怒骂、痛快淋漓的艺术处理，恰好巧妙彰显了"在战略上我们要藐视一切敌人，在战术上要重视一切敌人"的原则——"沧海"只是"苍蝇"，所以我们不畏沧海；灭虫却要坚决，所以我们必须"只争朝夕"。

（谢　琰）

七律·吊罗荣桓同志

一九六三年十二月

记得当年草上飞，红军队里每相违。
长征不是难堪日，战锦方为大问题。
斥鷃每闻欺大鸟，昆鸡长笑老鹰非。
君今不幸离人世，国有疑难可问谁？

这首诗最早发表在一九七八年九月九日《人民日报》。

‖ 注　释 ‖

罗荣桓（1902—1963）　湖南衡山人。1927年加入中国共产党，同年9月参加毛泽东领导的秋收起义，并随毛泽东上井冈山。1930年起，历任红军第四军政治委员，第一军团、江西军区、第八军团政治部主任，八路军第一一五师政治部主任、政治委员兼代理师长，山东军区司令员兼政治委员，中共中央山东分局书记，中国人民解放军第四野战军第一政治委员，中国人民解放军总政治部主任等职。1955年被授予中华人民共和国元帅，在中共八届一中全会上当选为中央政治局委员。1963年12月16日在北京逝世。毛泽东一向很敬重对党和人民无限忠诚的罗荣桓，他在知道罗逝世的消息以后悲痛逾常。由于罗曾长期同林彪共事，所以诗内提到林的事。

每相违　每，往往。违，离开，离别。《诗经·邶风·谷风》："行道

吊罗荣桓同志

记得当年草上飞，
红军队里每相违。
长征不是难堪日，
战锦方为大问题。
斥鷃每闻欺大鸟，
昆鸡长笑老鹰非。
君今不幸离人世，
国有疑难可问谁？

迟迟，中心有违。"

斥鴳（yàn）每闻欺大鸟　斥鴳，即鹌鹑，是蓬间雀，在蓬蒿中低飞。大鸟，指鹏鸟。《庄子·逍遥游》说，斥鴳笑鹏鸟飞得太高，认为自己在蓬蒿中飞翔，也是飞得最好了。

昆鸡长笑老鹰非　昆鸡，古说即鹍鸡或鶤鸡，一种大鸡。《尔雅·释畜》："鸡三尺为鶤。"俄国克雷洛夫寓言《鹰和鸡》中说，鹰因为低飞而受到鸡的耻笑，认为鹰飞得跟鸡一样低，鹰答道："鹰有时比鸡还飞得低，但鸡永远不能飞得像鹰那样高。"长笑，总是讥笑。

‖ 赏　析 ‖

诗中自有雄兵百万

——重读《七律·吊罗荣桓同志》

毛泽东曾经写过多首悼亡诗，寄托了深深哀情和怀念，但都是时隔多年之作，只有这篇是即时挽诗，写于 1963 年 12 月 16 日罗荣桓元帅在北京病逝后不久。

罗荣桓是毛泽东的湖南大同乡，也是毛泽东秋收起义队伍中跟随他最久、在新中国成立后担任最高职务的元戎。罗荣桓从红军连、营、纵队党代表，一直到红四军政委、八路军一一五师政治部主任、东北野战军政委，新中国成立后任解放军总政治部主任、元帅，始终从事军队的政治工作。

噩耗传来，毛泽东异常悲痛。当天晚上，正在举行中央政治局会议，毛泽东起立，带头致哀，他说："罗荣桓同志是 1902 年生的，这个同志有一个优点，很有原则性，对敌人狠；对同志有意见，当面多说，不背地议论人，一生始终如一。一个人几十年如一日不容易，原则性强，对党忠诚，对党的团结起了很大的作用。"

毛泽东曾亲自到医院向罗荣桓遗体告别。毛泽东的保健护士长吴旭君在回忆报告中说，向遗体告别后一天晚上，毛泽东服下了大量的安眠药后，仍然思绪难平，躺在床上写来写去。吴怕安眠药过效，劝他先睡觉，起床后再写。毛泽东说现在正在劲头上，放不下。一夜在辗转反侧中过去了，毛泽东在沙发上闭着眼睛不停地吟哦着。最后他让吴旭君读了一遍写就的诗稿，当读到"国有疑难可问谁"时，吴问："是谁能使阁下这般敬佩？"毛泽东接过诗稿，写下："吊罗荣桓同志"。(《诗人毛泽东：毛泽东诗词掌故佳话》，珠海出版社2000年1月版)

从这首诗，我们看到了毛泽东对几十年革命和军事戎马生涯的回忆。诗稿笔迹略显凌乱，显露心绪激荡，不似他一贯的连贯灵动。

"记得当年草上飞，红军队里每相违。""草上飞"一句出自相传唐末农民起义军领袖黄巢在起义失败后写的《自题像》诗："记得当年草上飞，铁衣着尽着僧衣。"毛泽东在读《明史纪事本末》赵风子、刘七起义事迹时，曾批注了这首诗。"草上飞"常作为绿林好汉代称，这里借用来比喻红军初创时期的征战生涯。动荡不定的流动作战中，两人每每相离又重聚，暂别的思念，给毛泽东的脑海里刻下了一道道难以磨灭的痕迹。

"长征不是难堪日，战锦方为大问题。"这是引起解释者争论最多的两句。一种从字面解释，寓意长征还不是革命斗争最艰难日子，继续高举战旗才是更大问题。另一种结合历史，认为和林彪有关。

1935年5月，红军长征途中，在四川会理举行了会议。会前，红一军团长林彪写信给中央，要毛泽东、朱德、周恩来离开军事指挥岗位。林彪的这封信被中央政治局会议拒绝了，大家批评了林彪，没有造成困难。所以毛泽东并不认为是"难堪日"，说林彪还是个娃娃。

另一件使毛泽东印象深刻的事是1948年解放战争中的锦州之战。这是辽沈战役的关键一战。9月7日，毛泽东发电报给东北野战军司令员林彪、政委罗荣桓、参谋长刘亚楼，确定"置长、沈两敌于不顾，专顾锦、榆、唐一头"的方针。先打锦州，是要守住门户，歼灭全部东北敌军。罗荣桓对此十分赞成，在电话部署中说："现在如果打长春、沈阳，敌人拔腿就跑。""毛主席坚决主张先打下锦州，同时把长春围起来，沈阳的问题就好解决了。"（《罗荣桓传》，当代中国出版社1997年7月版）但林彪一个月中犹豫不决。

10月2日，敌人兵力作了一些调动，林彪便以林、罗、刘三人名义向中央军委发去电报，提出攻锦州"我阻援部队不一定能堵住该敌"，"目前如攻长春，则较六月间准备攻长春时的把握大为增加"。10月3日清晨，罗荣桓和刘亚楼一起去找林彪，罗建议仍然打锦州。林彪"想了一会儿"，要人追回电报，但已经发出了。经罗荣桓建议，又重新发电表示"拟仍攻锦州"。毛泽东收到第一封来电后，十分焦虑，10月3日傍晚连发两封长电，第一封批评4月以来没有抓住重点和战机的错误说："又不敢打锦州，又想回去打长春，我们认为这是很不妥当的。"要求东北野战军指挥所"迅速移至锦州前线，部署攻锦"。第二封更加严厉地说："我们坚持地认为你们完全不应该动摇既定方针，丢了锦州不打，去打长春。"五个多小时后，毛泽东收到了林、罗、刘重新表示仍然攻锦的电报，毛泽东复电表示："你们决心攻锦州，甚好，甚慰"，"你们这样做，方才算是把作战重点放在锦州、锦西方面，纠正了过去长时间内南北平分兵力没有重点的错误（回头

打长春那更是绝大的错误想法）"。(《罗荣桓传》)

辽沈之战取得了胜利，但在毛泽东看来，打锦州的动摇仍是个大问题，一着不慎，会给其后的淮海、平津两大战役造成严重阻碍。所以，事后他必定会对林彪和罗荣桓的态度进行了解。1972 年 5 月 21 日，周恩来在中央会议上传达毛泽东对他的谈话说："辽沈战役，主席说，最麻烦的就是他（指林彪）了，不断地跟他商量，不同意又改，改了还不同意。……几乎让东北的敌人跑掉，几乎让平津的敌人跑掉一部分。(《毛泽东诗史》，中共中央党校出版社 1997 年 3 月版)

"斥鷃每闻欺大鸟，昆鸡长笑老鹰非。"这是毛泽东对赫鲁晓夫全面否定斯大林作法的痛诋。三个月前的 9 月 13 日，《人民日报》编辑部、《红旗》杂志编辑部发表了经毛泽东审阅修改的文章《关于斯大林问题》（二评苏共中央的公开信）。文章说："列宁引用了俄国的一个寓言讽刺修正主义者说，'鹰有时比鸡还飞得低，但鸡永远不能飞得像鹰那样高'。""'伟大的共产党人'，虽然他们犯过错误，但他们始终是'鹰'，而修正主义者，则是'工人运动后院粪堆里'的一群'鸡'。"《庄子·逍遥游》说，斥鷃嘲笑展翅万里的大鹏：你飞那么高，那么远，还想到哪里去呢？毛泽东显然是用中国古典寓言和俄国克雷洛夫寓言相结合，斥责赫鲁晓夫在斯大林死后全盘否定斯大林的行为，重申"二评"文章的评价。

"君今不幸离人世，国有疑难可问谁？"毛泽东为什么突然在诗中提到赫鲁晓夫反斯大林，又隐含地重提林彪历史上的一些问题呢？因为他一方面正在考虑林彪作为接班人选，一方面又对他在会理会议、锦州之战的表现心存疑虑。曾任毛泽东的图书秘书、中央文献研究室主任逄先知回忆说，毛泽东是一个很重感情的人，凡是对他有过帮助的，他总是不会忘记。"但是，谁如果在重大政治问题上，即他认为是路线问题上，同他发生了分歧，要想照旧得到他的信任，那是很困难的，他也是不会忘记的。"（《毛泽东和他的秘书田家英》，中央文献出版社 1989 年 12 月版）毛泽东需要对林彪继续考察了解，而最合适的印证者，莫过于罗荣桓。

罗荣桓与林彪，红军时期起已共事多年；八路军一一五师，师长是林彪，政治部主任是罗荣桓；东北野战军，司令员是林彪，政委是罗荣桓；1959 年林彪任国防部长，罗荣桓在其前后两任总政治部主任。尤为可贵的，是罗荣桓的品格。吴旭君回忆，毛泽东说过评价罗荣桓的三十个字：无私利，不专断；抓大事，敢用人；提得起，看得破；算得到，做得完；撒得开，放得下。罗荣桓在主持解放军全军政治工作时，曾多次对林彪"顶峰"、"最高最活"及"政治可以冲击一切"的极端提法表示异议，甚至在中央军委会议上当众向林彪指出。他必定能向毛泽东提供公正、准确的印证。不幸的是，罗荣桓在 61 岁的英年离开了人世。悲痛之余，毛泽东吁出了深为惋惜的诗句。一方面激赏罗荣桓是可以排除国之疑难的仁者、智者，一方面遗憾特殊的"疑难"未来得及向罗荣桓询问。

从这首诗中，我们不仅看到了毛泽东对已故战友的殷殷之情，日夜思考国家战略的推敲折冲，更看到了毛泽东决胜于千里之外的军事韬略。化用后人称颂他在解放战争时期运筹帷幄的一句话——"诗中自有雄兵百万"。

（陈东林）

贺新郎·读史

一九六四年春

人猿相揖别。只几个石头磨过，小儿时节。铜铁炉中翻火焰，为问何时猜得，不过几千寒热。人世难逢开口笑，上疆场彼此弯弓月。流遍了，郊原血。　　一篇读罢头飞雪，但记得斑斑点点，几行陈迹。五帝三皇神圣事，骗了无涯过客。有多少风流人物？盗跖庄屩流誉后，更陈王奋起挥黄钺。歌未竟，东方白。

这首词最早发表在《红旗》一九七八年第九期。

‖ 注　释 ‖

一九六四年春　这首词1978年发表时所署写作时间，是根据原在毛泽东身边做医护工作并曾帮他保存诗稿的吴旭君的回忆。

人猿相揖别　指由猿进化到人。相揖别，互相作揖告别。

石头磨过　把石头磨成石器。石器时代是人类的"小儿时节"。

铜铁炉中翻火焰　指青铜器时代和铁器时代。铜铁炉，炼铜炼铁的火炉。翻火焰，火焰翻腾。

不过几千寒热　这里作六字句，是此调的一体。一说照词律，此句一般是七字句，当作"不过是几千寒热"。意为不过是在这几千年中的事罢了。

沁园春　××　×

北国风光，千里冰封，万里雪飘。
望长城内外，惟余莽莽；
大河上下，顿失滔滔。
山舞银蛇，原驰蜡象，欲与天公试比高。
须晴日，看红装素裹，
分外妖娆。

江山如此多娇，
引无数英雄竞折腰。
惜秦皇汉武，略输文采；
唐宗宋祖，稍逊风骚。
一代天骄，成吉思汗，
只识弯弓射大雕。
俱往矣，数风流人物，
还看今朝。

贺新郎
　读史

人猿相揖别。
只几个石头磨过，
小儿时节。
铜铁炉中翻火焰，
为问何时猜得？
不过几千寒热。
人世难逢开口笑，
上疆场彼此弯弓月。
流遍了，
郊原血。

  人世难逢开口笑 化用唐杜牧《九日齐山登高》诗句："尘世难逢开口笑，菊花须插满头归。"开口笑，语出《庄子·盗跖》："人上寿百岁，中寿八十，下寿六十，除病瘦、死丧、忧患，其中开口而笑者，一月之中不过四五日而已矣。""瘦"旧注说，疑为"瘐"字之误。

  弯弓月 拉开弓箭，谓刀兵相向。唐李白《塞下曲》："弯弓辞汉月，插羽破天骄。"

  头飞雪 头生白发，形容衰老。

  五帝三皇 传说中国上古有三皇五帝，被认为是最高尚、最有才能的神圣人物。《周礼·春官·外史》："（外史）掌三皇五帝之书。"具体所指，众说不一，一般认为伏羲、燧人、神农为"三皇"，黄帝、颛顼、帝喾、唐尧、虞舜为"五帝"。

  无涯过客 指历史长河中的无数过往者。无涯，无数。过客，路过的客人。唐李白《春夜宴从弟桃李园序》："夫天地者，万物之逆旅也；光阴者，百代之过客也。"

  风流人物 见《沁园春·雪》注。

  盗跖（zhí）庄蹻（jué）流誉后，更陈王奋起挥黄钺（yuè） 盗跖，跖被古代统治阶级污蔑为"盗"，后来袭称盗跖，春秋时鲁国人。《庄子·盗跖》说他"从卒九千人，横行天下，侵暴诸侯"。《荀子·不苟》称之"名声若日月"。庄蹻，战国时人。《韩非子·喻老》"庄蹻为盗于境内"。二人皆率众起义。流誉，流传美名。陈王，秦末农民起义领袖陈胜，他进占陈县（今河南周口市淮阳区），被拥为陈王，国号"张楚"。黄钺，饰以黄金的大斧。《史记·周本纪》："（武王）以黄钺斩（商）纣头，悬大白之旗。"这两句是用来概括中国几千年历史上被压迫人民的武装斗争。

  歌未竟 歌，吟咏。未竟，未结束。

东方白　天已破晓，喻指新中国诞生了。唐杜甫《东屯月夜》："日转东方白，风来北斗昏。"

‖ 赏　析 ‖

放眼青史，谁是主角

——重读《贺新郎·读史》

　　毛泽东一生酷爱读书，除了青睐古典文学书籍，对于历朝史书也是极为重视、反复研究。早在革命战争年代，他就通读过《二十四史》《资治通鉴》《纲鉴易知录》等重要史籍。新中国成立后，繁忙工作之余，他仍不断批点《二十四史》。他对很多重大历史事件和重要历史人物的评价，都是从历史唯物主义出发的。在 1949 年 8 月为新华社撰写的评论文章《丢掉幻想　准备斗争》中，他明确提出："斗争，失败，再斗争，再失败，再斗争，直至胜利——这就是人民的逻辑，他们也是决不会违背这个逻辑的。这是马克思主义的又一条定律。……阶级斗争，一些阶级胜利了，一些阶级消灭了。这就是历史，这就是几千年的文明史。拿这个观点解释历史的就叫做历史的唯物主义，站在这个观点的反面的是历史的唯心主义。"（《毛泽东选集》第四卷，人民出版社 1991 年 6 月版）由此可见，从阶级斗争角度理解历史唯物主义进而解释历史发展，是毛泽东历史观念的内在理路。1964 年春，晚年毛泽东仍在读史和思考。根据医护人员吴旭君回忆，这段时间内，他一直在看《史记》和范文澜的《中国通史简编》。（《毛泽东诗词大观》，四川人民出版社 2015 年 2 月版）正是在阅读一古—今两部"通史"的过程中，毛泽东有了新的历史思考，也激发了新的诗情，于是写下《贺新郎·读史》。臧克家认为："毛主席的《读史》，所阐发的却是阶级斗争，无产阶级必然胜利，最后一定赢得整个世界的历史规律，这是不能移易的真理！"(《毛泽东诗词讲解》，中国青年出版社1990年5月版)用今天的话来说，《贺新郎·读史》展现的是一部以人民为主角的奋斗史。

词的上阕，犹如纪录片镜头，飞速掠过原始社会、奴隶社会、封建社会几大发展阶段。范文澜《中国通史简编》开头三章的标题分别是"原始公社时代——禹以前""原始公社逐渐解体到奴隶占有制度时代——夏商""封建制度开始时代——西周"，此后各章节，则是叙述漫长封建社会的发展、演变、衰敝。这是当时历史学者运用马克思主义基本原理来阐述中国历史发展规律的代表性结论。毛泽东重读此书，又与《史记》对读，更能深刻体会"人民是历史的主体"这条颠扑不变的真理，而这真理，是毛泽东领导中国共产党和全国人民，经历艰苦卓绝的长期斗争而领悟并实践出来的。他怎能不愈发心潮澎湃？于是他提笔写下第一句"人猿相揖别"，揭开了文明发展史的第一页。一个"揖"字，浓缩了从猿到人两三百万年的进化历程，把这悠久而枯燥的历程，形象化为人向猿作揖道别的生动画面。毛泽东的文艺理论非常重视"形象思维"，他自己写作也是如此。此后的几个社会发展阶段，他继续用十分生动、典型的画面来进行概括与演示。首先是原始社会，"只几个石头磨过"，意思是在石器时代，人们磨制石头、制造生产工具，这是人类的童年时期，故称"小儿时节"。接下来是奴隶社会，人们在火焰中冶铜制铜。然后就进入了封建社会，人们又在火焰中冶铁制铁。历史在烈火淬炼中进步，不变的是人民的奋斗和劳动的艰辛。那么中国古代社会何时又怎样从奴隶社会迈入封建社会呢？这其实是一个聚讼纷纭的史学难题。范文澜认为封建制度始于西周，而其他学者又提出始于春秋、战国、秦统一甚至东汉、魏晋等多种学术观点。对此难题，毛泽东微微一笑："铜铁炉中翻火焰，为问何时猜得"意思是敢问这重大历史变迁究竟始于何时呢？他的答案是"不过几千寒热"，不过是距今几千年吧！显然，他并不打算与专家学者讨论学术问题，他更关注的是此后愈演愈烈的剥削、压迫、征伐、抗争。一句"人世难逢开口笑"，化用杜牧"尘世难逢开口笑，菊花须插满头归"，将一种淡淡忧愁的人生感慨升华为忧愤深广的历史感慨：自从人类踏入阶级社会以来，就再也没有了"小儿时节"的平等与安适，人间变成了悲惨世界。"上疆场彼此弯弓月"，是借用弯弓如满月的战争场景来形容社会纷争，而"流遍了，郊原血"则是用战后血染郊野的惨状来形容人民苦难。战争是阶级斗争的最高形式，所以毛泽东以战为喻。

词的下阕，话锋一转，从读史转为抒怀。"一篇读罢头飞雪"，意思是读史之后，悲愤不已，以至于头发为之转白，犹如飞雪满头。到底什么事让作者如此情怀激烈？他说"但记得斑斑点点，几行陈迹"。真的是"百年随手过，万事转头空"！刚刚在眼前胀满的历史风云，回首一望，却又只剩下星星点点几件事。这当然不是说自己记性不好，也不是抒发空洞的时间流逝之感，而是为即将要揭示的真相与真理作出铺垫。鲁迅《狂人日记》里有一段经典独白："我翻开历史一查，这历史没有年代，歪歪斜斜的每叶上都写着'仁义道德'几个字。我横竖睡不着，仔细看了半夜，才从字缝里看出字来，满本都写着两个字是'吃人'！"（《鲁迅全集》第一卷，人民文学出版社2005年11月版）"吃人"，是阶级压迫。"吃人"的反面，就是被吃的人开始觉醒和抗争，这就是阶级斗争。鲁迅说"仁义道德"害人，而毛泽东要说"五帝三皇神圣事"骗人，故曰"骗了无涯过客"。鲁迅笔下的"狂人"觉醒了、反思了、忏悔了，而毛泽东笔下的"风流人物"却不仅有所感、有所思，而且有所行动。那就是以盗跖、庄屩、陈胜、吴广为代表的一系列起义者、反抗者、革命者。他们前仆后继，流血牺牲，甚至一度背负骂名，但终究推动了历史进步，也终于迎来了一个人民真正当家做主的时代。"歌未竟，东方白"，象征着新中国、新时代的降临。这句结尾，与《浣溪沙·和柳亚子先生》下阕有异曲同工之妙："一唱雄鸡天下白，万方乐奏有于阗，诗人兴会更无前"。它们都是用旭日将升的场景比喻国家、民族、人民的新生。在新世界中，旧历史被终结了，一段"读史"的心路历程也就此告一段落。

宋人朱敦儒《西江月》词云："青史几番春梦，黄泉多少奇才。不须计较与安排，领取而今现在。"这是文人读史后的豁达与闲适，但同时也透出一种虚无与纤弱。毛泽东的《贺新郎·读史》，通篇都充满浩气与定力，将青史看透，将奇才拈出——在他心目中，只有人民，才是历史的主角；也只有人民，才是现实的主人。

（谢　琰）

水调歌头·重上井冈山

一九六五年五月

久有凌云志，重上井冈山。千里来寻故地，旧貌变新颜。到处莺歌燕舞，更有潺潺流水，高路入云端。过了黄洋界，险处不须看。　　风雷动，旌旗奋，是人寰。三十八年过去，弹指一挥间。可上九天揽月，可下五洋捉鳖，谈笑凯歌还。世上无难事，只要肯登攀。

这首词最早发表在《诗刊》一九七六年一月号。

‖ 注　释 ‖

凌云志　本指大志、壮志。这里用为双关语，既指重上高耸入云的井冈山的意愿，也指实现崇高的革命志愿。《后汉书·冯衍传》："常有陵云之志。"

黄洋界　见《西江月·井冈山》注。

是人寰　正是人世间的景象。人寰，人间，人世。南朝宋鲍照《舞鹤赋》："去帝乡之岑寂，归人寰之喧卑。"

弹指　是一弹指的省略语，佛家以"一弹指"极言时间短暂。

九天揽月　九天，天的极高处。揽月，摘取月亮。九天揽月，暗喻要实现宏大的革命目标。

世上无难事，只要肯登攀　意为只要肯下决心攀登，则险峰可上；只要肯下决心做事，则天下无难事。

水调歌头
一九六五年五月
毛泽东

‖ 赏　析 ‖

抚今追昔: 壮志凌云寻故地

——重读《水调歌头·重上井冈山》

《诗刊》1976 年 1 月号发表毛泽东的《词二首》，一首是《水调歌头·重上井冈山》，另一首《念奴娇·鸟儿问答》。人民文学出版社 1986 年版《毛泽东诗词选》和中央文献出版社 1996 年版《毛泽东诗词集》，都将《水调歌头·重上井冈山》收入"正编"。该词现在所见作者存留一件手迹，发表稿与手迹有多处不同。"久有凌云志"，原为"一日复一日"；"旧貌变新颜"，原为"早已变新颜"；"到处莺歌燕舞，更有潺潺流水"，原为"到处男红女绿，更有飞流激电"；"高路入云端"，原为"高树入云端"；"是人寰"，原为"是尘寰"；"弹指一挥间"，原为"抛出几泥丸"；"谈笑凯歌还"，原为"风发更心闲"。

1975 年 12 月 31 日晚 11 时 50 分至次日晨 0 时 45 分，毛泽东在中南海游泳池住处会见美国前总统尼克松的女儿朱莉和她的丈夫戴维。会见期间，宾主谈了许多话题，谈论了尼克松给毛泽东写的亲笔信，谈论了中美关系，也谈到了毛泽东的诗词。朱莉说：她（指王海容，时任外交部副部长）告诉我说你有两首新词元旦就要发表了。毛泽东说：老的，有一首是批评赫鲁晓夫的。(《毛泽东年谱（1949—1976）》第六卷，中央文献出版社 2013 年 12 月) 1976 年元旦，病情危重的周恩来从广播里听到新发表的毛泽东 1965 年所作的两首词——《水调歌头·重上井冈山》和《念奴娇·鸟儿问答》。躺在病榻上的周恩来聆听到毛泽东的词句，好似一股暖流涌遍全身。他立即示意工作人员去买回刚刚发行的印有毛泽东这两首词的小薄本，并读给他听。他要工作人员把诗词本放在枕下，每逢从昏睡中醒来，他都要抚摸诗词本和听读这两首词。直到 1 月 8 日周恩来逝世时，这个薄薄的诗词本依然压在他的枕下。

1927 年 10 月，毛泽东引兵井冈。1929 年 1 月，毛泽东和朱德率领红四军主力下山转战赣南闽西。此后，中国革命沿着井冈山道路勇往直前，井冈山斗争的星星之火终于燎原。新中国成立后，毛泽东对井冈山这块革命热土始终魂牵梦绕。1965 年 5 月 21 日，毛泽东从湖南长沙出发，途经茶陵、永新、宁冈，22 日晚上到达茨坪，入住井冈山宾馆。29 日，毛泽东下山。其间，他广泛了解井冈山的水利、公路建设和人民生活等情况，亲切会见老红军、烈士家属以及干部群众。回首井冈山斗争峥嵘岁月，看到根据地崭新风貌，毛泽东百感交集，豪情满怀。据《汪东兴日记》（当代中国出版社 2010 年 6 月版）：1965 年 5 月 27 日下午 3 时，"我们把文件送到主席处时，我看到主席正在聚精会神地写'重上井冈山'的诗稿"。

这首词上阕纪行，写重上井冈山后的兴奋心情以及所看到的崭新面貌。"久有凌云志，重上井冈山"，气概昂扬激越，毛泽东重上井冈山的心愿由来已久。"凌云志"，一语双关，既写井冈山的高峻，更写壮志的高远。"千里来寻故地，旧貌变新颜"，饱含对井冈山深情挂念和热切向往，反映井冈山的沧桑巨变。井冈山是中国革命的摇篮，如今已经发生巨变，足以告慰革命前辈和先烈。"到处莺歌燕舞，更有潺潺流水，高路入云端"，具体描绘井冈山的勃勃生机，以写自然变化之象反映社会变化之巨。莺歌燕舞，唐代皇甫冉《春思》："莺啼燕语报新年，马邑龙堆路几千？"宋代苏轼《披锦亭》："烟红露绿晓风香，燕舞莺啼春日长。"百鸟在绿茵丛中欢唱嬉戏，春意盎然。潺潺，形容流水的声响或水流缓缓流动的样子。高路，盘山公路。1960 年冬，当地修筑了从江西宁冈砻市至井冈山茨坪的盘山公路。"过了黄洋界，险处不须看"，过黄洋界之后，再无所谓险要之处了。在毛泽东看来，当年那么险恶的环境都闯过来了，还有什么困难不能克服？

下阕抚今追昔，侧重抒发勇攀高峰、敢于斗争、敢于胜利的壮志豪情。"风雷动，旌旗奋，是人寰"，这是对往昔烽火岁月的回顾，是如火如荼的井冈山斗争的真实写照。风雷指风暴雷霆，比喻气势浩大的革命斗争具有猛烈的冲击力量。宋代辛弃疾《水龙吟·过南剑双溪楼》词曰："凭栏却怕，风雷怒，鱼龙惨。"旌旗奋意为火红的战旗迎风飘扬。《周礼·春官·司常》有"凡军事，建旌旗"的说法。人寰即人世间。南朝宋鲍照《舞鹤赋》："去帝乡之岑寂，归人寰之喧卑。"

"三十八年过去，弹指一挥间"，时光荏苒，从 1927 年建立井冈山根据地到 1965 年重上井冈山，三十八年一晃而过。弹指本为佛教用语，指勾指弹一下的工夫，极言时间短暂。一挥，挥一挥手，比喻时间飞快。"可上九天揽月"，典出《孙子·形篇》："善攻者动于九天之上。"宋代梅尧臣注："九天，言高不可测。"唐代李白《宣州谢朓楼饯别校书叔云》："俱怀逸兴壮思飞，欲上青天揽明月。""可下五洋捉鳖"中五洋指世界五大洋，即太平洋、大西洋、印度洋、北冰洋和南冰洋。捉鳖，成语有"瓮中捉鳖"，形容手到擒来。"谈笑凯歌还"，典出西晋左思《咏史》："吾慕鲁仲连，谈笑却秦军。"宋代苏轼《念奴娇·赤壁怀古》："谈笑间，樯橹灰飞烟灭。""可上九天揽月，可下五洋捉鳖"，中国人民胸怀壮志，能够到九重天上把月亮摘下，能到五洋深处把鳖捉住，谈笑间高唱凯歌胜利归来。"世上无难事，只要肯登攀"化用民间谚语"世上无难事，只怕有心人"，但和民谚相比较，更富于实践精神，更能激励人们勇攀高峰。

梁启超在《少年中国说》中写道："老年人常思既往，少年人常思将来。"晚年毛泽东重上井冈山，既思"既往"，更思"将来"。毛泽东满怀深情地说："为了创建这块革命根据地，不少革命先烈牺牲了自己的生命，牺牲时都只有二十几岁呀！没有过去井冈山艰难的奋斗，就不可能有今天。""今天的井冈山比起三十八年前大不相同了。我相信井冈山将来还会变得更好，更神气。但是我劝大家，日子好过了，艰苦奋斗的精神不要丢了，井冈山的革命精神不要丢了。"（《毛泽东年谱（1949—1976）》第五卷，中央文献出版社 2013 年 12 月版）2016 年 2 月 2 日，习近平总书记视察井冈山时指出："井冈山是中国革命的摇篮。井冈山时期留给我们最为宝贵的财富，就是跨越时空的井冈山精神。今天，我们要结合新的时代条件，坚持坚定执着追理想、实事求是闯新路、艰苦奋斗攻难关、依靠群众求胜利，让井冈山精神放射出新的时代光芒。"（《人民日报》2016 年 2 月 4 日第 1 版）可以告慰革命烈士和革命前辈的是，2017 年 2 月，井冈山市在全国率先脱贫，成为我国贫困退出机制建立后首个"摘帽"的贫困县。如今，井冈山人民正以更加振奋的精神、更加昂扬的斗志，不断弘扬井冈山精神，在乡村振兴之路上争取更大光荣。

（汪建新）

念奴娇·鸟儿问答

一九六五年秋

鲲鹏展翅，九万里，翻动扶摇羊角。背负青天朝下看，都是人间城郭。炮火连天，弹痕遍地，吓倒蓬间雀。怎么得了，哎呀我要飞跃。　　借问君去何方，雀儿答道：有仙山琼阁。不见前年秋月朗，订了三家条约。还有吃的，土豆烧熟了，再加牛肉。不须放屁，试看天地翻覆。

这首词最早发表在《诗刊》一九七六年一月号。

‖ 注 释 ‖

鲲鹏　典出《庄子·逍遥游》，详见《蝶恋花·从汀州向长沙》注。

九万里，翻动扶摇羊角　意思是说大鹏在向南海飞的时候，凭着旋风的力量，翻动翅膀，飞上九万里高空。扶摇和羊角都是旋风的名称。据《庄子·逍遥游》记载："鹏之徙于南冥也，水击三千里，抟扶摇而上者九万里。""有鸟焉，其名为鹏，背若泰山，翼若垂天之云，抟扶摇羊角而上者九万里，绝云气，负青天，然后图南，且适南冥也。"

背负青天　指飞得极高。

蓬间雀　生活在蓬蒿之间的小雀，种类颇多。《庄子·逍遥游》中的"斥鷃"，就是其中的一种。《庄子·逍遥游》："我腾跃而上，不过数仞而

念奴娇
鸟儿问答
一九六五年五月起

鲲鹏展翅，九万里，翻动扶摇羊角。
背负青天朝下看，都是人民城郭。
炮火连天，弹痕遍地，吓倒蓬间雀。
怎么得了，我要哎呀

借问你去何方，雀儿答道，
不见前年秋月朗，订了三家条约。还有
吃的，土豆烧熟了，再加牛肉。不须放屁，
请君充我荒腹。

下，翱翔蓬蒿之间，此亦飞之至也。"

仙山琼阁 泛指传说中神仙居处。仙山，古代传说海上有蓬莱、方丈、瀛洲三座仙山。琼阁，玉砌的楼阁。

不见前年秋月朗，订了三家条约 指苏、美、英三国 1963 年 8 月 5 日在莫斯科签订的《禁止在大气层、外层空间和水下进行核武器试验条约》。这个条约旨在维护核大国的核垄断地位，而剥夺其他国家为抗拒核讹诈进行核武器试验的权利。

土豆烧熟了，再加牛肉 苏联领导人赫鲁晓夫 1964 年 4 月曾在一次演说中说："福利共产主义"是"一盘土豆烧牛肉的好菜"。

不须放屁，试看天地翻覆 这是鲲鹏听到雀儿的胡言乱语后，厉声斥责雀儿的话。

‖ 赏　析 ‖

敢于斗争，勇于胜利
——重读《念奴娇·鸟儿问答》

1965 年夏的一天，时任全国妇联副主席的邓颖超陪同毛泽东接见外宾，结束后，闲谈起来。她问毛泽东是否作有新的诗词，说："很久没有读到主席的新作品，很希望能读到主席的新作品。"

不知道毛泽东当时是怎么回答的，到 9 月 25 日，毛泽东给邓颖超写去一信，说："邓大姐：自从你压迫我写诗以后，没有办法，只得从命，花了两夜未睡，写了两首词。改了几次，还未改好，现在送上请教。如有不妥，请予痛改为盼！"

　　送给邓颖超看的两首词是毛泽东新写的《水调歌头·重上井冈山》和《念奴娇·鸟儿问答》，这两首词公开发表在《诗刊》上，并于 1976 年 1 月 1 日广播全国。其中，《念奴娇·鸟儿问答》是毛泽东生前定稿后同意正式发表的写作时间最晚的一首词。

　　这首词采用寓言手法，以鲲鹏和蓬间雀的问答形式结构全篇。上阕写鲲鹏腾空俯瞰，所见都是人间城郭，而在蓬间雀眼里，却是"炮火连天，弹痕遍地"，只能吓到要逃走。一个是背负青天、展翅九万里，一个是胆小、怯懦，形成鲜明的对比。下阕紧承上阕的结句，采用问答形式，讽刺蓬间雀要去的蓬莱仙境，不过是自欺欺人。最后两句，以雷霆万钧之力对蓬间雀当头棒喝。毛泽东曾请胡乔木就此词征求过郭沫若的修改意见。郭沫若回信说："'牛皮忽炸，从此不知下落'，我觉得太露了。麻雀是有下落还露过两次面。"从郭沫若的修改意见，可以看到这首词最后两句的初稿面貌。

　　回顾 20 世纪 50 年代末到 60 年代中那段历史，有助于我们理解这首政论词的寓意。当时，世界局势动荡，呈现出"大动荡、大分化、大改组"的局面。我国周边的国际局势日趋紧张，面临来自多方面公开的和潜在的侵略威胁、战争挑衅和军事压力。正是在这样的背景之下，中苏两党的矛盾和冲突日趋尖锐。60 年代中期，中苏两党展开了激烈的争论，发表了《九评》等一系列答辩文章。毛泽东的这首词，就是在这样的背景下写出的。

　　《念奴娇·鸟儿问答》所嘲笑的，是 1963 年 8 月 5 日，苏联与英、美两国在莫斯科签订《禁止在大气层、外层空间和水下进行核武器试验条约》一事。当时我国的核武器正在积极研制并即将取得成功。可在这样的时刻，作为同中国签订了友好互助同盟条约的苏联，同西方订立这样的条约，并且没有事先通知中国，这无疑是对中国极不友好的表现。此前，中国共产党代表团在莫斯科刚刚举行了旨在结束中苏两党论战的会谈。这样一来，无疑是在旧痕之上，又添新的阴影。况且，这个条约本质上，不过是为了维护几个核大国的核垄断，以推行他们的霸权主义。至于"土豆加牛肉"，则是嘲讽苏共领导人赫鲁晓夫式的"福利共产主义"。

《念奴娇·鸟儿问答》是毛泽东晚年政论词的代表作之一，语言通俗诙谐，用了嬉笑怒骂的俚语，与这首词构成同一系列题材的，还有此前的四首诗词：《七律·和郭沫若同志》《卜算子·咏梅》《七律·冬云》《满江红·和郭沫若同志》，总的基调是反对"修正主义"。

历史过去了一个甲子，当年中苏关系的恶化，有意识形态分歧，真正的实质问题是邓小平后来说的"不平等，中国人感到受屈辱"。苏联党的领导以"老子党"自居，要求中国跟着他们的指挥棒转，受他们的控制。以毛泽东为代表的中国共产党人，以无比的勇气，顶住了苏联的种种压力，保持住了民族尊严和国家独立自主的地位，这也是这首词的精神所在。

今天，我们重读这首词，最大的启示就是要敢于斗争，勇于胜利，也就是毛泽东多次说过的"不怕鬼""不信邪"。在毛泽东看来，一切敌人、对手和困难，都属于"鬼"，只有不怕它，才能战胜它，克服它，"难道我们越怕'鬼'，'鬼'就越喜爱我们，发出慈悲心，不害我们，而我们的事业就会忽然变得顺利起来，一切光昌流丽，春暖花开了吗？"同时，他又指出，除了战略上藐视，还要战术上重视，"对具体的鬼，对一个一个的鬼，要具体分析，要讲究战术，要重视，不然，就打不败它。"

回顾历史，我们可以清楚地看到，一个国家、一个党、一个民族取得的成就，不是天上掉下来的，不是别人恩赐的，而是通过不断斗争取得的。中国共产党在内忧外患中诞生、在历经磨难中成长、在攻坚克难中壮大，为了人民、国家、民族，为了理想信念，无论敌人如何强大、道路如何艰险、挑战如何严峻，总是绝不畏惧、绝不退缩，不怕牺牲、百折不挠。

当前，世界百年未有之大变局加速演进，中华民族伟大复兴进入关键时期，我们面临的风险挑战明显增多，总想过太平日子、不想斗争是不切实际的。如何克服困难，怎样看待紧张的国际局势，对人们的意志信念是一个考验。要丢掉幻想、敢于斗争，增强志气、骨气、底气，不信邪、不怕鬼、不怕压、不当软骨头，在原则问题上寸步不让、寸土不让，坚决维护国家主权、安全、发展利益；要善于斗争、勇于胜利，知难而进、迎难而上，战胜前进道路上各种困难和挑战，依靠顽强斗争打开事业发展新天地。

（钟　波）

副编

五古·挽易昌陶

一九一五年五月

去去思君深，思君君不来。
愁杀芳年友，悲叹有余哀。
衡阳雁声彻，湘滨春溜回。
感物念所欢，踯躅南城隈。
城隈草萋萋，涔泪侵双题。
采采余孤景，日落衡云西。
方期沆瀁游，零落匪所思。
永诀从今始，午夜惊鸣鸡。
鸣鸡一声唱，汗漫东皋上。
舟舟望君来，握手珠眶涨。
关山蹇骥足，飞飙拂灵帐。
我怀郁如焚，放歌倚列嶂。
列嶂青且茜，愿言试长剑。
东海有岛夷，北山尽仇怨。
荡涤谁氏子，安得辞浮贱。
子期竟早亡，牙琴从此绝。
琴绝最伤情，朱华春不荣。
后来有千日，谁与共平生？

望灵荐杯酒，惨淡看铭旌。

惆怅中何寄，江天水一泓。

这首诗作者抄录在一九一五年六月二十五日致湘生的信中，随信最早发表在湖南出版社一九九〇年七月版《毛泽东早期文稿》。

‖ 注　释 ‖

去去　远去。唐孟郊《感怀八首》之二："去去勿复道，苦饥形貌伤。"

愁杀　亦作"愁煞"，谓使人极为忧愁。杀，表示程度深。《古诗十九首·去者日以疏》："白杨多悲风，萧萧愁杀人。"

悲叹有余哀　余哀，不尽的悲哀。《古诗十九首·西北有高楼》："一弹再三叹，慷慨有余哀。"

衡阳雁声彻　湖南衡阳有回雁峰，相传雁至此而止，遇春而回。唐卢仝《萧二十三赴歙州婚期二首》："相思莫道无来使，回雁峰前好寄书。"古人以"雁书"代指书信，此处指到衡阳去的雁本可传信归来，现在易君死去，只余雁声响彻衡阳，比喻思友悲叹的深切。

春溜（liù）　即春水。南朝陈阴铿《渡青草湖》："洞庭春溜满，平湖锦帆张。"

感物念所欢　感物，见物兴感。三国魏曹植《赠白马王彪》："感物伤我怀，抚心长太息。"所欢，好友，指易昌陶。

踟蹰（zhízhú）**南城隈**（wēi）　踟蹰，一说徘徊；一说以足击地、顿足，引申为悲伤、着急。隈，一作水流弯曲处；一作隅，指角落。

　　萋萋　一说同"凄凄",指寒冷的样子;一说草木茂盛的样子;另也形容衰落萧索之貌。

　　涔(cén)泪侵双题　涔泪,不断流下的泪。双题,额的两侧,即额角。南朝宋谢惠连《捣衣》:"微芳起两袖,轻汗染双题。"本句是说,不断地流泪,拭泪时浸湿额角。一说,仰首而泣,泪流额角。

　　采采余孤景(yǐng)　采采,众多的样子,这里指同学众多。《诗经·秦风·蒹葭》:"蒹葭采采,白露未已。"余,剩下。孤景,即孤影,这里指作者。

　　衡云　衡山上的云烟。衡山在长沙之南,这里"衡"指作者所在的长沙之西,属衡山七十二峰的岳麓山。

　　沆瀁(hàngyǎng)游　沆瀁,犹汪洋,水深广的样子。西晋左思《吴都赋》:"潣(hòng)溶沆瀁,莫测其深,莫究其广。"沆瀁游,这里指又深又广的交游。

　　零落匪所思　零落,这里以草木凋零比喻人的死去。匪所思,即匪夷所思,意为不是根据常理所能想到的。

　　午夜惊鸣鸡　化用"闻鸡起舞"的典故,本句是作者追忆和易昌陶同怀报国之志。今好友已死,半夜听闻鸡叫,不能与他起来同舞,惊醒之时,心有感伤。《晋书·祖逖传》:"与司空刘琨俱为司州主簿,情好绸缪,共被同寝。中夜闻荒鸡鸣,蹴琨觉曰:'此非恶声也。'因起舞。"东晋祖逖和刘琨年轻时都有大志,互相勉励振作,因此听到鸡鸣就起床舞剑。后以"闻鸡起舞"比喻有志之士奋起行动。

　　汗漫东皋(gāo)上　汗漫,本义是漫无边际,这里指漫步。东皋,泛指田野或水边向阳高地。东晋陶潜《归去来兮辞》:"登东皋以舒啸,临清流而赋诗。"

垂帳我懷樹口以葵藿歌倚斜峰二二青月生

舊顏之試長劍東海有島峯此山老仇怨

汗漫誰氏子安日群浮賭子期亮里已牙琴

絲桐絕琴絕最傷情末華春不榮後來

有十日誰與其平生逃雪罵杯汪悵悢

看館雜惆悵中何寄以天水一泓

去之思君你思君不来悲致芳年

友悲歉有馀衰衡阳雁举微湘漆者潘回

感物念所荻躇蹰南城隈城隈草甚之澄

候漫雙颜束之馆际景日薇衡虚西方期

阮漆遊云落匦可思永浃今始午夜鸞

鸣鸡鸣郊一声吗漫东皋上丹之坐君

东据手珠雕陨阎山莹膳之吞吞臁挕

关山蹇（jiǎn）骥足　关隘山川阻碍良马的奔跑。蹇，《说文解字》作"跛也"，此处引申作阻碍、妨碍。骥足，千里马的脚，比喻卓异的人才。《三国志·蜀书·庞统传》："庞士元非百里才也，使处治中、别驾之任，始当展其骥足耳。"

灵帐　古代祭奠死者时在灵床边所设的帏帐。

茜（qiàn）　茜草，根可作红色染料，亦可入药，引申为绛红色，这里指山石的颜色。唐白居易《城东闲行，因题尉迟司业水阁》："病乘篮舆出，老著茜衫行。"

愿言试长剑　这里借喻为国效力。愿言，古体诗中的惯用语。愿，念，期待。言，助词，无义。

岛夷　古代指我国大陆东部沿海及海岛上的居民，亦泛称外国人，这里借指日本侵略者。

北山尽仇怨　北山，这里指北方山区。尽，尽是，完全是。仇怨，仇恨，这里指侵略我国的仇敌，即指沙皇俄国。

荡涤谁氏子，安得辞浮贱　荡涤，清除，扫荡。谁氏子，谁家的人，即谁人，何人。安得，怎能。辞，推辞。浮贱，指学识浮浅不深，地位卑贱低微。这两句是说，扫荡这些侵略者要靠何人？我们青年学生怎能以学识不深、地位低微而推托报效国家的责任！

子期竟早亡，牙琴从此绝　化用"高山流水"的典故，意为痛失知音。《吕氏春秋·本味》："伯牙鼓琴，钟子期听之。方鼓琴而志在太山。钟子期曰：'善哉乎鼓琴，巍巍乎若太山。'少选之间，而志在流水。钟子期又曰：'善哉乎鼓琴，汤汤乎若流水。'钟子期死，伯牙破琴绝弦，终身不复鼓琴，以为世无足复为鼓琴者。"

朱华　泛指红花。三国魏曹植《朔风》："昔我初迁，朱华未希。今我旋止，素雪云飞。"

荐 献，进。《左传·襄公三十一年》："若获荐币，修垣而行，君之惠也，敢惮勤劳。"

铭旌 灵柩前的旗幡。古人出殡时，竖于柩前，书死者姓名，死者若有官员身份，还会题写某官某公之枢。《周礼·春官·司常》："大丧，共铭旌。"

泓（hóng） 水深的样子，这里以"水一泓"比喻深情。

‖ 赏 析 ‖

同学深情，汉魏风度
——重读《五古·挽易昌陶》

1915 年 3 月，毛泽东在湖南省立第一师范学校读书，同班同学易咏畦（即易昌陶）不幸病逝家中。5 月 23 日，学校为易昌陶召开追悼会，师生共送出挽联挽诗 256 幅，后编成一册《易君咏畦追悼录》，表达"悼念学友、毋忘国耻"之意。毛泽东在挽联中写道："胡虏多反复，千里度龙山，腥秽待湔（jiān），独令我来何济世；生死安足论，百年会有殁，奇花初茁，特因君去尚非时。"所谓"胡虏多反复"，有感于袁世凯接受日本帝国主义旨在灭亡中国的《二十一条》。此联既感时，也悼友，同时展现自己的济世忧国之志。6 月 25 日，在给友人湘生的信中毛泽东又说："人非圣贤，不能了然有所成就，亲师而外，取友为急，以为然乎？读君诗，调高意厚，非我所能。同学易昌陶君病死，君工书善文，与弟甚厚，死殊可惜。校中追悼，吾挽以诗，乞为斧正。"由此可知，青年毛泽东周围不仅有一群爱国忧世的"同道"，而且他们还是诗文往还、彼此欣赏的"文友"；易昌陶就是其中的优秀一员，所以他的去世引发了同校师生尤其是毛泽东本人的情感巨澜。这次悼念活动，既是表达友情，也是表达爱国情、天下情。毛泽东的挽诗，就抄录在上述致湘生信中。

毛泽东诗词中，近体诗和词占多数，古体诗不多，长篇五古更是凤毛麟角。这首《五古·挽易昌陶》一共换了四次韵，其诗意随换韵而转折，可以分为五段，每段都是八句，读起来秩序井然、节奏铿然。

第一段从"去去思君深"到"踯躅南城隈"。四个韵脚字中，"来""哀""回""隈"在平水韵中都属于平声韵"十灰"，押韵很工整。开头四句，就有一唱三叹的效果：你走了你走了，我很思念你，你却不会再回来；你让我们这些年轻的朋友们愁苦不堪、悲叹不已。这四句很容易让人想起汉末《古诗十九首》里的名句："行行重行行，与君生别离"，"一弹再三叹，慷慨有余哀"。紧接着，作者由直抒胸臆转为借景抒情，描写了湖南特有的风景物色：衡阳有回雁峰，传闻避寒南飞的大雁到此就不再前进，等到春天再由此北还。作者听见雁鸣云霄，看到春水欢腾，想到再也见不到好友，于是悲横胸臆，无法排遣，一直走到长沙城南，踯躅徘徊，不肯离去。这里或许正是"同学少年"曾经春游集会、指点江山之处，如今却物是人非，"遍插茱萸少一人"了。

第二段从"城隈草萋萋"到"午夜惊鸣鸡"。第一、二句是过渡句，两句都押韵，产生一种自然转折的舒适感，于是此段共出现五个韵脚字："萋""题""西""鸡"在平水韵中都属于平声韵"八齐"，只有"思"属于平声韵"四支"，在古体诗中这是被允许的，属于相近韵部的通押。作者继续在城南徘徊，目睹芳草萋萋，又生悲情，于是双行泪下，侵染双腮。日色也暗淡下来，夕阳隐没于岳麓山之后。作者想到曾和易昌陶一起立下壮志，要遨游广阔天地，没想到昌陶却先行零落。这一夜，作者在震惊与缅怀相交织的复杂情绪中恍惚睡去，直到听见鸡鸣才意识到新的一天已经到来。

第三段从"鸣鸡一声唱"到"放歌倚列嶂"，同样包含五个韵脚字："唱""上""涨""帐""嶂"，都属于去声韵"二十三漾"。这段的时间点设置在第二天上午，作者闻鸡而起，来到距学校不远的小山上。昨夜梦境之中，或许出现过易君的音容，而此时他的身影，仿佛又立于山头，与作者握手，令作者热泪盈眶。一个"涨"字，写出了泪水从隐忍到奔流的过程。作者很想对易君说：为何关山要阻碍骏马飞驰，为何你的灵帐过早出现在狂风之中。关山和狂风似乎都在诉说着不满，而作者的情绪也随之高涨，于是放歌于群山之间。

第四段从"列嶂青且茜"到"牙琴从此绝"，仍包含五个韵脚字，但情况稍微复杂："茜"和"贱"属于去声韵"十七霰"，"怨"属于去声韵"十四愿"，"剑"属于去声韵"二十九艳"，"绝"则属于入声韵"九屑"。这段押韵比较纷乱，语气变得异常铿锵，尤其是"绝"字已经出韵，给人一种声音戛然而止的感觉。在古典诗歌中，诗人常以用韵变化来表达情绪变化，造就声情并茂的效果。这段的确表达了极为强烈的愤懑之情：他面对葱蒨群山，想要"倚天抽宝剑"。他拔剑四顾，仿佛怒目对视着东海日本、北境沙俄这些侵略者，他们犯下滔天罪恶、结下万世仇怨。他立志要涤荡世乱、澄定寰宇，并不因身份低微而辞却这份责任，正所谓"天下兴亡，匹夫有责"。好友易昌陶又何尝不是抱着这样的报国之志呢？他是难得的知音，可惜英年早逝！行笔至此，毛泽东与"同学少年"之间那种超越于私人友情之上、以天下为己任、相互砥砺、奋斗不息的深厚情怀，已跃然纸上。

第五段从"琴绝最伤情"到"江天水一泓"，是全诗的结尾。这里的五个韵脚字，"情""荣""生""旌""泓"，都属于平声韵"八庚"。可见，作者的情绪又缓和下来。他想到知己永诀，犹如春芳失色，年华无光。往后还有漫漫人生，还能遇见这样好的知己吗？最后，他向着挚友的灵柩与灵幡，敬上一杯酒，以寄托惨淡的哀思。然而"举杯消愁愁更愁"，他内心的惆怅不得消解，反倒泛滥至大江之上，弥漫于天地之间。杜甫《自京赴奉先县咏怀五百字》结尾云："忧端齐终南，澒洞不可掇。"老杜之忧愁，与南山齐高；毛泽东之惆怅，则与湘江同流。不过，令我们感到欣慰的是，在日后岁月中，毛泽东又遇见了更多的知己与同道，与他并肩战斗、终究革命成功。这就叫"莫愁前路无知己，天下谁人不识君！"

《五古·挽易昌陶》是毛泽东早期诗词中的长篇古体佳作。它既能表现青年毛泽东的深情壮志，也能体现他学习古典诗歌的全面与厚实。杜甫《自京赴奉先县咏怀五百字》《北征》是成熟的长篇五古，长于叙事，也长于展示历史画卷与批判精神。相比之下，早期五言诗中的长篇杰作、"才高八斗"的曹植所创作的《赠白马王彪》诗，则更侧重于个体的抒情咏怀，手法质朴，情意绵长，有很强的歌唱性。它与《五古·挽易昌陶》在结构与风格上都更为接近：不断换韵，整齐推进；过渡宛转，顶针续麻；寄托哀思，兼表壮志；境界开合，感人至深。因此，《五古·挽易昌陶》是一首具有汉魏风度的拟古作品。在古朴的诗歌话语传统中，毛泽东书写了新时代的同学情，也书写了新青年的报国志。

（谢　琰）

七古·送纵宇一郎东行

一九一八年四月

云开衡岳积阴止，天马凤凰春树里。
年少峥嵘屈贾才，山川奇气曾钟此。
君行吾为发浩歌，鲲鹏击浪从兹始。
洞庭湘水涨连天，艨艟巨舰直东指。
无端散出一天愁，幸被东风吹万里。
丈夫何事足萦怀，要将宇宙看秭米。
沧海横流安足虑，世事纷纭从君理。
管却自家身与心，胸中日月常新美。
名世于今五百年，诸公碌碌皆余子。
平浪宫前友谊多，崇明对马衣带水。
东瀛濯剑有书还，我返自崖君去矣。

这首诗最早非正式地发表在一九七九年《党史研究资料》第十期，
是由罗章龙在《回忆新民学会（由湖南到北京）》一文中提供的。

‖ 注　释 ‖

纵宇一郎东行　纵宇一郎，罗章龙在 1915 年同毛泽东初次通信时，
就已用过的化名。罗章龙（1896—1995），湖南浏阳人。1921 年加入中

国共产党，1931 年被开除出党。后历任河南大学、西北联合大学、湖南大学、湖北大学等校教授。曾任中国人民政治协商会议全国委员会委员。据罗章龙《椿园诗草》记载："1918 年，余决定赴日本留学，新民学会同仁均赞襄其事。乃从长沙乘轮直航上海，轮船启碇前，二十八画生到埠头送行，面交一函，内题'为纵宇东渡，有诗一首为赠'。"

云开衡岳积阴止　衡岳，南岳衡山，此处指南岳七十二峰之一的岳麓山。清黄道让《重登衡岳》有"西南云气开衡岳"句。积阴，指连日阴雨。罗章龙《椿园载记》："我东行前，连日阴雨，轮船起碇时，积阴转晴。"

天马凤凰春树里　天马凤凰，天马山和凤凰山是岳麓山东南、湘江之西的两座毗邻的小山。春树，唐杜甫《春日忆李白》："渭北春天树，江东日暮云。何时一樽酒，重与细论文。"后遂以"暮云春树"为怀念友人之辞。这里表达惜别之情，同时言明相别时的季节。

屈贾　战国时楚国屈原、西汉贾谊，皆极有才华。司马迁《史记》将二人合为一传作《屈原贾生列传》，故有"屈贾"一说。罗章龙《定王台晤二十八画生》："策喜长沙傅，骚怀楚屈平。风流期共赏，同证此时情。"

钟　聚集。古人称山川灵秀之气所聚集，便产生人才。《国语·周语》："泽，水之钟也。"

鲲鹏击浪　鲲鹏，《庄子·逍遥游》中所说的大鱼和大鸟，这里是指大鱼变成的大鸟。鲲鹏击浪，意指有远大的志向。

洞庭湘水　指湖南省的洞庭湖和湘江。

艨艟（méngchōng）　古代战舰，此指轮船。《明史·陈友谅传》："是战也，太祖舟虽小，然轻驶，友谅军俱艨艟巨舰，不利进退，以是败。"

丈夫何事足萦怀 丈夫，大丈夫，喻指有所作为的人。鲁迅《答客诮》："无情未必真豪杰，怜子如何不丈夫。"萦怀，牵挂在心。明李东阳《送杨应宁三首》："所至各萦怀，功名勿留滞。"

宇宙看稊（tí）米 把世事看作平常。稊，草名，结实如小米。稊米，比喻其小。《庄子·秋水》："计中国之在海内，不似稊米之在太仓乎。"

沧海横流 海水泛滥，比喻社会动乱不安宁。

世事纷纭从君理 据罗章龙说，作者原诗如此。1979 年罗在《回忆新民学会（由湖南到北京）》一文中第一次提供本诗时，觉得有负故人厚望，改作"世事纷纭何足理"。后来他曾写文章表示恢复原诗句。

名世于今五百年 名世，著称于世。《孟子·公孙丑下》："五百年必有王者兴，其间必有名世者。"

诸公碌碌皆余子 诸公，指当时的当权人物。碌碌，平庸。余子，其余的人。《后汉书·祢衡传》："常称曰：'大儿孔文举，小儿杨德祖。余子碌碌，莫足数也。'"

崇明对马衣带水 长江口的崇明岛和日本的对马岛，相隔不远。衣带水，取典故"一衣带水"，《南史·陈本纪》："隋文帝谓仆射高颎曰：'我为百姓父母，岂可限一衣带水不拯之乎？'"形容只有一水之隔，用在此处，指中日两国邻近，路途不远。

东瀛濯剑 喻指到日本留学。东瀛，东海，后也指日本。濯剑，洗剑。

我返自崖君去矣 作者是送行者，所以称"我返自崖"。崖，指岸边。

‖ 赏　析 ‖

鲲鹏击浪的青春礼赞，浩歌壮别的宇宙襟怀
——重读《七古·送纵宇一郎东行》

"嘉会寄诗以亲，离群托诗以怨。"别离，作为人类共通的情感体验，自古以来便是诗词创作的重要主题。

在种种别离中，有"黯然销魂者，唯别而已矣"的离魂别梦，有"杨柳岸，晓风残月"的冷落清秋，有"西出阳关无故人"的浊酒一杯，有"我寄愁心与明月"的子规声碎……当别离出现在古典诗词之中，似乎总不可避免凄清如许与愁丝恨缕。即便是"天下谁人不识君"的豪迈，也脱不了"千里黄云白日曛"的晦暗。

然而，当时间的指针指向1918，别离之诗在25岁的毛泽东这里，有了新的模样。

春日暖风的湘江之畔，意气风发的少年将慨歌送行的豪迈、鲲鹏击浪的壮志、睥睨宇宙的雄心发于笔端，书于纸上，赠予挚友。一首《七古·送纵宇一郎东行》让别离之诗从此有了新的基调、新的色彩、新的气象。这首诗紧紧抓住青年人为实现远大理想而离别这一激荡人心的特殊时刻，寓情于景的同时，贯穿纵横捭阖的古今评说，向人们展现了远行者与送行者的青春、志向、浩歌与高翔。风华正茂的热血青年形象跃然纸上。

读懂这首诗，需要读懂时代的风云际会。

20世纪初，古老的中华大地正经历着空前的劫难与危机。1915年1月，日本政府通过其驻中国公使向袁世凯提出旨在独占中国的

"二十一条"，激起了全国人民的反日爱国运动。国内军阀派系的不断争斗，也不断加剧着人民的灾难。内忧外患之际，俄国十月革命的一声炮响，为中华民族带来了新的希望，一批有识之士开始接触并传播马克思主义，探索新的救国道路。当此之时，毛泽东等人发起成立了旨在"革新学术，砥砺品行，改良人心风俗"的学术团体——新民学会。毛泽东的周围，开始聚集起一批渴望进步、关注国运的青年才俊。时代的大潮，滚滚而来；少年的意气，勃勃待发。

读懂这首诗，需要读懂友谊的弥足珍贵。

纵宇一郎，是毛泽东青年时代的好友罗章龙的化名。罗章龙与毛泽东的结识，颇具戏剧性。1915 年 9 月，正在湖南第一师范读书的毛泽东做了一件别出心裁的事。他根据"毛泽东"三个字的繁体笔画数，以"二十八画生"的笔名，在长沙一些学校发出征友启事，"愿嘤鸣以求友"。当时就读于长沙长郡中学的罗章龙，认为此举不凡，便以"纵宇一郎"之名作书回应，意为一人纵横于宇宙之间。二人一见如故，从此结下"管鲍之交"，罗章龙也成为了新民学会早期成员之一。1918 年 4 月，罗章龙决定赴日留学，寻求救国救民之道。好友远涉他乡，毛泽东自是心潮难平。分别前，毛泽东写下这首七言古风相赠。罗章龙对此曾有过这样的回忆："为了送我远行，学会在长沙北门外的平浪宫举行聚餐，大家鼓励我，消除顾虑，润之还用'二十八画生'的笔名为我写了一首诗相赠。"罗章龙到达上海后，因日本国内发生了迫害华侨和中国留学生的暴力事件，此行未成。未能成行的赴日之旅，却促成了毛泽东与罗章龙均成为中共早期党员。然而历史却总有些许遗憾，罗章龙在 1931 年被开除出党，逐渐淡出政治活动，辗转于多所高校著述教学，直到党的十一届三中全会后，被增补为全国政协委员，病逝于 1995 年，享年 99 岁。当我们带着唏嘘怅惘回看这段岁月，品读这首诗歌时，便可更加深切地体悟到：少年情怀的纵横宇宙之气，青春情义的君自远矣之感。

读懂这首诗，需要读懂结构的精思妙设。

本诗是一首七言古风，在结构上可分为四个段落。

第一段，从"云开衡岳积阴止"到"山川奇气曾钟此"。这一部分横览山河，纵观历史，通过描写云开天晴的美好春景，山川奇秀的楚湘胜景，于斯为盛的先贤俊杰，借以赞美友人的才华英姿，为下文送行做铺垫。第二段，从"君行吾为发浩歌"到"艨艟巨舰直东指"。这一部分由景入事，点明送行之旨，以健笔写柔情，抒"鲲鹏击浪"之壮志，发"巨舰东指"之浩歌。"艨艟"同"蒙冲"，为古代大型战船，此处借指轮船。"艨艟"一词在首次发表时，被罗章龙写为"幢艨"。1984 年，罗章龙《椿园载记》一书中，将"幢艨"改为"艨艟"。中央文献出版社 2003 年重印《毛泽东诗词集》时，对此作了订正。第三段，从"无端散出一天愁"到"诸公碌碌皆余子"。这一部分是全诗的主体，毛泽东放眼时局，纵论人生，剖自我心志，展吞吐六合之气度。离愁别绪，沧海横流，世事纷纭，都撼动不了诗人睥睨宇宙的男儿气概，撼动不了诗人对自身人格修养的追求。其所见之远，所站之高，所怀之广，发青年人之未发，言青年人之未言，足见毛泽东之情怀抱负。诗中"从君理"三字，在本诗第一次发表时，罗章龙认为自己有负挚友毛泽东厚望，而将其改为"何足理"。人民文学出版社 1986 年 9 月版的《毛泽东诗词选》，采用的便是"何足理"。后来，罗章龙出于保持历史原貌的考虑，要求恢复原诗。1996 年 9 月中央文献出版社出版的《毛泽东诗词集》，恢复了原诗句。第四段，从"平浪宫前友谊多"到"我返自崖君去矣"。这一部分由抒情言志转回现实叮咛，再次点出远行之题，言二人虽远隔大洋，犹一衣带水，天涯比邻，寄托了毛泽东对友人的深厚情谊与美好祝愿。"我返自崖君去矣"，化用《庄子·山木》之语："君其涉于江而浮于海，望之而不见其崖，愈往而不知其所穷。送君者皆自崖而反，君自此远矣！"以典故的翻陈出新作结，一咏三叹，余音绕梁。

全诗借四层结构，巧妙地将写景、叙事、抒情、说理融为一体，在循环往复、交叉腾挪中，展现了视觉美、画面美与情境美。全诗字里行间洋溢着积极有为、蓬勃向上的时代精神和豪迈挺拔的阳刚之气。

读懂这首诗，需要读懂情感的丰盈充沛。

这首诗虽为送别赠友，实则寄托着毛泽东本人的情愫、情思与情感，诉说着青年毛泽东的两个"自我"。

第一，胸怀理想之"我"。《说文解字》有云："诗，志也。志发于言，从言寺声。"造字之初，"诗"便以"志"为首义。毛泽东一生曾三次手书"诗言志"，足见他对这一古代诗歌传统的重视。而这首七言古风则充分展现了毛泽东在青年时代的志向与追求。才比屈贾，志况鲲鹏，击浪高翔，不惧沧海，这些壮语中所蕴含的志趣之高，理想之大，自是让人击节称叹。"少年心事当拿云"。毛泽东在青年时代，就曾写下"十年未得真理，即十年无志；终身未得，即终身无志"之语，他致力于"只将全幅功夫，向大本大源处探讨"，"高尚其理想"。正是有此大志，毛泽东才能够在以后的革命道路中，无论遇到怎样的惊涛骇浪、疾风骤雨，都能"征腐恶""缚苍龙""不怕压""不怕鬼"，把酒酹滔滔，高奏生命凯歌。理想之光不仅映照了毛泽东一生，也构成了毛泽东诗词创作的独特魅力。

第二，胸襟博大之"我"。毛泽东心中装着漫长的历史、广阔的世界与无垠的宇宙。这首诗充分展现了青年毛泽东的广博胸襟。从整首诗歌的基调来看，名为送别，实为激昂奋笔。诗中尽显视宇宙为稊米的胸襟气概，以及修身自励、常新常美的进取精神。因为胸襟博大，毛泽东才能于高山之巅，描摹祖国山川江河；因为胸襟博大，毛泽东才能于历史长河，叹几千寒热；因为胸襟博大，毛泽东才能于浩瀚宇宙，遥看万千星河。博大胸襟，正是毛泽东对人类自身能动性的肯定，对人类自我力量的激赏。因自强不息，遂包容万千气象；因奋斗不止，方睥睨世间万物。

当壮阔的豪情战胜了离别的感伤，当未来的希冀取代了现实的愁肠，毛泽东以一曲青春礼赞送别好友罗章龙，带着"进德修业，光辉日新"的人生理想，从湖南一师毕业，即将开始改变他人生的北京之行。

一个风起云涌的时代，一段波澜壮阔的人生，在等待着毛泽东的到来。

（董晓彤）

虞美人·枕上

一九二一年

堆来枕上愁何状，江海翻波浪。夜长天色总难明，寂寞披衣起坐数寒星。　　晓来百念都灰尽，剩有离人影。一钩残月向西流，对此不抛眼泪也无由。

这首词最早发表在一九九四年十二月二十六日《人民日报》。

‖ 注　释 ‖

寒星　有寄托之意。鲁迅《自题小像》有"寄意寒星荃不察"句。

离人　指杨开慧。

一钩残月　一钩，有勾起情思的含意。残月，夜残天将晓之月。北宋梅尧臣《梦后寄欧阳永叔》："五更千里梦，残月一城鸡。"

‖ 赏　析 ‖

一笺婉约而柔美的情书

——重读《虞美人·枕上》

《虞美人·枕上》作于 1921 年，是迄今所见毛泽东最早的一首词。1957 年的一天，毛泽东早年挚友、烈士柳直荀的爱人，同时也是意之中。曉年万念化灰，畫剝看離人影。一鈎殘月句囱流野紫抛眼淚也筌曲。

虞美人

枕上 一九二一年

堆来枕上愁何状，江海翻波浪。夜长天色总难明，寂寞披衣起坐数寒星。

无素披

杨开慧的挚友，当时在湖南长沙任中学语文教师的李淑一，给毛泽东来信，回忆起当年开慧曾向她说到毛泽东写给自己的一首"虞美人"词，并说她现在只记得前两句，请求他写出全词。5 月 11 日，毛泽东复信道："开慧所述那一首不好，不要写了吧……"感于李淑一的情谊，毛泽东重新作了一首《蝶恋花·答李淑一》给她。不过毛泽东并没有忘记这首词，几年后，1961 年春，毛泽东将此词书写后赠给副卫士长张仙朋。十来年后，1973 年冬，毛泽东对该词字句又有所修改，交由身边医护人员吴旭君用毛笔誊清并保存。又过了二十来年，该词于 1994 年 12 月 26 日在《人民日报》正式公布于世。此时，距离作词已过去了悠悠七十三年，作者也已作古近二十年。

这首文辞温婉柔美的《虞美人》词，是毛泽东写给他的新婚爱人杨开慧的一封情书。1921 年初的冬春之际，一个清寒的不眠夜，毛泽东思念着与自己分处两地的爱人，为她写下这首小词，天明后或许是寄出，也或许是托人捎给了开慧。同样思念着他的开慧读之，愁心顿解，激动地向自己的闺蜜李淑一"秀"了一"秀"这首词。李淑一把这件浪漫美好的事深深记在心底。不过她把写作时间记为 1920 年，因她的印象里，该词表现了毛泽东和杨开慧婚前热恋的感情状态。李淑一回忆，开慧和毛泽东恋爱期间，"开慧经常向我谈起毛泽东的为人品质，连恋爱中的'秘密'也告诉我。有一天，我们在流芳岭下散步。开慧告诉我她收到毛泽东赠给她的一首词。我问什么内容，她毫无保留地念给我听，并让我看了词稿。"

不过，关于该词写作时间，毛泽东本人清清楚楚写明词作于 1921 年，清清楚楚回忆出了该词的完整文本，且还从文字上做了少许修改。自然，作者本人的记述还是更准确的。而词中表现的是什么样生动而精微的二人情感状态，则可细细解读和品味原文以得以还原。

　　上阕，写愁人彻夜无眠情景。"堆来枕上愁何状，江海翻波浪。""波浪"手迹中为"江浪"，后改作"波浪"，以避"江"字重复。此句写夜深愁浓，苦苦无眠，翻来覆去，枕被凌乱的样子。"夜长天色总难明，寂寞披衣起坐数寒星"，手迹作"无奈披衣起坐薄寒中"，改后更加叶韵，词意差别不大。此句写在床上翻来覆去一夜都没睡着，夜将尽，冬日的天色却迟迟不见明，只好坐起来在黎明前的黑暗和寒冷中，望着窗外的星星发呆。

　　下阕，写天明后情景。"晓来百念都（手迹作"皆"）灰尽，剩有离人影。"此句写天亮了，一夜无眠的脑中过了千百遍的往事念想，都如灰烟消散，只有那离人的影儿却依然挥之不去，如在眼前，萦绕心中。"一钩残月向西流，对此不抛眼泪也无由。"此句写抬望天际，只见一弯淡淡的残月西下，此情此景，不由得使人不知不觉流下泪来。

　　此词从解词来看，其中描摹的思念之情，确乎真真切切地是在描摹对爱人的思念之愁。"离人"一语清清楚楚地表明是对离开了、不在眼前的爱人的思念。这思念，是寒夜里的辗转反侧、彻夜难眠，披衣独坐、对月泪流，是空空的房间里处处皆在的满满的爱人的影子。这种青年男女彼此浓情蜜意、因离别而变得格外强烈的思念之情，也确乎表明毛泽东和杨开慧此时依然处于热恋的情感之中。如果说词中的"寂寞（无奈）"、"泪"等表现了一种"愁"和"怨"，那么就是一种对爱人和自己离别这件事的"怨恨"，其实也表现的是"不舍"和"思念"，尤其是尚在新婚中的男女之别。

　　毛泽东和杨开慧是1920年冬结婚的。或许该词中"披衣起坐数寒星"令人想象该词写于秋冬之季，在1920年冬二人结婚之前的热恋中方才合乎情理吧。不过据考证，毛泽东的这次离别杨开慧而外出的时间，应在1921年春夏之间。那期间，毛泽东曾到洞庭湖的岳阳、华容、南县、常德、湘阴等地，考察学校教育，进行社会调查，时间应该不太短。而该词中"数寒星"以及手迹中的"薄寒"，虽有一"寒"字，也未必是指寒冷的季节，指春秋季也可能有的清冷的、有微微寒意（薄寒）的夜晚，也是古代诗词里常见的情形。总之，李淑一的误记，倒也恰好能说明毛泽东和杨开慧爱情的真挚美好，在新婚之后保持着热度不减。在这种情形之下，一旦离别，可想而知其思念之苦之切。作为杨开慧的闺中密友，李淑一不期然而成为这份美好爱情的历史见证者。

从所写内容及词风上看，这首《虞美人》词，在毛泽东所有的词乃至所有诗词作品中，都是一个非常特别的存在。毛泽东说过，他对于词风的爱好，是"偏于豪放，不废婉约"。而实际上他的词作大多是豪放一路，这首《虞美人》词则可以说是目前可见毛泽东唯一的一首以婉约为完整词风的作品。这使得它在毛泽东词史上散发出非常独特而珍贵的光芒。它说明毛泽东的词创作之路，最初还是循着中国传统学词的路子，从"婉约"起始，为"抒情"而作的。这个"情"不是别的，就是俗而又俗、也纯而又纯的"儿女之情"。试看词中主人公的形象，因为思念自己的爱人，辗转反侧，长吁短叹，对月伤心，无奈泪流，……这温婉动人的词韵，和毛泽东后来的豪放、潇洒词风，反差不可谓不大。

回过头来看，1957年毛泽东没有答应李淑一的请求写出这首《虞美人》全词，而是重新创作了一首风格豪放的《蝶恋花》，就是可以理解的了。因为这首《虞美人》的"婉约"词风，包括词牌"虞美人"，在当时那个年代的文艺思潮中，看起来带有较为明显的封建旧文艺的消极颓废色彩。毛泽东关于"偏于豪放、不废婉约"的自述，毕竟属于私人探讨，而一首"婉约词"作为领袖诗人毛泽东的词作推出去，在当时的时代环境下，恐是难以接受、更无法解释的。因此，毛泽东才会对李淑一说这首词"不好",其实是在说"不便公开展示"吧,并不是他真的觉得这首词"不好"。而且显然,这首词一经李淑一的提起,恐怕就已击中他内心那最柔软的深处,不由得令他回想起当年青春年少时,他和杨开慧那清澈真挚而又那么热烈的爱情。所以晚年的毛泽东,才会在"豪放"之余的某一个空档时间里,写一遍这首《虞美人》词,让人收着;在更晚年一点的时间里,又拾起这首词来,认认真真进行文字润色修改,让人保存,似有以此"定稿",待他百年之后作为历史材料供人读赏研究之意。

其实今天,读这首《虞美人》词,仅仅见证其独特的"婉约"之处,读得还是不够深细的。该词在毛泽东词作中读来词风迥异,还在于其中有一种角色反差之感。词中因思念而愁的主人公形象,其实并不像毛泽东本人。很难设想,即便是热恋中的青年毛泽东,能像词中那样因思念而长吁短叹、对月伤怀乃至流泪,披衣起坐数星星。

所以,还有一种可能,就是:词中主人公其实是杨开慧,该词摹写的就是毛泽东想象中的正在家中思念他的杨开慧的形象。这样一来,词中意象的种种别扭就迎刃而解,词中的那个 Ta 分明是一个女性形象啊。"堆来枕上愁何状,江海翻波浪"云云,令人想起李清照的著名写"愁"之词《凤凰台上忆吹箫》中的"香冷金猊,被翻红浪,起来慵自梳头。任宝奁尘满,日上帘钩……"。此外,还有一个"词眼",就是"剩有离人影"的那个"离人"。在主人公居处空间中,处处都是"离人"的影子挥之不去。这个"离人"自然是有事外出的毛泽东。而这个居处的主人,该词的主人公,就是杨开慧这位留居在家的女性,这样就更合乎情理了。

也就是说,毛泽东在写给杨开慧的这封"情书"中,描画了想象中她在家中对他思念成愁的样子。是的,我知道你在想我,我知道你想我的样子，知道你因思念而失眠落泪憔悴的样子，所以，你知道我也在想你吗？你知道我想你和你想我一样吗？……看，这是多么美好而浪漫的"婉约"。李清照的"愁"，是孤独绝世的自伤之愁，毛泽东这首词里的"愁"，表达的则是真挚而浓烈的纯粹的爱之思念。情浓至此，杨开慧读之不知感动几何，所以不禁向闺中密友分享这甜蜜的"秘密"。

诚然，这种写法，并不是毛泽东的独创，而是沿袭了中国传统诗词的一种"代言"的写法，多是由男性诗人以女性口吻和视角落笔，表达女性情思，特别是离情别恨。毛泽东巧妙地借用这种"角色代入"的方式表达了他和爱人彼此的思念以及如此真挚明朗美好的爱情。

三十六年过去了，到了1957年，杨开慧已为革命牺牲多年，她的慷慨赴死展现了何等气贯长虹的勇气和精神！毛泽东和她的第一个孩子毛岸英也已牺牲在朝鲜战场，李淑一的爱人柳直荀也已牺牲多年。……他所爱的爱人、儿子，多位亲人，还有千千万万他的同志们，为革命而牺牲。此时，公布一首表现他和杨开慧"儿女情长"的小词，一则不甚合时宜，再则也确实属于"私密""情书"，不便公开。这大约就是毛泽东表示这首词"不好"的深层考虑吧。

故而，在将《虞美人》中"一钩残月向西流，对此不抛眼泪也无由"的儿女情愁、"小爱"之泪收住之后，才有了《蝶恋花》之"忽报人间曾伏虎，泪飞顿作倾盆雨"，这"骄杨"的悲壮胜利、"大爱"之泪，凝聚成歌，久久传唱。

而在无人的静夜，已入古稀的毛泽东却禁不住独自顾念这情书的"身世"，回想当年情事，沉吟斟酌，付诸翰墨，留存后世。如他所愿，终有一天，千千万万人吟读着这首词，并为他们真挚而美好的爱情，而久久感动。

（李　琦）

西江月·秋收起义

一九二七年

军叫工农革命，旗号镰刀斧头。匡庐一带不停留，要向潇湘直进。　　地主重重压迫，农民个个同仇。秋收时节暮云愁，霹雳一声暴动。

这首词最早非正式地发表在《中学生》一九五六年八月号，是由谢觉哉在题为《关于红军的几首词和歌》的文章中提供的。

‖ 注　释 ‖

镰刀斧头　指工农革命军（后改称红军）军旗上的图案。

匡庐　首次非正式发表时原作"修铜"，指江西修水、铜鼓，结集时根据作者修改的抄件改为"匡庐"。传说商、周间有匡俗（一作匡续）在今江西庐山结庐，因称匡庐或庐山。见东晋慧远《庐山记》（一作《庐山记略》）："有匡俗先生者，出自殷周之际，遁世隐时，潜居其下……故时人谓其所止为神仙之庐而命焉。"

潇湘　首次非正式发表时原作"平浏"，指湖南平江、浏阳，结集时根据作者修改的抄件改为"潇湘"。借潇水和湘江指湖南省。

同仇　同心合力打击敌人。《诗经·秦风·无衣》："修我戈矛，与子同仇。"

暮云愁　指傍晚的云阴暗惨淡，带有愁色，象征反动势力气势汹汹，农民生活水深火热。

霹雳 雷电。写出工农起义迅猛神速。

‖ 赏　析 ‖

枪声自此入韵脚

——重读《西江月·秋收起义》

一九二七年八月七日，南昌起义后的第六天，中共中央在湖北汉口秘密召开紧急会议（即八七会议）。在这次会议上，毛泽东根据大革命失败的惨痛教训，提出了那个著名论断："以后要非常注意军事。须知政权是由枪杆子中取得的。"八七会议确定了实行土地革命和武装起义的方针，"找着新的道路"，实现了从大革命失败到土地革命兴起的历史转折。在会上被选为中央政治局候补委员的毛泽东，谢绝了去上海党中央工作的安排，他表示：不愿去大城市住高楼大厦，愿到农村去，上山结交绿林朋友。会后，毛泽东就以中央特派员身份到湖南传达八七会议精神、改组省委并领导秋收起义。以毛泽东为书记的中共湖南省委前敌委员会，将各路武装五千余人统一编为工农革命军第一军第一师，又分为三路人马，于9月9日发动了湘赣边秋收起义。这首《西江月·秋收起义》，就写于起义开始之际。

《西江月·秋收起义》是根据毛泽东审改的抄件刊印的，在毛泽东生前没有正式发表过，直到1986年9月人民文学出版社出版《毛泽东诗词选》时才正式发表。这首词虽然被列入"副编"，但是在毛泽东诗词作品中具有标志性的意义——记录了毛泽东第一次领兵打仗，是毛泽东创作的第一首军旅词。自此，枪声就融进了毛泽东诗词的平仄韵脚里。

　　毛泽东曾说:"我没有准备打仗,是一个小学教师。干革命了,我们也很蠢,没想到枪杆子,没有想到蒋介石那么厉害,到处抓人杀人,不要我们活了,一下子把我们打入地下。这七逼八逼,把我们逼上了梁山。"(《独领风骚:毛泽东心路解读》,万卷出版公司2004年1月版)秋收起义,是毛泽东人生经历的一个重大转折。从秋收起义开始,毛泽东那双握惯了笔杆子的手,抓起了枪,那个穿着长衫的书生、马克思主义者、革命家和社会活动家,为自己的人生增添了新的角色:军事家。

　　第一次领兵打仗的毛泽东,曾经历了生平唯一一次"被捕"。据《毛泽东传》记载,毛泽东向第一师的第三团下达起义计划和部署后,从安源前往铜陵途中,被团防局的清乡队抓住,并差点儿被送去处死,万幸他机智脱险。毛泽东后来对埃德加·斯诺讲起他的脱险经历:"我跑到一个高地,下面是一个水塘,周围长了很高的草,我在那里躲到太阳落山。士兵们追捕我,还强迫一些农民帮助他们搜寻。有好多次他们走得很近,有一两次我几乎可以碰到他们。虽然有五六次我已经放弃希望,觉得我一定会再被抓到,可是我还是没有被发现。"(《西行漫记》,三联书店1979年12月版)好在有惊无险,秋收起义终究是如期爆发了!诸多情感汇集在了毛泽东胸中,于是便有了这首《西江月·秋收起义》。

　　上片:"军叫工农革命,旗号镰刀斧头。匡庐一带不停留,要向潇湘直进。"概括了起义的一系列具体动作。不同于一个月前的南昌起义部队,秋收起义部队不再延用"国民革命军"的旗号,而是直接自命为"工农革命军"。按照毛泽东的要求,起义人员仿制苏联红军军旗式样,设计制作了中国工农革命军第一面军旗。红底象征革命，旗中央的红星代表中国共产党，镰刀斧头代表工农群众，将中国共产党的领导鲜明地写在了自己的旗帜上。"匡庐"、"潇湘"在初稿中作"修铜"、"平浏"，"修铜"指江西的修水、铜鼓二县，"平浏"指湖南的平江、浏阳二县，从修、铜到平、浏正是这次起义计划中第一团、第三团部队的行军路线。毛泽东后来改用地点附近的名川秀水来代指地名，诗韵更浓。"不停留"与"直进"，为行军画面增加了紧凑感。

下片："地主重重压迫，农民个个同仇。秋收时节暮云愁，霹雳一声暴动。"揭示了暴动的原因和形势。哪里有压迫，哪里就有反抗，"重重压迫"逼出了"个个同仇"。毛泽东准确把握了当时中国农民阶级和封建地主阶级之间的尖锐矛盾，并且深刻认识到了中国无产阶级最广大和最忠实的同盟军就是农民。埃德加·斯诺说："他综合地表现了千百万中国人的急切的要求，特别是农民的。这些农民贫穷困苦，营养不足，被人剥削，目不识丁，可是他们却温柔和善，宽宏大量，勇猛惊人，而且是现在很有反抗精神的群体。他们在中国人民中占大多数。假如这些要求和推动他们前进的运动，是振兴中国的动力的话，那么在这种极富历史意义的时代背景下，毛泽东确有成为中国伟人的可能。"（《前西行漫记》，解放军文艺出版社2006年8月版）"暮云愁"，革命就会有流血牺牲，傍晚的云彩暗淡，渲染了起义的凝重气氛。"霹雳一声"，"霹雳"惊现，拨开了云雾，用"霹雳"比喻"暴动"，可见革命的暴烈和震撼力，而"一声"也表现出暴动的毫不迟疑、迅猛有力。

《西江月·秋收起义》成功运用了"敷陈其事而直言"的写法，通俗易懂、质朴无华，与此同时，"直言"里又蕴含着诗意和诗味，掷地有声、意味深长，全词文气集中紧凑，有旗开得胜之感，这些都展示出毛泽东深厚的诗词造诣。

毛泽东在《菩萨蛮·黄鹤楼》自注中说："一九二七年，大革命失败的前夕，心情苍凉，一时不知如何是好。这是那年的春季。夏季，八月七号，党的紧急会议，决定武装反击，从此找到了出路。"秋收起义，就是实践这一出路的伟大起点。然而，在几天时间之内，攻打长沙的三路起义人马相继受挫，大家对于下一步何去何从争论不休。秋收起义虽然失败了，但是革命斗争还要继续。毛泽东根据实际情况，当机立断，说服大家放弃合围攻打长沙的计划，指挥剩下的一千多人马挺进了井冈山，创立了中国第一个农村革命根据地。这一去，才有了后来的故事。

从《西江月·秋收起义》记录了秋收起义这个在中共党史上具有重要意义的大事件开始，毛泽东诗词的内容里加入了战争、战役、战斗场面，毛泽东诗词的风格从书生意气转向了壮怀激烈，天才的军事家与卓越的马背诗人合而为一，典雅高古的旧体诗词与中国革命的历史风云高度融合。从此，毛泽东诗词开始具有了"史诗"的性质。

（李雨檬）

六言诗·给彭德怀同志

一九三五年十月

山高路远坑深，
大军纵横驰奔。
谁敢横刀立马？
唯我彭大将军！

这首诗最早发表在一九四七年八月一日《战友报》
（冀鲁豫军区政治部主办）。

‖ 注　释 ‖

给彭德怀同志　彭德怀（1898—1974），湖南湘潭人。1928 年 4 月加入中国共产党。1928 年 7 月，领导平江起义，参加红军，任红军第五军军长。1930 年 6 月任红军第三军团总指挥。8 月与红军第一军团会合，组成红军第一方面军。1935 年 9 月红军长征途中，中共中央召开政治局扩大会议，决定红一方面军主力和军委纵队整编为中国工农红军陕甘支队，毛泽东兼任政委，彭德怀任司令员。这首诗就是这个时期所作。11 月初，红一方面军番号恢复，仍由毛、彭以原职领导。

坑深　指陕北高原地区众多的深沟。

立马　驻马。

‖ **赏　析** ‖

"彭大将军"和"英勇红军"的高度融合

——重读《六言诗·给彭德怀同志》

1935 年 10 月 19 日，毛泽东同红军陕甘支队第一纵队到达陕北保安县吴起镇，从这时起，到 1947 年 3 月 18 日撤离延安，毛泽东度过了整整一百三十七个月的陕北根据地生活。

这一期间，我们看到了毛泽东的八首诗作，其中有三首是关于人物的，写到了三位政治态度、身份职务、性情禀赋各异的"将军"——红军第一方面军司令员彭德怀，"文将军"作家丁玲，国民党缅甸远征军师长戴安澜。两位男性，一位女性；两个武将军，一个文将军；两个共产党人物，一个国民党人物。

彭德怀在诗中的身份是"大将军"。

中央红军主力刚到达吴起镇，宁夏马鸿逵、马鸿宾的敌军也尾追而来。10 月 20 日，毛泽东和彭德怀研究敌情说，"打退追敌，不要把敌人带进根据地。"他们拟定了一个打击敌骑兵的电报，提到陕甘地形时，内有"山高路远沟深"字句。陕北的沟非同寻常，有的深达几十米，纵横几十里，实际是高原断裂的峡谷，是打伏击的好地方。

10 月 21 日，敌军骑兵分两翼追击红军，彭德怀亲自指挥部队进行了勇猛的伏击。气焰嚣张的敌骑兵没有想到红军竟敢杀个回马枪，顷刻溃败下来。红军歼灭敌军一个骑兵团，击溃三个骑兵团，缴获大批武器和马匹。

毛泽东听到胜利的消息，兴奋非常，立即写下了这首六言诗《给彭德怀同志》。

1954年，彭德怀对军事参谋王亚志回忆看到这首诗的情况说："在战斗结束后，我回来时看到桌子上毛主席写的这首诗。诗的第一句恰好是电报里的那一句，只是毛主席把其中的'路险'写成了'路远'，把'沟深'写成了'坑深'。我当即拿起笔来，把最后一句'唯我彭大将军'改成'唯我英勇红军'，又放回了原处。"（《人民日报》1979年2月8日）

1983年6月15日，王震回忆说：在1947年8月，彭老总指挥西北野战军打完沙家店战役，歼灭国民党军三十六师以后，在前东原召开旅以上干部会。毛主席、周恩来、任弼时等中央领导人亲临会场，向大家祝贺胜利。毛主席特别高兴，在会上讲话高度赞扬彭老总的指挥才能。会议休息时间，毛主席兴犹未尽，提起笔来重新书写了"唯我彭大将军"那首诗。（王焰：《"唯我彭大将军"一诗的沉浮》，《党的文献》1996年第1期）

1960年4、5月，彭德怀在他的自述中又提到了这首诗，因为时间久远，手头没有原文，不便查找，他误记为：

> 山高路险坑深，
>
> 骑兵任你纵横。
>
> 谁敢横枪勒马，
>
> 唯我彭大将军。
>
> （《彭德怀自述》，人民出版社1981年12月版）

尽管彭德怀当年谦虚地改掉了最后一句，但"彭大将军"的美名早已不胫而走，传遍四方。

美国记者斯诺在他的延安访问记《西行漫记》中专门有一篇"彭德怀印象",生动地描述了"彭大将军"的风采:"我必须承认彭德怀给我的印象很深。他的谈话举止里有一种开门见山、直截了当、不拐弯抹角的作风很使我喜欢……喜欢说说笑笑,很有才智,善于驰骋,又能吃苦耐劳,是个很活泼的人。"斯诺说,有一次红二师演习,爬一座陡峭小山。彭德怀突然向气喘吁吁的部下和斯诺大叫:"冲到顶上去!""他像兔子一般窜了出去,在我们之前到达山顶。"

斯诺笔下,彭德怀又是一位儒将。他年轻的时候读过司马光的《资治通鉴》,认为"司马光笔下的战争都是完全没有意义的,只能给人民带来痛苦"。他开始思考"我们能够做些什么"。彭德怀还读了康有为、梁启超的著作,和毛泽东一样有一个时期对无政府主义也有一些信仰。直到他读了《共产党宣言》和《资本论》简介,"开始怀着社会是可以改造的新信念而工作"。

在陕北古镇豫旺堡里,彭德怀应斯诺的要求,归纳了红军"红色游击战术的十大原则"。斯诺写道:"彭德怀在阳台上踱来踱去,每次走到我伏案疾书的桌子边上时就提出一个论点。现在他突然停下来,沉思地回想。""但是没有任何东西,绝对没有任何东西,"他说,"比这一点更重要——那就是红军是人民的军队,它所以壮大是因为人民帮助我们。"(《西行漫记》,三联书店1979年12月版)

敏于言,更敏于行。然而又很谦逊,时刻不忘初心。所以,彭德怀立即把"唯我彭大将军"改为"唯我英勇红军"。毛泽东的褒奖和彭德怀的谦逊高度融合,是这首诗的亮点。

(陈东林)

临江仙·给丁玲同志

一九三六年十二月

壁上红旗飘落照，西风漫卷孤城。保安人物一时新。洞中开宴会，招待出牢人。　　纤笔一枝谁与似？三千毛瑟精兵。阵图开向陇山东。昨天文小姐，今日武将军。

这首词最早发表在《新观察》一九八〇年第七期。

‖ 注　释 ‖

壁上红旗飘落照　城头红旗在夕阳中飘扬。

漫卷　随风翻卷。

保安　在陕西省西北部，当时是中共中央所在地，1936 年 6 月为纪念"群众领袖，民族英雄"刘志丹将军而更名为志丹县。

纤笔　细致描绘的笔，指丁玲的文笔。

毛瑟　德国毛瑟工厂所制造的步枪和手枪，厂主为威廉·毛瑟、彼得·毛瑟兄弟。孙中山在 1922 年 8 月 24 日《与报界的谈话》中说："常言谓：一枝笔胜于三千毛瑟枪。"毛泽东在 1939 年 12 月 9 日发表的《一二·九运动的伟大意义》一文中说："拿破仑说，一枝笔可以当得过三千枝毛瑟枪。"

陇山　在陕西省陇县西北，延伸于陕甘边境，古为关中地区西部屏障，有"秦雍咽喉"之称。

壁上红旗飘落照回

西风漫卷弧珠保

奋勇当先我闲中

闹市喜鹊结出宁人

战争一枝还堂

三军无阻精兵临

围困再句谜山东

胜天文中雄台武

"纤笔"与"毛瑟精兵"

——重读《临江仙·给丁玲同志》

　　1936年11月初，左翼作家联盟的著名作家丁玲在中共党组织的帮助下，逃脱国民党在南京的秘密"囚禁"，几经辗转到达了中共中央领导机关所在地保安。这时，距离瓦窑堡会议与毛泽东作题为《论反对日本帝国主义的策略》的报告，明确提出建立广泛的抗日民族统一战线，差不多过去了一年时间。在这一年时间里，丁玲是第一个从国统区到陕北苏区的名作家。丁玲此前就有《莎菲女士的日记》等出色作品，还曾是"左联"的党团书记，在幽禁时因被传遇害，鲁迅还为她写了悼亡诗。苏区当时缺少知识分子，缺少文化战线的领军人物，思考着文化战线也要建立统一战线的毛泽东，非常重视丁玲。丁玲到达保安一两天后的晚上，中央宣传部在一孔窑洞里为丁玲举行了规格罕见的欢迎会，毛泽东、张闻天、周恩来都出席了。丁玲向毛泽东表示自己想当红军、看打仗，于是她在保安住了两周，牵头成立了被毛泽东称为"近十年来苏维埃运动的创举"的中国文艺协会后，就随红军前方总政治部北上定边，踏上了艰难的行程。毛泽东对丁玲印象很好，丁玲的表现和文章也通过军方电报送到了毛泽东面前。丁玲跟着部队一路走一路采访，写了《广暴纪念在定边》《到前线去》等文章，其中最重要的是有关于11月21日红一、红二、红四方面军会师后第一次联合作战取得第一个胜利的《记左权同志话山城堡之战》一文，更是宣传了胜利、鼓舞了士气。1936年12月，毛泽东填了这首《临江仙·给丁玲同志》，用电报发给了随红一方面军赴三原途中的丁玲。

《临江仙·给丁玲同志》是毛泽东唯一一首题赠作家的词、唯一一首以电文拍发到前线赠送的词，也是毛泽东以"临江仙"作为词牌的唯一一首词。

这首词通过写景、叙事、抒情，表达了毛泽东对丁玲的高度赞许以及对革命文化工作者的殷切期望。运用的艺术手法中最为突出的，是通过大量对照、对比彰显出了真挚情感与昂扬精神。

"壁上红旗飘落照，西风漫卷孤城。"第一句通过写景，勾勒了时间、地点、环境。壁，军垒，这里引申指城墙。落照，落日的余晖，即指夕阳，唐代卢纶《长安春望》中有"川原缭绕浮云外，宫阙参差落照间"。"红旗"意象，在这里有了新的具体蕴含，成为中国革命武装和红色政权的象征，既是中华民族抗日的战旗，也是中国共产党高举抗日民族统一战线的大旗。"孤城"，边远的孤立城镇，一般指边塞重镇，比如唐代王昌龄《从军行》其四中有"青海长云暗雪山，孤城遥望玉门关"，这里指独立于陕西省西北部众多村庄的保安县城。西风，秋风。城墙上的红旗在落日余晖的映照中飘舞，秋风席卷的西北高原上矗立着一座不大的土围子样式的保安城，有点儿"长烟落日孤城闭"的味道，这也与毛泽东评范仲淹词"既苍凉又优美，使人不厌读"的印象重合起来。

"保安人物一时新。洞中开宴会，招待出牢人。"这里出现了第一重对照：苍凉的孤城保安，因为远客的到来而不再寂寞，变成了让人惊喜的"一时新"。毛泽东等人在窑洞里欢迎从南京"逃离"的丁玲，南京与保安、幽禁与欢迎，阶下囚与座上宾，一弃与一投，黑暗与光明，再次形成强烈对照。虽为叙事，却于事中显情，可见毛泽东当时对投奔苏区的文化人的热烈欢迎。

"纤笔一枝谁与似？三千毛瑟精兵。阵图开向陇山东。昨天文小姐，今日武将军。"阵图，指军队行军的队列图，这里指军队。决定红军主力开向陇东的西峰镇，是在 12 月 14 日之后，因此可以推断这首词作于西安事变后不久。"纤笔"与"毛瑟精兵"、"一枝"与"三千"、"文"与"武"、"小姐"与"将军"，"昨"与"今"，无不构成了强烈的对比。通过这些对比，一方面可以推知丁玲作为红军之中执笔之士所产生的作用与影响之大，另一方面也可见毛泽东对于丁玲热爱红军献身革命，将作家与战士、文与武、柔情与豪气的巨大反差兼于一身的高度肯定与鼓励。就像毛泽东在 11 月 22 日中国文艺协会成立大会上发表演讲时说："我们要文武两方面都来。"这是毛泽东对于革命文化工作者的号召与期望！

关于笔与武器的角色转换关系，丁玲也与毛泽东颇有共识。中国文艺协会成立后，曾为《红色中华》创办《红中副刊》。11 月 30 日出版的《红中副刊》第 1 期上刊发了丁玲写的《刊尾随笔》，文章开头就写道："一枝笔写下了汉奸秦桧，几百年来秦桧就一直长跪在岳庙门前，受尽古往今来游人的咒骂；《三国演义》把曹操写得很坏，直到现在戏台上曹操的脸上就涂着可怕的白色，那象征着奸诈小人的白色。所以有人说一枝笔可以生死人，我们也可说一枝笔是战斗的武器。"也许毛泽东所作"纤笔"与"毛瑟精兵"的对照，也与此有关。

不仅发电报，毛泽东还手书这首词送给丁玲。1937 年 1 月，中共中央领导机关由保安迁驻延安，1937 年初，丁玲从前线回到了延安后，毛泽东就把这首词手书赠予丁玲，同时还给丁玲抄录了近代杰出革命家黄兴作的《临江仙》，并注明"黄兴（北京）"，似是说明自己所用的词牌，湘籍革命前辈二十五年前在北京就曾用过。在 1937 年上半年，延安的知识分子还很少，文化底蕴深厚的毛泽东难求知音，丁玲就成为毛泽东最欢迎的谈话对象之一。他们常常谈论古代文学，毛泽东在诗兴大发时，也想起自己的一些旧作，于是一边吟诵一边就誊写出来，有几首给了丁玲。这批手迹，是现存书写时间最早的毛泽东诗词手迹，因为其中更多保留了原初痕迹而弥足珍贵。

此后，丁玲还有很多的经历，创作了更多好作品，也蹚过了人生沉浮，不管身处何种境遇，她对毛泽东有着始终如一的敬爱之情。1973 年下半年，毛泽东因为患白内障，视力受到影响，笔力也不济了，但他使用铅笔再次手书了这首《临江仙》，这也是这首词现存作者手迹中书写时间最晚的一次。1936 年底创作，到 1973 年下半年再次手书，三十多年的时间跨越之中，饱含着毛泽东对于受赠人的挂念之情，也寄托着对于自己作品的欣赏之情。

（李雨檬）

五律·挽戴安澜将军

一九四三年三月

外侮需人御，将军赋采薇。
师称机械化，勇夺虎罴威。
浴血东瓜守，驱倭棠吉归。
沙场竟殒命，壮志也无违。

这首诗根据一九四三年戴安澜将军追悼会挽联挽诗登记册刊印。
最早非正式地发表在一九八三年十二月二十八日《人民政协报》，
是在一篇诠释这首诗典故的文章中提供的。

‖ 注 释 ‖

外侮需人御　语本《诗经·小雅·常棣》："兄弟阋于墙，外御其务。"

将军赋采薇　赋，朗诵。采薇，《诗经·小雅》中有《采薇》篇，其诗描写戍边抗击外族入侵的兵士久历艰苦，在回乡的路上又饱受饥寒。本句意为戴安澜将军出征御侮。

东瓜　即同古，缅甸南部重镇。

棠吉　缅甸中部地名。

兄弟阋墙，外御其侮

—— 重读《五律·挽戴安澜将军》

　　1941 年 12 月，太平洋战争爆发。1942 年 2 月，日寇为了切断盟国援华抗战物资的重要运输线——滇缅公路，以泰国、越南为基地，向当时为英国殖民地的缅甸大举进攻。应英国政府的请求，国民党政府派遣了远征军共三个军约十万人赴缅甸参战。自 3 月中旬至 4 月，远征军先后在同古、仁安羌、腊戍等地与日寇进行了激烈的战斗。4 月底至 5 月，因作战失利，中国远征军实行总撤退，一部分撤到了印度，大部分撤回到国内。在这次远征作战中，远征军主力第五军第二〇〇师师长戴安澜将军率部奋勇搏杀，表现突出。后因撤退途中遭日寇伏击，5 月 18 日，戴安澜将军在朗科地区指挥突围的战斗中身负重伤，不幸于 5 月 26 日殉国，享年仅 38 岁。1943 年 4 月 1 日，国民党政府在广西全州为戴安澜将军举行了有一万多人参加的国葬。远在延安的中共中央主席毛泽东同志特为撰写了这首挽诗，遥奠忠魂。现在我们读到的这首诗，就是从 1943 年戴安澜将军追悼会挽联挽诗登记册中抄录出来的。

　　戴安澜将军，1904 年生，汉族。原名戴炳阳。字衍功，自号海鸥。安徽无为县人。1925 年至 1926 年黄埔军校第三期学员。毕业后，参加过北伐战争。在国军中历任排长、连长、营长、副团长、团长、旅长、副师长等。1939 年 1 月升任第二〇〇师师长，6 月被授予陆军少将军衔。在抗日战争中，他率部参加过长城古北口抗战、徐州会战、武汉会战、长沙保卫战、昆仑关战役、中国远征军第一次入缅作战等众多重要战事，屡立战功。殉国后，1942 年 10 月，国民党政府追赠他为陆军中将。同月，美国政府追授他懋绩勋章一枚，这是第二次世界大战中美国政府第一次向中国军人颁发勋章。1956 年 9 月，中华人民共和国中央人民政府内务部追认他为革命烈士。2009 年 9 月，他被评选入"100 位为新中国成立作出突出贡献的英雄模范人物"。

毛泽东主席的这首诗，是对一位为抗日而献出自己宝贵生命的国民党军高级将领的诚挚哀悼。它充分说明中国共产党人站在全民族的立场上，热情支持一切爱国力量反对日本帝国主义侵略的正义行动，光明磊落，坦荡无私。这与国民党蒋介石集团在前一年制造令亲者痛仇者快的皖南事变，掀起又一次大规模的反共高潮，置民族利益、抗战大局于不顾的政治自私行为，形成了鲜明的对比。

从题材上来看，这首诗属于吊丧的挽诗。如果所挽对象是作者的知交故旧，自当别论；如果被挽者是公众人物，而作者与被挽者又素昧平生，那么这类挽诗一般不可能带有私人感情色彩，贵在朴实庄重，平正得体。毛泽东主席这首挽诗，就写出了这样的规范风格。

"外侮需人御，将军赋采薇。"首联二句，开门见山，直接叙事，从戴安澜将军率部入缅甸远征抗日写起。外侮，即外来的欺凌，指日本帝国主义的侵略。需人御，需要有人去抵抗。赋，朗诵。采薇，《诗经·小雅》有《采薇》篇，反映古代军人离乡背井去抗击外族侵略的艰辛。将军赋采薇，是说戴安澜将军毅然从征，远赴国难。这两句是因果关系：国难当头，支撑危局急需栋梁之材；故将军受命，慷慨即上战场。诗人一落笔便将被挽者的高大形象安置在民族反侵略战争的大背景中，凛然正气，于是笼罩全篇。"赋采薇"三字，用远征赴敌的古典，精切不移，叙事则有雍容不迫的气度，行文则有渊雅流丽的风致，尤为出色。

五言律诗的第二联和第三联，一般要用对仗句。毛泽东主席的这首诗，采用的就是五律的正格，十分严谨。

"师称机械化，勇夺虎罴威。"第二联的这两句，突出戴安澜将军所率第二〇〇师的军威。上句是说该师武器装备的精良，扣住了该师为国军精锐机械化部队的特点。不过，武器装备固然重要，但战争中起决定性作用的因素还是人，故下句紧接着就强调该师将士的勇猛。笔意十分周到，而且体现了历史唯物主义的观点，见识非常高卓。夺，剥夺，使其丧失。罴，棕熊，一种比普通的熊体型更大、力气也更大的熊。古典诗词中，惯用"虎罴""貔貅"之类猛兽来形容勇武的军队或将士，这里却说在英勇的第二〇〇师将士的面前，就连虎豹熊罴之类的猛兽也丧失了威风。这是翻倍的写法，比直接用虎罴来形容雄师劲旅，更为高明。"勇夺虎罴威"五字，神采飞扬，也是一篇之警策。"机械""虎罴"，各为本句中的自对，即"机"对"械"，"虎"对"罴"，也对得很工整。

说到这里，我们顺便做一个小小的学术考据。有的注家认为，诗中的"虎罴"是喻指凶猛的敌人，即日本侵略军。这是误解，不可取。为什么这样说呢？因为古代诗文中惯用"虎罴"一词来指称本朝的军队、将士。例如，明代的王洪在其《战城南》诗中说："挥我天兵奋长戟，虎罴咆哮鸷鸟击。"清代的王澍在其《万寿诗》中说："但见归牛马，谁闻誓虎罴？"乾隆皇帝在其《九日讲武恭纪》诗中说："四海遍雍熙，三秋阅虎罴。"可谓举不胜举。而用"虎罴"来称敌方的军队，却缺乏例证。汉语词汇的意义，是有约定俗成的，一般不好想当然地"自定义"。毛泽东主席精通古典文学，他对古汉语词汇的使用，非常精确、规范。我们在对他的作品进行文本解读时，也必须做到精确、规范，切不可随心所欲，望文生义。因此，我们可以判定，"虎罴"喻指日寇说是站不住脚的。

"浴血东瓜守，驱倭棠吉归。"第三联的两句，涉及两段史实。1942年3月8日，第二〇〇师作为中国远征军的先锋，于千里跃进之后抵达缅甸南部军事重镇同古（即"东瓜"，同一地名的不同音译），从英军手中接防。由于前方英军弃守仰光，日寇重兵得以直趋同古。3月19日，第二〇〇师初试锋芒，在同古城外与日军打了一场遭遇战，歼敌三百余人。3月21日和22日，日寇出动350架飞机，摧毁了驻缅甸的英国空军，掌握了战场制空权。同时，又以四倍的优势兵力，将同古合围。戴安澜将军率孤军浴血奋战，坚守同古达十日之久，歼敌五千余人。全师一万二千余人也阵亡了三分之一。在友军受阻、后援不继的严峻形势下，于3月30日放弃同古，杀出重围。同年4月，他又率第二〇〇师从日寇手里收复了缅甸中部的军事重镇棠吉。"浴血"二句，说的就是戴安澜将军暨第二〇〇师在缅甸的这两段战斗历程。"东瓜""棠吉"，以域外战地译名入诗，是实录，是"诗史"。当日参加戴安澜将军追悼会的军人，很多是第二〇〇师的将士。挽诗中特别提到他们在缅甸的战斗经历，对他们来说，倍显亲切。这样，挽诗也就收到了很好的政治效果。

这中间的两联四句，已经不完全是在写戴安澜将军，而是在写他的部队了。细绎作者的文心，即可领悟其用笔的高明。历史唯物主义告诉我们，历史活动的主体是人民大众。再杰出的将军，离开了他的士兵，也无法在战争舞台上演出任何精彩的活剧来。鲁迅先生在其《未有天才之前》一文中讲道："有一回拿破仑过 Alps 山，说，'我比 Alps 山还要高！'这何等英伟，然而不要忘记他后面跟着许多兵；倘没有兵，那只有被山那面的敌人捉住或者赶回，他的举动，言语，都离了英雄的界线，要归入疯子一类了……想有乔木，想看好花，一定要有好土；没有土，便没有花木了；所以土实在较花木还重要。花木非有土不可，正同拿破仑非有好兵不可一样。"说的就是这个道理。毛泽东主席深谙此理，因此他在诗中很好地处理了戴安澜将军与其部队之间的作用关系。这是其一。其二，写龙必写云。如果没有云涛雾澜的烘托，则所谓龙也不过是一条有角有须有鳞有爪的大爬虫罢了，哪里还有腾骧九霄、横绝四海的矫健与神奇？诗人之所以挪出一半的篇幅来描绘戴安澜将军所部的精锐威武，以及其战斗经历的艰苦卓绝，正是对戴安澜将军的不写之写。兵如此之精，战如此之勇，那么指挥官的英特杰出还用说吗？这一类侧笔映衬的作用，有时是不下于甚至超过了正面摹写的。

"沙场竟殒命，壮志也无违。"尾联二句，收笔回到戴安澜将军本身，哀悼他赍志以殁，缴出挽诗吊唁逝者的主题。戴安澜将军在同古守卫战前曾宣布："本师长立遗嘱在先：如果师长战死，以副师长代之。副师长战死，参谋长代之。团长战死，营长代之……以此类推，各级皆然。"在给妻子王荷馨女士的遗书中，他又写道："现在孤军奋斗，决以全部牺牲，以报国家养育！为国战死，事极光荣。""沙场"，即战场。"殒命"，即死亡。"无违"，是说没有背离。这两句诗是说：戴安澜将军牺牲在战场上，实践了他的报国壮志。一个"竟"字，写出了诗人闻此将星陨落的噩耗后，不胜震惊与痛惜之情，虚字传神，富有感情色彩。而痛惜之余，想到戴安澜将军是为世界反法西斯斗争暨中华民族的抗战大业而献身的，乃觉得他虽死犹荣，重于泰山，故结句赞扬他壮志无违——壮志无违则问心无愧，将军的英灵可以含笑九泉了。中国古代文章学有"卒章显志"的传统，即在诗文结束的时候，用一两句话拎出主题、中心思想。套用此语来双关此诗末句的"壮志"二字，我们可以说这里是名副其实的卒章显"志"了。这"壮志"是戴安澜将军的壮志，又是诗人毛泽东的壮志，更是当日四万万中华儿女的壮志。《论语·子罕》篇里，孔子说："三军可夺帅也，匹夫不可夺志也。"日寇罪恶的子弹，能够射穿戴安澜将军的躯体，却不能够毁灭戴安澜将军的精神。一夫之志尚且不可夺，更何况四万万人之志？从这个意义上来说，毛泽东主席的这首诗，不啻是借歌颂一个戴安澜将军来歌颂整个中华民族不怕流血，不怕牺牲，前仆后继，誓与一切外来侵略者奋战到底的伟大精神。所吊唁的是国之殇，而所彰扬的则是国之魂！

（钟振振）

五律·张冠道中

一九四七年

朝雾弥琼宇，征马嘶北风。
露湿尘难染，霜笼鸦不惊。
戎衣犹铁甲，须眉等银冰。
踟蹰张冠道，恍若塞上行。

这首诗根据抄件刊印。最早发表在中央文献出版社
一九九六年九月版《毛泽东诗词集》。

‖ 注 释 ‖

琼宇 即玉宇，指天空。

征马嘶北风 战马在怒号的北风中嘶鸣。类似说法，如《古诗十九首》有"胡马依北风"句。征马，这里指战马。北风，北方吹来的风，亦指寒冷的风。《诗经·邶风·北风》："北风其凉，雨雪其雱。"

露湿尘难染 寒露打湿黄土地，尘土难以沾染衣物。

霜笼鸦不惊 大地笼罩一片白霜，鸦雀无声。

戎衣犹铁甲 军服因霜露的浸透而结冰，像铁衣一样又重又硬。

须眉等银冰 胡须、眉毛结满了白色的冰碴，如同银白冰花。等，等同，如同。

踟蹰（chíchú） 徘徊不进。这里指部队行军态势，含有与敌人周旋之意。

恍若塞上行 恍若，仿佛，好像。塞上，一说为关塞、要塞等边界险要之处，也指我国西北边境和长城内外。

一幅艰难苦寒的陕北行军图

——重读《五律·张冠道中》

1947 年 3 月，"马背上的诗人"毛泽东迎来了他人生中最后一段金戈铁马的岁月。正是在这段岁月里，毛泽东留下了唯一一首反映解放战争前期行军作战情况的诗作《五律·张冠道中》。

1947 年 3 月中旬，胡宗南指挥国民党军十四万余人向陕北及中共中央所在地延安发起进攻。当时，陕北战场的人民解放军仅有两万多人。缜密分析研判后，毛泽东决定放弃延安，采取诱敌深入的方式，在运动中歼灭敌人。3 月 18 日，毛泽东与周恩来等人率领中共中央机关撤出延安，历时一年之久的陕北转战就此拉开序幕。行前，毛泽东表示：我军打仗，不在一城一地的得失，而在于消灭敌人的有生力量。存人失地，人地皆存；存地失人，人地皆失。敌人进延安是握着拳头的，他到了延安，就要把指头伸开，这样就便于我们一个一个地切掉它。他满怀信心地预言道：少则一年，多则二年，我们就要回来，我们要以一个延安换取全中国。在这行程两千多公里的转战日子里，毛泽东行进在延川、清涧、子长、子洲、佳县、靖边的垄埂沟头，在物资供给极端艰苦的环境下，从容指挥着全国的抗战。

也许是秦时的明月、汉时的关隘，抑或是黄土的尘埃、战火的烽烟，带给了毛泽东诗情。他轻吟出这首夹带着边塞诗风，流淌着古风余韵的诗作《五律·张冠道中》。这是一幅在苦寒霜晨中的陕北行军图。史料记载，毛泽东在转战陕北之初，为躲避敌人追击，曾采取夜间和清晨行军的方式。这首诗描绘的正是晨间行军的艰苦境状。

这首诗最早发表在中央文献出版社 1996 年 9 月出版的《毛泽东诗词集》，是根据毛泽东办公室秘书林克保存的抄件刊印的。1996 年 6 月 7 日，林克在《关于毛泽东几首诗的说明》中写道："1962 年 4 月 24 日，我在日记上抄录了几首诗。"（注：此处省略了他抄的《张冠道中》《喜闻捷报》《纪念鲁迅八十寿辰》《贾谊》《咏贾谊》等诗。）"记得毛泽东这几首诗的手稿，是他让我清退看过的文件时，我从文件中发现的。我先从文件中把诗稿手迹拿了出来。当我将文件清理完毕之后，我把诗稿翻看了一遍，其中有发表过的诗，也有未发表过的诗，在未发表的诗中有的过去我看过，但以上几首诗，我从未见到过。由于我非常喜爱毛泽东的诗词，我便把这几首诗抄录下来，回办公室后，我先记在一个小本子上，由于怕遗失了，接着又抄录在 1962 年 4 月 24 日我的日记本上。胡乔木同志在编辑毛泽东诗词五十首时，他委托李慎之同志问我有无毛泽东未发表过的诗词。我便请李慎之同志将我抄录毛主席诗词的小本子带交胡乔木同志，我希望他能鉴别或选用。"

关于本诗题目《张冠道中》中的"张冠道"作何解？根据毛泽东诗词研究专家吴正裕等人的深入考证，"张冠道"是转战陕北时经过的一条道路。具体指的应是 4 月初毛泽东率军由子洲县高家塔转移至子长县庄果坪所经之路。"张冠"，即"庄果"，是因读音相近而产生的异文。

首联"朝雾弥琼宇，征马嘶北风"，描绘了晨雾弥漫天空，战马在北风中嘶鸣的场景。琼宇，即天空，苏轼词曰"又恐琼楼玉宇"。

北风，多指冬天的风，有寒冷之意，岑参有诗云"北风卷地白草折"。此句点出了时间、环境与事件，即在北风呼啸的清晨中行军。此句中的朝雾弥漫、北风呼啸也可作双关意，暗指国民党军的围追堵截无孔不入。

领联"露湿尘难染，霜笼鸦不惊"，描写的是因天气寒冷，露水打湿黄土，尘土都难飞扬，寒霜笼罩之下，乌鸦都不愿飞动。此联与上联，正是以静衬动，动静相宜。陕北地处内陆高原，三四月依然寒风凛冽。跟随毛泽东转战陕北的高智，曾在《东方红诗刊》1997年第4期发表的《读五律〈张冠道中〉》一文中说：撤离延安"此后的近二十天里，为避敌诱敌，多在晚上和清晨行军。这时的陕北，仍较寒冷，西北风一刮，昼夜温差很大，有时可达零度，一些深山背阴处还有结冰，早晚常有霜浓雾"。1993年出版的《子洲县志》中也记载：子洲县春季多风，盛行偏北风；晚霜终于5月28日；春季温度很不稳定，西伯利亚极地干冷气团仍不断南下侵袭，4月下旬亦可骤然下雪。首联与领联正是从雾、风、露、霜对此寒冷环境进行了刻画。

颈联"戎衣犹铁甲，须眉等银冰"，由物及人，由远及近，移步换景，描写的是战士们的衣服因露水霜雾而结冰，犹如铁甲般沉重，而战士们的眉毛胡须也因寒冷而结冰。这一群"冰人"形象的刻画，充分展现了行军之艰，也从侧面写出了战士们英勇无畏的革命乐观主义精神。

尾联"踟蹰张冠道，恍若塞上行"，是本诗的主旨。踟蹰，本意是徘徊不进，这里指的是毛泽东率领军队为摆脱敌人追击而忽进忽退、辗转迂回的行军态势。当时，毛泽东曾形象地将作战方式比喻为"蘑菇"战术，与敌人磨心，采取兜圈子的方式，拖垮敌人精锐部队，再歼灭之。如果说前面的描写是第三视角，那么"恍若塞上行"便突然转回了第一视角，回到了诗人内心。古秦塞上的行军，让诗人不自觉地联想到了古人的边塞诗。诗人想起的也许是"羌笛何须怨杨柳，春风不度玉门关"的萧瑟，也许是"醉卧沙场君莫笑，古来征战几人回"的悲壮，然而更可能的应当是"但使龙城飞将在，不教胡马度阴山"的豪情与"黄沙百战穿金甲，不破楼兰终不还"的壮志。尾联以此作结，意在言外。

这首诗作为毛泽东军旅诗作中的一首，具有两个突出特点。

第一个特点是诗史合一。毛泽东的军旅诗作可以说是中国革命史的诗意体现。正如这首诗描绘的是转战陕北的经历一般，毛泽东以诗的语言忠实记录了中国革命历史中的一些重要事件、重要战役、重要人物。在毛泽东的笔下，有井冈山的斗争，有长征的跋涉，有抗战的烽烟……千军万马、山川江河、文韬武略都可成诗。他以戎马倥偬的革命生涯为笔，以广袤无垠的中华大地为纸，留下了一首首风华绝代的革命史诗。

第二个特点是群像塑造。毛泽东的军旅诗所致力于表现的从不是毛泽东的"个人画像"，而是人民军队的"群体塑像"。本诗中"戎衣犹铁甲，须眉等银冰"句所刻画的正是这一军人群体形象。正如埃德加·斯诺在《西行漫记》中所记录的：（毛泽东）所叙述的不再是"我"而是"我们"了；不再是毛泽东，而是红军了。无论是毛泽东的内心深处，还是毛泽东诗意的笔下，从不拘于个人的"小我"，而是心怀人民乃至心怀天下的"大我"，正因如此，才有了"十万工农下吉安"、"百万工农齐踊跃"，才有了"红军不怕远征难"、"百万雄师过大江"。

这一次，一阕新的边塞曲，一声新的征战歌，正在奏响。

再一次上马，凛冽的寒风，吹皱毛泽东的脸庞。黄土高原上，他在等待着，等待着胜利的曙光。

（董晓彤）

五律·喜闻捷报

一九四七年

中秋步运河上，闻西北野战军收复蟠龙作。

秋风度河上，大野入苍穹。
佳令随人至，明月傍云生。
故里鸿音绝，妻儿信未通。
满宇频翘望，凯歌奏边城。

这首诗根据抄件刊印。最早发表在中央文献出版社
一九九六年九月版《毛泽东诗词集》。

‖ 注　释 ‖

步运河上　两种判读："步运／河上"和"步／运河上"。步运，本义为徒步运输、徒步运行，引申义为散步、漫步。《宋史·刘蒙正传》："岭南陆运香药入京……由大庾岭步运至南安军。"河上，黄河边及其附近。《史记·范雎蔡泽列传》："秦攻韩汾陉，拔之，因城河上广武。""运河"一说，有人认为可能是陕西佳县神泉堡附近通黄河的某条小河，也有人认为是神泉堡东南的大川。

度　同"渡"，过的意思。

大野入苍穹　一望无际的原野与天仿佛融为一体。大野，一望无际的旷野。入，融为一体。苍穹，即苍天。

　　佳令随人至　佳令，美好的节令，这里指中秋节。1947 年中秋节是阳历 9 月 29 日。人，这里指传递捷报的通信兵。

　　故里鸿音绝　故里，一说指毛泽东的家乡湖南韶山，一说指作者居住长达十年之久的第二故乡延安。鸿音绝，音信已断绝。鸿即大雁，取《汉书·苏武传》之"鸿雁传书"的典故，后因以指书信。《汉书·苏武传》："昭帝即位。数年，匈奴与汉和亲。汉求武等，匈奴诡言武死。后汉使复至匈奴，常惠请其守者与俱，得夜见汉使，具自陈道。教使者谓单于，言天子射上林中，得雁，足有系帛书，言武等在某泽中。使者大喜，如惠语以让单于。单于视左右而惊，谢汉使曰：'武等实在。'"

　　满宇　这里指解放战争的所有战场。宇，国土，疆域。《左传·昭公四年》："或无难以丧其国，失其守宇。"

　　凯歌奏边城　1947 年 8 月，西北野战军在陕北取得沙家店战役胜利，粉碎了国民党军对陕北的重点进攻，开始转入内线反攻。9 月中下旬，陆续收复青化砭、蟠龙等城镇。边城，这里指陕甘宁边区的城镇，即指蟠龙古镇。

‖ **赏　析** ‖

战时良夜，中秋好诗

——重读《五律·喜闻捷报》

　　《五律·喜闻捷报》作于 1947 年，其创作背景在作者小序中交代得很清楚："中秋步运河上，闻西北野战军收复蟠龙作。"蟠龙，在延安城东北七十多里，是一个古镇。1947 年，中国人民解放战争进入第

二个年头。3月，胡宗南指挥国民党大军进攻延安，中共中央机关撤
离延安，彭德怀、贺龙在周边发动多次战役，歼灭大量敌军，稳定西
北战局。8月，西北野战军取得沙家店战役胜利，9月又收复青化砭、
蟠龙等城镇。这年的中秋节在9月29日，当时毛泽东在陕北佳县神
泉堡。他在中秋之夜散步于河畔，收到捷报，心情喜悦又百感交集，
遂写下这首五律。

古人写诗，感物和感事是两种主要抒情模式：感物是对物抒怀、
触景生情，感事则是因事而发、心系家国。《五律·喜闻捷报》因
"喜闻捷报"而生，同时也因中秋望月而发，可谓将感物和感事融
为一体。如何在句式短小、篇幅精悍的五律中实现如此丰富的情感
表达，很考验作者的艺术表达能力。毛泽东的诗词创作不以五律见
长，但这首五律却写得非常典范，很能体现"起承转合"的规律。诗
题《喜闻捷报》是缩略表达，其实完整诗题应作《中秋步运河上闻西
北野战军收复蟠龙作》。唐宋诗人常用较长诗题来准确概括全诗大意，
比如杜甫《闻官军收河南河北》、苏轼《六月二十七日望湖楼醉书》，
题目本身就包含丰富信息，便于读者把握全诗的构思与意脉。毛泽东
此诗"起承转合"的意脉是极为清晰的。

首联"秋风度河上，大野入苍穹"，是"起"。作者上来就揭明时
间、空间、事件等要素：秋天，河畔，散步，观景。一般而言，五律
首联不要求对仗，但此诗首联却对仗工整："秋风"对"大野"，这是
天景对地景；"河上"对"苍穹"，这又是地景对天景；"度"对"入"，
两个动词都非常有力度、有动感，写出了秋风吹过河畔、旷野绵延到
天际的壮美场景，这是陕北黄土高原的沧桑地貌。两句合而观之，有
一种天地一体的阔大感，也有一种天清地明的清爽感。毛泽东对于秋
天总是怀有"我言秋日胜春朝"的豪迈之情。《沁园春·长沙》云：

"鹰击长空，鱼翔浅底，万类霜天竞自由。"《采桑子·重阳》云："一年一度秋风劲，不似春光，胜似春光，寥廓江天万里霜。"这些名句都跳出了"悲秋"的旧套路，发现并赞美了秋天的生命力。

颔联"佳令随人至，明月傍云生"，是"承"。作者就眼前秋景而牵出中秋节话题：佳节年年有，与人长相随；明月也是常常有，今夜伴云而生，尤其引人注目，正所谓"今夜月明人尽望，不知秋思落谁家"（王建《十五夜望月寄杜郎中》）。这一联貌似只是平铺直叙地写景，实则暗含欣喜之情。"佳令"仿佛杜甫笔下"当春乃发生"的"好雨"，恰在最好的时候来到人们身边；明月也仿佛通人性、有人格，在夜空中与云朵共徘徊。更值得注意的是，这一联既工整也流利，上下句之间不仅在语词上形成一一对称关系，而且在意境上形成前后相续的因果关系：因为中秋佳节到了，所以我们才举头望月。若再论造句命意，则此联与李杜名句消息相通："佳令随人至"类似于杜甫"露从今夜白"，"明月傍云生"则类似于李白"云傍马头生"。

颈联"故里鸿音绝，妻儿信未通"，是"转"。转，意味着要有思想感情或表现手法的转折，与前一联构成鲜明差异。颔联写中秋、写月色，侧重于写景；颈联则是写思乡，写思亲，侧重于抒情，这就形成了"转"的效果。"故里鸿音绝"，是说湖南父老乡亲音信全无；"妻儿信未通"，是说妻子和孩子也是音信不通。两句合在一起，其实就是杜甫"烽火连三月，家书抵万金"的意思。当时，沙家店战役胜利之后，妻子江青去山西接女儿李讷，尚未回陕北，儿子毛岸英、毛岸青也不在身边，所以毛泽东有"妻儿信未通"之叹。不过，此联虽"转"，但并非贸然突转，而是与颔联意脉相接：中秋望月，自然就会引发思乡思亲之情，这是人之常情。

尾联"满宇频翘望，凯歌奏边城"，就诗题而言，此联当然是

"合"，因为扣紧了"喜闻捷报"主题，但另一方面，将此联与前三联对照，又可读出"以转为合"的艺术效果，就是翻出一层新的意思来收束全篇。"满宇频翘望"，一语兼有多义：既说人间都在望月，也说人们都在思亲，更包含着大家都在等待胜利消息的意思。望月与思亲，是每一年中秋节的常态，也是普通人的常情，但对于正处于残酷战争环境中的毛泽东而言，他的翘首期待不会被常态常情所局限——他志在打赢陕北战役。此时此刻，"凯歌"仅仅发生在"边城"即蟠龙小镇，但在不久的将来，它会奏响于"满宇"，不负天下人的渴望。写这首诗的毛泽东或许不会想那么远，但"团圆意"会永远藏在这首特殊的中秋诗之中，感动着当时的战友与亲人，也感动着后世每一位读者。

以上用"起承转合"分析法来解读《五律·喜闻捷报》，并不是拘泥于"机械结构论"，而是借用此种思维方式来发现和品赏诗歌中思绪宛转、意脉不断的奥妙。任何一首诗都不会无端而起、无疾而终，其间的诗思运行也不会是羚羊挂角、无迹可求。我们常常误以为艺术作品是天马行空般的创造力的产物，但事实上很多杰作都包含着严谨的构思，积淀着深厚的功力。毛泽东诗词也不例外：他书写的是革命家的新情怀，但使用的却是古典诗歌的旧技巧，有时甚至完全使用旧意境、旧话语来叙写热火朝天的革命理想与斗争生活。《五律·喜闻捷报》就是"旧瓶装新酒"的绝佳范例。这首本色当行的五律，记录了解放战争进程中的一个中秋良夜，是一首表达亘古不变"团圆意"的中秋好诗。

（谢　琰）

浣溪沙·和柳亚子先生

一九五〇年十一月

颜斶齐王各命前，多年矛盾廓无边，而今一扫纪新
元。　　　最喜诗人高唱至，正和前线捷音联，妙香山
上战旗妍。

这首词最早发表在人民文学出版社一九八六年九月版《毛泽东诗词选》。

‖ 注　释 ‖

浣溪沙　毛泽东一生写过两首《浣溪沙》，皆为和柳亚子之作。

颜斶（chù）齐王各命前　颜斶，战国时齐国人。《战国策·齐策四》："齐宣王见颜斶，曰：'斶前！'斶亦曰：'王前！'宣王不悦。左右曰：'王，人君也。斶，人臣也。王曰斶前，斶亦曰王前，可乎？'斶对曰：'夫斶前为慕势，王前为趋士。与使斶为趋势（一作慕势），不如使王为趋士。'王忿然作色，曰：'王者贵乎？士贵乎？'对曰：'士贵耳，王者不贵。'"这是比喻蒋介石要柳亚子听他的反革命主张，柳亚子要蒋介石听他的革命主张。

廓无边　无限扩大。

而今一扫纪新元　指新中国诞生开创了人民当家作主的新纪元，开创了中华民族历史的新时代，把柳亚子同蒋介石的矛盾一扫而光。

前线捷音　指抗美援朝战争传来捷报。

颖妈尔正×两前×五月×

盾庐业达而竹一择纪敌元

晁喜诗人高喝×正和前线

棒妾弘妙×山七战腾妍

和柳亚子先生浣溪纱小词三首

毛泽东

妙香山上战旗妍　妙香山，在朝鲜西北部。战旗，即军旗。妍，美丽，美艳。

◎附：柳亚子原词

浣溪沙

中央戏剧学院舞蹈团演出《和平鸽》舞剧，欧阳予倩编剧，戴爱莲女士导演兼饰主角，四夕至五夕，连续在怀仁堂奏技。再成短调，欣赏赞美之不尽矣！

白鸽连翩奋舞前。工农大众力无边。推翻原子更金圆。　　战贩集团仇美帝，和平堡垒拥苏联。天安门上万红妍！

‖ **附词注释** ‖

四夕至五夕　根据柳亚子的《北行日记》，这是指 1950 年 10 月 4 日晚和 5 日晚。柳亚子在这两个晚上曾接连在怀仁堂观看了《和平鸽》舞剧。

推翻原子更金圆　此句意为否定和反对美帝国主义用原子弹威慑加上用美元援助来统治世界的政策。原子，指原子弹。金圆，指美元。

战贩集团仇美帝　即仇美帝战贩集团。美国和其他帝国主义国家的反动势力在第二次世界大战后不久就竭力煽动新的世界战争，从而使他们的军火商得利，故称之为战贩集团。1950年10月美国纠集十五国军队，打着联合国军的旗号侵入朝鲜北部，威胁中国东北，气焰极为嚣张。因此，中国人民在抗美援朝斗争中发起了仇视、鄙视、蔑视美帝的宣传运动。

天安门上万红妍 这里喻指新中国欣欣向荣，前程美好。万红妍，红灯高挂，红旗招展，十分美丽。

‖ 赏 析 ‖

新纪元，新气象
——重读《浣溪沙·和柳亚子先生》

1950年10月到11月间，毛泽东与柳亚子以"浣溪沙"词牌两次唱和。本文赏析的是1950年11月毛泽东的和词《浣溪沙·和柳亚子先生》。这首词最早公开发表于人民文学出版社1986年出版的《毛泽东诗词选》上，题为《浣溪沙·和柳〔亚子〕先生》；后又收入中央文献出版社1996年出版的《毛泽东诗词集》中，改题为《浣溪沙·和柳亚子先生》。该词均收入两书的"副编"中。

1950年10月，新中国成立整整一周年，新生人民政权取得的建设成就、呈现的开国气象令人欢欣鼓舞，同时，随着同年夏天朝鲜战争爆发而变得更为复杂严峻的新中国周边形势又令人担忧不安。10月4日、5日晚上，中央戏剧学院舞蹈团连续在中南海怀仁堂演出由欧阳予倩编剧和戴爱莲主演、以反对战争和呼吁和平为主题的新中国第一部现代舞剧《和平鸽》。柳亚子连续两晚应邀观看演出，观剧有感、触景生情，再填一首《浣溪沙》并送呈毛泽东。然而，不同于前一次唱和挚友毛泽东次日即填好了和词，这一次的和词却过了一个多月。在这一个多月时间里，毛泽东运筹国是、操劳政务，实在是无暇赋诗和词！特别是以美国为首的"联合国军"不顾新中国政府的多次警告，越过"三八线"并把战火烧到鸭绿江边，严重威胁新中国的安全，面对这样的严峻复杂形势，是出兵参战，抗美援朝，还是隔岸观火，被动地乞求和平？百废待兴的新中国同世界头号强国敢不敢、能不能在战场上直接对决？这考验着毛泽东和党中央的胆略和智慧。经过全面考量、反复权衡，最终毛泽东和党中央作出了抗美援朝、保家卫国的历史性决策。作出这样的决策无疑是十分艰难的，而作出决策后如何执行好、顺利取得战果更需要克服莫大的困难。一直到11月6日，朝鲜前线传来佳音，志愿军入朝作战首战告捷，歼敌一万五千余人，粉碎了敌方"感恩节前结束战争"的美梦。而恰巧的是，就在此两天前，各民主党派、无党派民主人士等发表了一个联合宣言，郑重宣布："中国各民主党派誓以全力拥护全国人民的正义要求，拥护全国人民在志愿基础上为着抗美援朝、保家卫国的神圣任务而奋斗。"这些情况无疑激发着词人的创作灵感，又思及词友的唱和之约，于是兴之所至、词意奔涌，一首和词佳作诞生了。

这首词的上阕一起笔即思接千载、述说古今，以小见大、古今对照，让读者一下子陷入到强烈而厚重的历史感之中。"颜斶齐王各命前，多年矛盾廓无边"，这两句重在说历史，为第三句"而今一扫纪新元"作铺垫。

据《战国策·齐策四》载，战国时期，齐宣王召见名士颜斶，二人都要求对方向自己靠近，并就"王者贵乎，士贵乎"的问题进行了激辩。词人这里借用这一典故，意在引出"王"与"士"之间关系的问题。这一问题困扰着历史上的历代统治者，即使是到了国民党政府时期也依旧无法解决这一问题。蒋介石要求柳亚子等民主人士接受他的政治主张，而柳亚子等也希望蒋介石接受他们的政治主张，二者都要求对方接受自己的政治主张，彼此之间逐渐积累起"廓无边"的矛盾。然而，这样的矛盾，在历史上，在旧中国，由于专制制度的存在和人与人之间关系的不平等不民主，是不可能得到根本解决的。然而，中国共产党领导中国人民经过浴血奋战取得新民主主义革命的胜利、建立人民当家作主的新中国后，"而今一扫纪新元"，那种齐王和颜斶"各命前""廓无边"的不可调和的矛盾也就一扫而光了。这是因为，新中国的建立，彻底结束了极少数剥削者统治广大劳动人民的历史，实现了中国从几千年封建专制政治向人民民主的伟大飞跃，开启了中华民族发展进步的新纪元，包括知识分子在内的广大人民翻身做了主人，人与人之间的关系发生了根本性变化，平等的、民主的社会关系建立起来。在这样的破除了专制制度、实现了人民民主的新社会里，不再有什么帝王，也不再有什么士大夫，因此，也就不存在"王"与"士"的关系问题，更谈不上二者之间的矛盾了。

再来看下阕。词人的思绪迅速转到朝鲜战场，转到抗美援朝这一"打得一拳开，免得百拳来"的重大战略决策上来。如果说上阕意向所指是从历史到现实、从破解"王"与"士"关系的角度展现新纪元新气象的话，那么，下阕则是从国内到了国际、从敢于同帝国主义作彻底斗争并坚持维护国家独立和安全的角度进一步阐释新纪元新气象。

这一阕的情感基调是一个"喜"字。词人喜的首先是"前线"传来"捷音"。志愿军司令员彭德怀赴朝临行前，词人曾反复叮嘱，志愿军入朝作战务求首战必胜。此后，词人在与彭德怀以及其他战友们反复研判后，拍板把志愿军出国作战的第一仗地点选在了朝鲜西北部的妙香山，并给前方连发数封电报，运筹谋划、调兵遣将、布局设子。经过不长的等待后，终于妙香山上传来旗开得胜的佳音，这怎能不让人兴奋？怎能不让人欢呼？作为决策者，词人心里清楚地知道，这一胜利来之不易、事关全局，是党内党外、前线后方共同努力的结果。千里之外的妙香山传来的"前线捷报"无疑让词人欣喜，而更让他"最喜"的是以柳亚子为代表的各民主党派、无党派民主人士共同写就的"后方诗篇"。在柳亚子的来词中，无论是"工农大众力无边"，还是"战贩集团仇美帝"，抑或"天安门上万红妍"，不仅明确地表达了反对美帝国主义侵略、坚决拥护和平与正义的心声，更是由衷地抒发了对新生人民政权、人民力量特别是对中国共产党的领导的热情赞扬和歌颂。前线有胜利之"捷音"，后方有团结之"高唱"，前后呼应，相得益彰，也预示着取得抗美援朝战争伟大胜利的光明前景。一个结束了四分五裂、一盘散沙混乱局面，已经组织起来、团结奋斗的新中国，是不可战胜的！

"多年矛盾"的扫空、浣溪沙的唱和、妙香山的佳音，共同诉说着历史长河中人间正道的沧桑，描绘着站起来的新中国的新气象，谱写着中国历史发展的新纪元。

（高长武）

七律·和周世钊同志

一九五五年十月

春江浩荡暂徘徊，又踏层峰望眼开。
风起绿洲吹浪去，雨从青野上山来。
尊前谈笑人依旧，域外鸡虫事可哀。
莫叹韶华容易逝，卅年仍到赫曦台。

这首诗作者抄录在一九五五年十月四日致周世钊的信中，随信最早
发表在人民出版社一九八三年十二月版《毛泽东书信选集》。

‖ 注　释 ‖

春江　指涨水的湘江。

暂徘徊　指在湘江稍事流连。唐骆宾王《玄上人林泉二首》其一：
"林泉恣探历，风景暂徘徊。"

层峰　连绵不断的山峰，这里指岳麓山。

绿洲　指橘子洲，在长沙之西的湘江中。

尊前　尊同"樽"，酒杯。尊前，酒席前。

域外鸡虫事可哀　国外的某些事像鸡虫得失一样渺小，纠缠这些小
事的人是可悲的。这里所指论说不一。一说，毛泽东和周世钊等用餐时
谈及毛青年时代的好友、曾任新民学会总干事的萧子升。萧当时侨居乌
拉圭，毛曾嘱原新民学会的老同学给萧写信，要他回国工作。但萧坚持
反共立场，不仅拒绝回国，还写文章攻击毛。鸡虫事，比喻小事情。唐

春江潮水連海又……

諸唐……明月共潮生……雨院

灩灩隨波……流去

書……上山……

江人信為……娥如

誰……笑……

鸞鶴……了……

誥……寄書也……州事

何……而蘇……奮春

杜甫《缚鸡行》："小奴缚鸡向市卖，鸡被缚急相喧争。家中厌鸡食虫蚁，不知鸡卖还遭烹。虫鸡于人何厚薄？吾叱奴人解其缚。鸡虫得失无了时，注目寒江倚山阁。"

韶（sháo）华 美好的年华，指人的青年时代。唐李贺《嘲少年》诗有"莫道韶华镇长在"句。

卅（sà）年仍到赫曦（xī）台 此句意为作者与周世钊青年时代到过赫曦台，过了三十年，年届花甲仍能健步重游故地，感到分外高兴。卅年，三十年，表概数。赫曦，指太阳光明盛大的样子，又作赫羲、赫戏。屈原《离骚》："陟升皇之赫戏兮，忽临睨夫旧乡。"赫曦台，在岳麓山岳麓书院。传南宋朱熹曾称岳麓山顶为赫曦，后称山上的台为赫曦台。清代因山上的台已毁，将原"赫曦台"匾额悬于岳麓书院"前台"，由此前台更名赫曦台。

◎**附：周世钊原诗**

七律·从毛主席登岳麓山至云麓宫

滚滚江声走白沙，飘飘旗影卷红霞。
直登云麓三千丈，来看长沙百万家。
故国几年空困虎，东风遍地绿桑麻。
南巡喜见升平乐，何用书生颂物华。

‖ 附诗注释 ‖

云麓宫　在岳麓山的云麓峰顶，系道教宫观。近旁有望湘亭，是纵览长沙风貌的观景点。

江声走白沙　水声激荡，从江滩上奔腾而过。唐杜甫《禹庙》："云气嘘青壁，江声走白沙。"

百万家　极言长沙人烟稠密。

故国几年空兕（sì）虎　故国，这里指故乡。空，尽，引申为绝迹。兕，古代兽名，似水牛，独角青色。兕虎，《诗经·小雅·何草不黄》："匪兕匪虎，率彼旷野。"兕与虎，泛指猛兽，这里比喻凶恶的敌人，即指国民党反动派。

桑麻　泛指农作物。

南巡　指毛泽东巡视南方。

升平乐　指天下太平的欢乐。

物华　自然美景。

‖ 赏　析 ‖

重登岳麓指江山，鸡虫得失何须较

——重读《七律·和周世钊同志》

这首诗毛泽东抄录在 1955 年 10 月 4 日致周世钊的信中。

周世钊，是青年毛泽东在湖南第一师范学校读书时的同窗好友。1917 年 7 月，第一师范举行了考查学生学业与操行的"人物互选"。

结果，全校 575 名学生中，有 34 人当选。毛泽东以 49 票当选为第一，周世钊以 47 票列第二。毛泽东获票中以敦品、言语、胆识等突出，周世钊则以文学、好学见长。1918 年，毛泽东等组织成立了新民学会，周世钊是第一批会员之一。1927 年，毛泽东领导秋收起义队伍上了井冈山，周世钊则在家乡教书，两人从此鸿雁中断。直到毛泽东率领红军到达延安以后，才接到了周世钊给他的来信。1949 年长沙解放后，两人即有电报往来。10 月 15 日，毛泽东在致周世钊的信中，嘱他"倘有可能，尊著旧诗尚祈抄寄若干，多多益善"。（《毛泽东书信选集》，人民出版社 1983 年 12 月版）

在 1949 年以后已发表的毛泽东诗词中，唱和的有柳亚子三首、郭沫若两首、周世钊一首。柳亚子晚年长期卧病在床以后，周世钊则成为毛泽东往来书信切磋诗品的挚友。

1955 年 6 月 20 日，重回长沙的毛泽东由湖南省省长程潜、省教育厅副厅长周世钊等人陪同，在市南郊猴子石畅游湘江一个小时，然后在岳麓山下的牌楼口上岸，登上青年时代常在此"指点江山""激扬文字"的岳麓山，重游了云麓宫、望湘亭，下午冒雨游爱晚亭。毛泽东与众旧友谈笑甚欢。归来之后，周世钊有一首《七律·从毛主席登岳麓山至云麓宫》寄赠毛泽东。有句云："滚滚江声走白沙，飘飘旗影卷红霞。直登云麓三千丈，来看长沙百万家。故国几年空兕虎，东风遍地绿桑麻。南巡喜见升平乐，何用书生颂物华。"

10 月 4 日，毛泽东给周世钊回信说："惠书早已收读，迟复为歉。""读大作各首甚有兴趣，奉和一律，尚祈指正。"（见《毛泽东书信选集》）毛泽东信中的和周世钊诗，是一首触景生情的游历诗。第一句"春江浩荡暂徘徊"写他在湘江游泳的情况；第二句"又踏层峰望眼开"则表述登上岳麓山后眼界为之大开的欣喜；三、四两句"风起绿洲吹浪去，雨从青野上山来"是鸟瞰岳麓山畔景色写实，当天下午下起了小雨；第五句"尊前谈笑人依旧"再现了老友重逢、风貌依旧的欢洽场面；第六句"域外鸡虫事可哀"，把思路引向海外；第七、八句"莫叹韶华容易逝，卅年仍到赫曦台"，则化用唐李贺《嘲少年》诗"莫道韶华镇长在"句，表现了三十年后与老同学重游岳麓书院，雄心不老的志向。

毛泽东的这首和诗中，比较费解的是"域外鸡虫事可哀"，所指何事，众说不一。"鸡虫"，即指不足计较的琐屑之事。唐代诗人杜甫有诗《缚鸡行》云："鸡虫得失无了时，注目寒江倚山阁。"宋人刘克庄也有诗曰："虫鸡一笑何须较，花鸟相疏恐被弹。"

有一种比较合理的解释，是毛泽东和周世钊等在望湘亭午餐时，谈及了当年曾任新民学会总干事的另一位老同学萧子升。

在东山学堂，毛泽东结识了一个密友，湘乡人萧瑜，又名萧子升。1911年两人先后来到长沙，进了省立第一师范。在杨昌济老师教过的几千个学生里，毛泽东、萧瑜、蔡和森三位学生品学兼优，是他的得意弟子，称为"湖师三杰"，又称"湘江三友"。毛泽东和萧子升经常漫步湘江沿岸，诗兴大发，"橘云"是常用来描述的对象。当时，两人各吟一两句集成一首诗的方法比较流行，也带有竞争考较的意味。据萧子升回忆，两人在湘江边有这样一首联诗：（萧）晚霭峰间起，归人江上行。云流千里远，（毛）人对一帆轻。落日荒林暗，（萧）寒钟古寺生。深林归倦鸟，（毛）高阁倚佳人……这种联诗其实只是一种文字游戏。两人感情和观点不可能没有差异，拼凑到一起，至多是用描写景物来比较才思敏捷，很难抒发个人内心真实情愫。毛泽东当时也不把诗的作用看得太重，在给湘生的信中认为"诗赋无用"。他关心的是时局、国家、民族危亡，因而特别注重社会实践。

1917 年暑假，毛泽东和萧子升突发奇想，制定了一个不带一文钱，靠乞讨步行远游的计划，主要目的是经受磨炼，了解社会。在跋涉千里的旅途中，毛泽东与萧子升常常激烈地讨论一些问题，如"自我修养之道"、"中国改造问题"、"最近新闻之研究"等。投机之处虽多，但裂痕也渐生。萧子升曾经这样回忆当年的争论：

"萧：权力是个很坏的东西，所有权力都是不好的！而运用个人权势欺压百姓更是一种犯罪。毛：你认为政治权力像把刀吗？你不会因为刀可以用来杀人就不再制造刀了吧？刀也可以用来雕刻精美的东西。同样道理，政治权力也可以用来组织发展一个国家。萧：搞政治的没有不想杀死政敌的，所以我不能同意这是件好事。毛：所有这些道德说教在原则上都是冠冕堂皇的，但却无法拯救濒于饿死的人类。"（《我和毛泽东的一段曲折经历》，昆仑出版社 1989 年 6 月版）

在实践上，萧子升和毛泽东的距离越来越大。

1918 年 4 月 14 日，在岳麓山脚下的蔡和森家里，一群年轻人酝酿发起成立了"新民学会"。宗旨是"革新学术，砥砺品行，改良人心风俗"。由毛泽东和邹鼎丞起草的会章规定：一、不虚伪，二、不懒惰，三、不浪费，四、不赌博，五、不狎妓。萧子升被选为总干事，毛泽东和另一人为干事。第一批成员还有蔡和森、何叔衡、萧三、罗章龙、李维汉、周世钊等二十余人。其中不少人后来成为著名的政治家、学者。当然，大浪淘沙，能经得起洗练的如凤毛麟角。萧子升不久去法国留学，新民学会便由毛泽东主持。三个月后，他和蔡和森就突破了学术修身的宗旨，开始融入政治风浪，探求中国的出路。

1921 年夏天，毛泽东与萧子升分道扬镳。萧子升回国后曾任国民党北平市党务指导委员、国民政府农矿部政务次长等职，后移居国外。毛泽东却和另一群志同道合者走进了劳工、泥腿子佃户中。

1936 年，毛泽东在陕北对美国记者斯诺回顾自己的个人经历时，曾经提到国民党统治区报纸关于萧子升卷入"故宫盗宝案"的不实报道。(《毛泽东自传》，解放军文艺出版社 2001 年 9 月版）这些谈话收入了 1937 年出版的《毛泽东自传》和《红星照耀中国》。有记载说，新中国成立后，毛泽东要新民学会老同学写信给萧子升，劝他回国工作。但萧子升断然拒绝。1955 年，我国文艺代表团到乌拉圭访问演出，毛泽东听说萧子升在该国定居，特意让该团团长向萧致意，请他回来看看。团长托华侨组织转达，想会见萧子升，但被他拒绝。(《毛泽东和他的父老乡亲》下册，湖南文艺出版社 2011 年 9 月版）

也许，毛泽东在这首诗中，隐喻的就是萧子升在海外蜗居计较某些鸡虫得失的小事，甚为可悲。"诗言志"。志若不存，诗亦无魂。毛泽东胸怀拯救民族的大志，踏行出真正的史诗之路，在山野里摘取了举世公认的诗人桂冠。这是萧子升难以望其项背的巨大差距。

（陈东林）

五律·看山

一九五五年

三上北高峰，杭州一望空。

飞凤亭边树，桃花岭上风。

热来寻扇子，冷去对佳人。

一片飘飖下，欢迎有晚鹰。

这首诗最早发表在《党的文献》一九九三年第六期。

‖ 注　释 ‖

北高峰　在浙江省杭州市灵隐寺后，与南高峰相对峙，为西湖群山之一。在北高峰附近有飞凤亭（即宝石山上的来凤亭）、桃花岭（原名桃源岭）、扇子岭、美人峰等名胜。

杭州一望空　一说为专注于看山以致看不见杭州城，一说把杭州城的美景尽收眼底。

冷去对佳人　作者有一件手迹为"冷去对美人"，考虑到平仄的需要，改仄声字"美"为平声字"佳"，使之合律。佳人，旧体诗词中常作为比兴之词，或象征理想，或喻指贤者。

飘飖　同"飘摇"，飘荡、飞扬貌。这里指鹰翔。

晚鹰　指傍晚在山间飞翔的苍鹰。一说，喻指灵鹫峰，在杭州灵隐寺旁。尾联写灵鹫峰，同标题《看山》是紧扣的。

風撼血陸一新

‖ **作者自注自解** ‖

"热来寻扇子，冷去对佳人"，《党的文献》发表时和收入《毛泽东诗词集》时，注释中均说："根据作者自注，诗中的'扇子'指扇子岭，'佳人'指美人峰。"

‖ **赏　析** ‖

青山妩媚，妙趣横生
——重读《五律·看山》

1955 年是新中国即将完成"三大改造"的关键一年，社会主义建设迎来崭新发展阶段。毛泽东在忙碌之余，心境颇佳。这一年，他多次到杭州工作和休养，期间曾游览南高峰、北高峰、玉皇顶等。一日，他登上北高峰，心情极佳，即兴吟诗一首。这首《五律·看山》正式发表于《党的文献》1993 年第 6 期，与《七绝·莫干山》《七绝·五云山》《七绝·观潮》一起发表，总题为《诗四首》。后收入中共中央文献研究室编《毛泽东诗词集》。这两个版本的第六句皆作"冷去对佳人"。但翻检作者三份手迹，其中两份作"对佳人"，一份作"对美人"。从格律来看，"佳人"平仄合律而"美人"不合；从意义来看，杭州有美人峰，则称"美人"更顺理成章。这首诗用韵不合平水韵，前两联平仄"失粘"，体现出格律率意的特点，大概因为是"即兴"吟成，取其天然而不愿雕饰了。不过就章法句式而言，它仍然保持了五律的基本形态，所以仍题作"五律"。毛泽东的律诗绝大多数格律严谨，这首堪称别调。

毛泽东和李白一样"一生好入名山游"，不过他不是为了"五岳寻仙不辞远"，而是为了革命事业和新中国建设事业而奔走八方。毛泽东书写名山的诗词很多，其中不少涉及重大历史事件或是关乎崇高革命情感，例如《七律·长征》《西江月·井冈山》《清平乐·六盘山》《念奴娇·昆仑》《水调歌头·重上井冈山》，它们或严肃或豪迈，总之都是黄钟大吕之作。而《五律·看山》《七绝·莫干山》《七绝·五云山》这组写于杭州休养期间的咏山作品，却是难得的怡情悦性的轻松之作，让读者会心一笑、为之心宽。

首联"三上北高峰，杭州一望空"，起笔劲健，点出视界之高、视野之广。"三上"，就是多次登上，可见游兴之浓。北高峰在灵隐寺后，与南高峰对峙相望，"西湖十景"中有"两峰插云"一目，自南宋以来就为人熟知。宋末王洧《湖山十景·两峰插云》曰："浮图对立晓崔嵬，积翠浮空霁霭迷。试向凤凰山上望，南高天近北烟低。"这是从西湖东南岸的凤凰山上远眺南北高峰，看见峰尖宝塔在山色云岚中时隐时现。而毛泽东则是站在北高峰上俯瞰杭州城。"一望空"，意思是尽收眼底。

颔联"飞凤亭边树，桃花岭上风"，写了站在北高峰上首先看到的两处景点：飞凤亭和桃花岭。飞凤亭又名来凤亭，在宝石山上保俶塔侧的岩石上。亭前有一块卵形大石，叫落星石。远远望去，亭角高高扬起，有跃跃欲飞之态。桃花岭即栖霞岭，传说岭上多桃花，春暖花开之时，山色犹如凝霞，故名"栖霞"。现在栖霞岭上桃花不多，但林木葱茏，洞壑奇秀，尤以洞景著称。毛泽东没有直接描写飞凤亭和桃花岭的景致，而是抓住景点名称进行有趣的联想：亭名飞凤，于是联想到凤凰栖息梧桐树的典故，故曰"亭边树"；岭名桃花，于是联想到种种有关桃花仙境的传说，遂有乘风驾雾、飘飘欲仙之感，故曰"岭上风"。

颈联"热来寻扇子，冷去对佳人"，继续拿景点名称打趣。扇子岭和美人峰都在北山景区。西湖西部和南部山丘重叠，往往如扇如屏；杭州人文荟萃，多有才子佳人故事流传。所以，如果单就景点品质而言，扇子岭和美人峰或许没有北高峰、保俶塔、栖霞岭、南屏山那样有特色，然而，诗人妙笔却能为自然景物增彩添趣。这一联的大意为：当我觉得热，我就去找扇子岭借扇子，那满目苍翠立刻就能带给我清凉；当我觉得凉快了，我就去寻美人峰，与佳人对坐，她"回眸一笑百媚生"，我也"相看两不厌"。其实，李白写敬亭山也没有刻意描写景物特色，"众鸟高飞尽，孤云独去闲"的景象，可能出现在任何一座山中。尽管李白说"相看两不厌，只有敬亭山"，但直到这首诗写完了，我们也不知道敬亭山到底长什么样，更不清楚有何景点。因此，欣赏美景的重点有时并不在于美景本身多么奇幻难得，而在于欣赏者的位置与心境。有趣的人，总能找到有趣的景。毛泽东通过写自己的冷热之感来塑造景物之趣，说明此时此刻他是一个轻松且有趣的人。

尾联"一片飘飖下，欢迎有晚鹰"，终于在"看山"之外捕捉到了新的物象：远远看见一个矫健的身影飘荡盘旋而下，定睛一看，原来是暮色中的一只苍鹰，它仿佛在欢迎我的到来与观赏。这个写法有一种猜谜效果：先写事物的形状和动作，然后表达一下自己与它的亲近感，最后才揭示谜底，说出是"鹰"。古代很多咏物诗都有这样的艺术效果。比如唐人李峤的《风》："解落三秋叶，能开二月花。过江千尺浪，入竹万竿斜。"如果遮住题目，这就是一个谜语题；整首诗没有透露一个"风"字，但处处都在写风的情态。有学者认为，毛泽东在这首题为《看山》的诗的最后一句，悄悄埋了一个谜语：这只鹰，就像前面所写的飞凤、桃花、扇子、佳人一样，也是景点名称。我们打开杭州地图，会发现北高峰东面山下灵隐寺前有一个著名景点叫"飞来峰"，又名"灵鹫峰"，这可能就是"晚鹰"所指，意味着此诗从开头到结尾，每一句都在写山。此种解读很有趣，可备一说。但将"晚鹰"理解为字面意义的鹰，就全诗境界而言可能更为巧妙：它写出了群山之间的灵魂，一个饱览山色、自由飞翔的生命，这与作者此时舒畅自得、热爱生活、拥抱自然的心情是非常吻合的，于是产生卒章显志、画龙点睛的艺术效果。

辛弃疾《贺新郎》词云："我见青山多妩媚，料青山、见我应如是。情与貌，略相似。"只有内心极为清澈美好的人，才能笑对青山而无愧色，青山见他亦但觉妩媚。毛泽东登上北高峰，面对杭州秀美青山，一一指点，顺次评说，犹如闲聊，亦如倾诉，每一句都那样妙趣横生。在这难得的"浮生半日闲"中，不仅操劳国事、日理万机的辛劳得到暂时的消解，而且内心那份清澈与美好也得到舒适的绽放。我们看惯了毛泽东诗词的波澜壮阔，偶尔读到这样一首即兴吟成的小诗，别有一番滋味。

（谢　琰）

七绝·莫干山

一九五五年

翻身复进七人房，
回首峰峦入莽苍。
四十八盘才走过，
风驰又已到钱塘。

这首诗最早发表在《党的文献》一九九三年第六期。

‖ 注 释 ‖

莫干山 在浙江省德清县西北。相传春秋时莫邪、干将在此铸剑，故名。为浙北避暑、休养胜地。

翻身 反身，转身。唐杜甫《哀江头》："翻身向天仰射云，一笑正坠双飞翼。"

七人房 指作者所乘汽车，可坐七人。

莽苍 广阔无际的样子。唐孟郊《古别曲》："荒郊烟莽苍，旷野风凄切。"

四十八盘 泛写曲折盘旋的山间公路。

风驰 意为像风一样疾驰。王维《兵部起请露布文》："万里风驰，六军电扫。"

钱塘 旧县名。今属杭州市。

铜官密处遭去太房
四首画暮密只事
苍四十八盘木
去色风地色上
铁埠

闲适中的愉悦

——重读《七绝·莫干山》

这首诗题为《莫干山》的七绝，属于毛泽东写的为数不多的即景闲适之作。

毛泽东在新中国成立后曾四十余次到杭州。关于写作时间，在1993年第6期《党的文献》正式发表时，认定是1955年；也有一种说法，出自当时在场的工作人员的回忆，说是1959年11月。

不管是写于哪一年、哪一次，对一贯写政治题材的毛泽东来说，这类作品确实是不多见的。政治、历史背景，在他的这首诗中，都远去了。一种舒坦、开阔、明朗的心境展现出来，仿佛一道素丽的光在空中划过，甩下一弯疾速的弧线，畅快而愉悦，又让人回味。毛泽东写的正是他一瞬间的感受。

题目既然叫《莫干山》，那就要说说这座山了。

莫干山，是天目山的一个分支，在浙江德清县城西北，离杭州有一百二十里路。说起这座山的名字来历，还真有些激动人心。

这里是古时吴越所属之地。传说春秋末年，吴王阖闾曾派民间有名的铸剑师干将和他的妻子莫邪，到这座山上铸一对雌雄宝剑。起初，铁石在旺火炉中不见熔化。莫邪听说必须有女子以身殉献炉神，才能造出好剑来，便跳入火炉中去了。当这对宝剑造出来时，为了纪念这对夫妇，人们称之为"莫邪""干将"。这座山，也就叫莫干山。后来的故事更精彩，1926年，鲁迅还根据传说写了一篇名为《铸剑》

的历史小说，说干将被楚王杀了以后，他的儿子眉间尺为报父仇。在一个义士的帮助下，眉间尺接近了楚王，结果是干将的儿子、义士和楚王的头都掉进一口大锅里打起架来，同归于尽。

据浙江党史部门的有关记载，无论是1955年，还是1959年，毛泽东在杭州都拿出较充裕的时间游览附近的名胜古迹。

每到一地，毛泽东都有一个习惯，了解当地的名胜古迹的来历。据有关人士回忆，毛泽东游览莫干山时，曾在传说为莫邪、干将用过的磨剑石旁停下脚步。磨剑石四周的石崖有多处石刻，毛泽东喃喃自语："十年磨一剑，霜刃未曾试。"在山行道上，毛泽东还情不自禁、边走边吟起古人描绘莫干山的诗句："参差楼阁起高岗，半为烟遮半树藏。百道泉源飞瀑布，四周山色蘸幽篁。"可是这一切，都没有写进他的诗里。

他这首七绝，名为《莫干山》，其实没有写莫干山。题目大概是编者根据毛泽东的游程加上的。也许，他这个时候不愿意把血腥杀伐的历史沧桑装进自己难得闲适宁静的胸怀；也许，他这个时候不想写诗，至少不想写那些沉甸甸的诗。他陶醉在大自然里面，不愿意破坏大自然给予他的纯粹欣赏愉悦的心境。

领袖也需要超功利的休息，更何况大自然一直是他钟爱的审美对象。

他游兴未尽，离开莫干山，到观瀑亭观瀑，又顺芦花荡西行至塔山远眺，东看太湖，南望钱塘江。好一派大好河山，尽收眼底；好一方碧波荡漾的心湖，映出舒坦清丽的河山。该回去了，毛泽东似乎还沉浸在"此间乐"之中。尽管不想刻意作诗，还是随口吟咏出了这首七绝《莫干山》。

作者从登车起程回住处写起。"翻身复进"，节奏明快活泼，道出身姿轻捷，动作连贯，这也是心情轻松自如的表达。接下来写坐在车里，随着由近及远的空间变化，回首一望，刚刚游过的莫干山的峰峦也渐渐由清晰变得迷蒙浑然起来，正是远看山色有无中的体验。一个"入"字，好像是作者留恋地目送着峰峦远去。这也是一种心境的表达。最后两句，写归程之速，更加轻快，我觉得是诗中最好的两句。"才走过"又"到钱塘"，很是气韵生动。

全诗明显是一气呵成。句句写过程，句句写心境；句句写归途，句句写遄飞的逸兴。这是稍纵即逝的感觉，可毛泽东抓住了，抓住了难得闲适中的愉悦。

（陈　晋）

七绝·五云山

一九五五年

五云山上五云飞，
远接群峰近拂堤。
若问杭州何处好，
此中听得野莺啼。

这首诗最早发表在《党的文献》一九九三年第六期。

‖ 注 释 ‖

五云山 浙江省杭州市西湖群山之一，邻近钱塘江。据传山顶因有五色瑞云萦绕且经时不散而得名。

群峰 指西湖西面和南面诸峰，如北高峰、南高峰、美人峰、月桂峰、白鹤峰等。

野莺 身体小，羽毛褐黄色，嘴短而尖，叫声清脆。西湖诸景中有"柳浪闻莺"。

横空出世，莽昆仑，阅尽人间春色。飞起玉龙三百万，搅得周天寒彻。夏日消溶，江河横溢，人或为鱼鳖。千秋功罪，谁人曾与评说。

‖ 赏 析 ‖

乘兴适意听莺啼

——重读《七绝·五云山》

从 1951 年到 1975 年的二十四年中，毛泽东除了两年因病不能外出，每年都要走出北京视察。他常说：在北京待久了，脑子里就是空的，一出北京去，里面就有东西了。毛泽东很欣赏杭州，据直接负责了三十多次毛泽东在杭州的警卫接待工作的王芳回忆，毛泽东每次到杭州都说自己"到家了"。除了办公，毛泽东在杭州最喜欢做的事情就是爬山，这也是医生的建议，希望能帮助毛泽东强身健体。毛泽东爬过杭州附近的桃花岭、宝石山、梯云岭、葛岭、紫阳山、栖霞岭，还有龙井、玉皇、炮台山、凤凰山、狮峰、天竺山……在杭州城北灵隐寺背后，有一处可尽望杭州全景的北高峰，顺着北高峰往南走，在钱塘江北边，有一座五云山，因为传说常常有五色彩云盘绕其间，成为了人们心中的吉祥之山。1955 年，毛泽东再次登上了五云山，写下了这首《七绝·五云山》。

不走回头路，是毛泽东爬山活动的特殊风格。上山走一条路，回来走另外的下路，有时没路了，他就自己走出一条路。这原本也是毛泽东的风格，按自己的意志行事。"大警卫员"王芳回忆自己曾两次陪毛泽东去过五云山。其中一次的路线是从钱江果园，经狮子峰、五云山，到天竺山回来。这一次，还发生了一起"失踪"事件。那天下午四点半，毛泽东从办公室出来对王芳说："我们出去走一走。"毛泽东的习惯是说走就走，王芳快速想了想去哪里，最后决定去钱塘江边的钱塘果园，那儿的梨花开了，地势比较平缓，路也不远，王芳算了时间，觉得去转一下还来得及回住地吃晚饭，就没把行踪报告给罗瑞卿，也没告知住地的工作人员。哪知毛泽东转完钱塘果园后觉得不尽兴，就朝狮子峰方向走去。过了狮子峰，毛泽东又上了五云山，一行人只好跟着。这时太阳已快落山，早过了平时吃晚饭的六点，可毛泽东仍然坚持不走回头路，要继续往前走。在五云山的林壑幽美、暮色苍茫、烟云缭绕中，毛泽东点上一支烟，悠悠地抽着。可是与此同时，住地的工作人员发现毛泽东不见了，那时还没有随身带的通信工具，消息无法即时传送，直到晚上八点多，也没有任何有关毛泽东的消息。毛泽东到底去哪里了？路上会不会发生什么问题？万一有个什么长短，这天大的责任谁能承担得了？专门到杭州来负责毛泽东安全保卫工作的罗瑞卿焦急万分。可另一边，毛泽东带领一行人过了五云山，又走到地势比较平缓的天竺山。天黑了，仅有的小路也辨认不清了，随行人员越来越紧张不安，毛泽东却说：这里没有路，我们给杭州人民走出一条路来！没有疲态、非常高兴的毛泽东到了那晚八点半才回到了住地。自然，王芳等警卫人员受到了罗瑞卿的严肃批评。

毛泽东爬山的情况，还有其他人的回忆。摄影记者侯波回忆说："跟着主席爬山，是我和他在一块时最愉快的时刻。他不喜欢人搀扶，拿着一根竹竿当手杖，说这是他的'第三条腿'。他边走边和我们聊天，了解我们每个人的学习情况、生活情况，提出很多问题让大家回答，给大家讲一些知识性和趣味性的问题，古今中外、天南地北都有，引发大家读书学习的兴趣。"（《毛泽东与浙江》，中共党史出版社1993年11月版）汪东兴也有回忆："毛主席喜欢爬山，……他宣布一条，共产党员上山坐滑竿，开除党籍。……毛主席爬山，有毅力，风雨无阻，坚持锻炼，说得到就做得到，要改变他的主意很难。说今天下雨，不上山了。他说，去，带上雨伞。说路滑，他说挂上竹棍。毛主席喜欢杭州，主要是气候好，空气新鲜，靠水边。"

毛泽东另一次爬五云山的路线，是直接上五云山，从龙井茶主要产地梅家坞下来。王芳回忆，《七绝·五云山》就是毛泽东这次爬五云山后即兴创作的。

"五云山上五云飞，远接群峰近拂堤。"五云，指传说中盘旋山顶的五色云。《云楼纪事》云："山之巅有五色瑞云盘旋其上，因名。"《西湖游览志》云："五云山……高数百丈，周十五里，五峰森列，驾轶云霞，盘曲而上，凡七十二弯。俯视南北两峰，若双锥朋立，长江带绕，西湖镜开，樯帆往来，若鸥凫出没。"清人许承祖的《西湖渔唱》也描写了五云山景色："石磴千盘倚碧天，五云辉映五峰巅。遥看下界寒光遍，白玉花开纪瑞年。""五云山上五云飞"的句式，类似唐代李白《登金陵凤凰台》中"凤凰台上凤凰游"之句，唐代李颀《古意》中有"黄云陇底白云飞"之句。群峰，指西湖西面和南面诸峰。拂，轻轻擦过，这里指靠近。堤，指钱塘江堤。登上五云山，远处可以和群峰相通，近处可观钱塘江，山脚就靠近钱塘江堤。

"若问杭州何处好，此中听得野莺啼。"前句设问，后句作答。唐代白居易《忆江南》词三首有"江南好，最忆是杭州"之句。毛泽东则设问"杭州何处好"？汪东兴回忆："毛主席有一次问我们，在杭州看风景哪里最好？我们各人有各人的说法。主席说：在山顶看，风景最好，杭州全景尽收眼底。"（《毛泽东传》，中央文献出版社2011年1月版）野莺，叫声清脆。五云山缭绕的彩云中，能听到娇莺婉转地啼鸣。有美景有清音，末句一出，使得全诗的审美意境生机勃勃、意趣盎然。

与"横空出世"的昆仑山、"雄关漫道"的娄山、"风雨起苍黄"的紫金山、"飞峙大江边"的庐山等不同，五云山里有的是自然、畅达、轻盈的诗句，是一国领袖难得闲暇时的乘兴适意，是诗人身处名胜佳景、逢迎昌明时代的平和简淡、轻松闲适。

（李雨檬）

七绝·观潮

一九五七年九月

千里波涛滚滚来，
雪花飞向钓鱼台。
人山纷赞阵容阔，
铁马从容杀敌回。

这首诗最早发表在《党的文献》一九九三年第六期。

‖ 注　释 ‖

雪花飞向钓鱼台　雪花，白色的浪花，因风急浪高激起的浪花，其色白如雪。唐李白《横江词》六首其四："浙江八月何如此，涛似连山喷雪来。"宋苏轼《念奴娇·赤壁怀古》："乱石穿空，惊涛拍岸，卷起千堆雪。"钓鱼台，在钱塘江中段的富春江边，相传为东汉严光（子陵）隐居垂钓处。

铁马从容杀敌回　铁马，配有铁甲的战马，借喻雄师劲旅。南宋陆游《十一月四日风雨大作》："夜阑卧听风吹雨，铁马冰河入梦来。"钱塘江涌潮袭来时，潮声大作，有人以"十万军声"形容之。唐赵嘏《钱塘》："一千里色中秋月，十万军声半夜潮。"

弄潮者的自我升华

——重读《七绝·观潮》

　　人的自我发现与提升，有时候是通过观照自然对象实现的。

　　第一次看见大海的人，内心大概不会静如古潭。在呼啸翻卷的猛涛恶浪奔袭而来的时候，往往出现两种对立的感觉：或惊惑、提防，意识到自身的渺小；或抗拒、搏斗，唤起心中的豪迈。置身于后面那种境界的时候，个体和对象不再对立，对象不再是外在于个体的存在，人们通过对象化的存在获得了自我价值的体验。

　　如果说人与自然的差距和冲突形成了戏剧性的张力，那么，人化自然或自然人化的和谐统一，衍生出的便是美。把这种张力和美写成诗，在对象那里观照以至实现自我的精神，便是崇高。

　　毛泽东的《观潮》，就是这样的作品。

　　这首七绝，无疑是比较简明的咏物之作。毛泽东观潮之所，便是浙江海宁有名的钱塘江出海口。这里呈外宽内窄的喇叭形，潮起潮落，前推后聚，蔚为气势磅礴的天下奇观，不知倾倒历代多少文人墨客。早在南宋，就把农历八月十八日这一天定为"潮神生日"，形成大规模的观潮活动，有时这一天还在钱塘江检阅水师，以壮行色。由潮而生出"神"来，看来，这潮多少寄托了人们的某种寓意。

　　1957 年 9 月 10 日，这是个美好的日子，毛泽东来到杭州。当天，他便乘船游览钱塘江。11 日上午，即"潮神生日"的那一天（农历八月十八日），毛泽东又从杭州住地乘车直驱百里，来到海宁七里庙，观看了钱塘秋涛，随后写下《观潮》记感。

全诗四句的结构，呈一实一虚之状。

起句"千里波涛滚滚来"，于平实中露陡峭，本是对所观之景直陈言之，其中"千里"二字，则在极度夸张之中一下子把人们带入特定的观潮氛围。

第二句"雪花飞向钓鱼台"，则是夸张想象了。那波涛卷起的雪白浪花，竟从入海口逆钱塘江向西南凌空飞越，落到一二百里以外的浙江桐庐县境内富春江畔东汉大隐士严光垂钓之处。观潮者主观的介入，超越了客观自然的本来状态，也是对首句气势的大力延伸。

第三句"人山纷赞阵容阔"，又回到实景的描述，恰如摄像机镜头的一个"反打"，从对面的"潮"反过来对准了"观潮的人群"，记录下他们的反应。既是"人山纷赞"，同时观潮的人当不在少数，而他们的反应是大体一致的，即感叹作者前二句所描述到的壮阔。

第四句"铁马从容杀敌回"，作者把镜头又一下子荡开，虚起来，从群体又回到作者个人的想象世界——那从杭州湾乃至千里之外的太平洋汇聚后，扑面而来的滚滚浪潮，仿佛是从鼓角战场厮杀回来，气势正盛的雄师劲旅。作者的主观介入，不像第二句那样，只是一种想象，类似陆游的"铁马冰河入梦来"，而多少挟带了作者的感情。句中的"回"字颇值得玩味。这首先符合人们的视角，让人觉得钱塘江入海口外的无边无际的海面，才是永恒的战场。同时，站在岸边观潮的作者与对象之间不是对立的，他和凯旋的千军万马融在了一起，欢迎着、欣赏着自己的勇士。这里面的感情色彩，于"从容"二字含蓄出之。于是，自然被人化了，人也被自然化了，分不清你我。换言之，人走进了壮阔奇景，也只有崇高感的人，才能体会并走进崇高的对象。

观钱塘江之潮而咏之，古来多多。毛泽东自幼爱读的洋洋大赋——枚乘的《七发》，专有"广陵曲江观潮"一段："疾雷闻百里，江水逆流，海水上潮；山出内云，日夜不止。衍溢漂疾，波涌而涛起。其始起也，洪淋淋焉，若白鹭之下翔；其少进也，浩浩溰溰，如素车白马帷盖之张；其波涌而云乱，扰扰焉如三军之腾装；其旁作而奔起也，飘飘焉如轻车之勒兵。"广陵曲江，一说为扬州附近，一说即浙江的钱塘江。但这并不重要，反正都是观潮。毛泽东很称道枚乘的文笔，在 1959 年庐山会议期间写的《关于枚乘〈七发〉》的长篇文章中，说其"文好。广陵观潮一段，达到了高峰"。枚乘的描写，把能想象得出的比喻淋漓尽致地铺排出来，是典型的赋体文风。其中有一点，或许给毛泽东有所启发，或许是大多数人在观潮时都能联想得到的，这就是以"三军腾装"（枚乘）和"铁马杀敌"（毛泽东）喻之。

我们说毛泽东打破物我距离，和对象融为一体，不仅是一种字面的分析。对于钱塘江潮，他似乎不满足于"观"，1957 年 9 月 11 日观潮的当天下午，毛泽东便投入到钱塘江水中去了，朝着潮急浪高处游去。前面似乎是永恒的战场，那是他渴望的地方。我想，在"滔天浊浪排空来，翻江倒海山为摧"的壮景中，一个人搏击其中，也是一种可观之景吧。

（陈　晋）

七绝·刘蕡

一九五八年

千载长天起大云，
中唐俊伟有刘蕡。
孤鸿铩羽悲鸣镝，
万马齐喑叫一声。

这首诗根据作者审定的抄件刊印。最早发表在中央文献出版社
一九九六年九月版《毛泽东诗词集》。

‖ 注　释 ‖

千载长天起大云　本句寓意是，一千多年前的中唐如果用刘蕡
（fén）这样的贤人，将会从没落趋向中兴。大云，即庆云，古谓祥瑞之
气，其下隐有贤人。

中唐　唐朝分初唐、盛唐、中唐、晚唐四期，以大历到太和之间
（766—835）为中唐。

孤鸿铩羽悲鸣镝　孤鸿，孤单失群的大雁，喻指刘蕡。铩羽，羽毛
摧落，这里比喻受挫、失意。鸣镝，也叫响箭，这里比喻宦官对刘蕡的
中伤和打击。

万马齐喑（yīn）叫一声　喑，哑。清龚自珍《己亥杂诗》："万马
齐喑究可哀。"万马齐喑，亦作"万马皆喑"。北宋苏轼《三马图赞引》：
"时西域贡马，首高八尺，龙颅而凤膺，虎脊而豹章。出东华门，入天驷

监，振鬣长鸣，万马皆喑。"一马鸣，万马喑，良马劣马已判。后"万马齐喑"用来比喻一种沉闷的局面。叫一声，喻指刘蒉冒死大胆攻击宦官，名动一时。

‖ 赏　析 ‖

一曲孤绝之歌，一声天际长鸣

——重读《七绝·刘蒉》

唐宣宗大中三年（849），一个生命静静消逝在了距离长安千里之遥的楚地。他叫刘蒉，唐文宗时期的一名普通官吏。他的逝去，与湮没在浩瀚历史长河中的芸芸众生一样，没有引起任何涟漪与波澜。然而，正是这样一个小小的历史人物，却被独具慧眼的毛泽东所发现，并提笔为其赋诗。

中国历史上，从不乏名垂千古的风流人物，但能走进毛泽东诗词并成为他吟咏对象的，只有屈原、贾谊、刘蒉三人。相较于前两位，刘蒉的名字并不为太多人所熟知。

那么，刘蒉究竟是何人？又为何会走入毛泽东的诗歌世界？

刘蒉，字去华，唐幽州昌平（今北京市昌平）人。唐文宗太和二年（828），朝廷发诏举贤良方正。刘蒉以洋洋洒洒约六千字的策论痛斥宦官专权之害，言"宫闱将变，社稷将危"，"四凶在朝，虽强必诛"。《旧唐书》赞其"耿介嫉恶，言及世务，慨然有澄清之志"。此文传出，时人争读，"至有相对垂泣者"。考官亦赞赏刘蒉的勇气与文才，但因惧怕宦官专横，殃及于己，不敢录取他。同科登第之人深感不公，言："刘蕡不第，我辈登科，实厚颜矣！"后地方节度使令狐楚、牛僧孺怜其才华，相继征召刘蕡为幕府从事，授秘书郎职。然刘蕡终因宦官诬陷而获罪，贬为柳州司户参军，客死他乡。好友李商隐闻此噩耗，连作四诗哀悼，留下了"平生风义兼师友，不敢同君哭寝门"的千古绝唱。刘蕡虽然抱屈终生，赍志而殁，但历史终究还其清白，授其令名。刘蕡应举被黜的那道对策，在《旧唐书》与《新唐书》中均全文登载，成为唐代科举史上惟一全文载入正史的范文。毛泽东在读到《旧唐书·刘蕡传》记载的这篇策论时，在开头处批注了"起特奇"三字，在结尾处又批注了"以上导语，以下条对"句。寥寥数语，足见毛泽东对刘蕡及这篇策论的赞赏。

人为国谋，身遭贬逐；痛斥黑暗，肺腑忠言。刘蕡，以其刚直不阿的品性，敢于进谏的勇气，冲击了毛泽东的内心，激发了毛泽东的诗情。

长天，大云；

孤鸿，骏马。

这些意象奔涌入毛泽东心头，成就了这首《七绝·刘蕡》。

此诗留存毛泽东修改过的林克的抄件和吴旭君用毛笔誊清的抄件。林克抄件的标题为《咏史一首》，毛泽东修改为《刘蕡》；首句原为"千载天空起大云"，毛泽东修改为"千载长天起大云"；末句原为"胜过贪生怕死人"，毛泽东修改为"万马皆喑叫一声"。而在吴旭君的抄件中，末句为"万马齐喑叫一声"，本诗第一次发表时，便根据此件刊印。

首二句从壮阔的时空起笔，盛赞在千年的历史长河中，刘蕡犹如一道祥云横空出世，堪称中唐俊杰。"千""长""大"等形容词的使用，增强了诗歌的画面感，突出了历史的浩瀚，时间的绵长，空间的宏大，也突出了刘蕡在中唐历史上的重要地位。第三句以孤鸿作比，言刘蕡之不幸。因不畏强权，敢于直言，刘蕡遭到宦官的中伤和打击，恰似羽翼遭到摧残的孤鸿。这只孤鸿拖着被鸣镝伤害的残躯，向着沉寂的天空发出凄厉的悲鸣。这里的"孤鸿"意象，突破了传统诗词诸如"飘渺孤鸿影""孤鸿号外野"中"孤鸿"重"孤独"之意，而将侧重点放在了"悲壮"。末一句，赞颂刘蕡大无畏的精神与人格。面对压迫和打击，刘蕡没有退缩，而是勇于切中时弊，发人之所未敢发。"万马齐喑"，比喻一种沉闷的社会局面，最早出自宋代苏轼《三马图赞引》"振鬣长鸣，万马皆喑"。清代龚自珍化用苏轼句，在《己亥杂诗·九州生气恃风雷》一诗中作"万马齐喑究可哀"。此处，毛泽东又化用龚自珍句，自出机杼，将"究可哀"修改为"叫一声"。这一别出心裁的化用，消解了原诗中的无奈与悲苦，突出了刘蕡敢于抗争、敢于发声的勇气，如黄钟大吕，振聋发聩。

1958，一个特殊的历史年代。这一年，毛泽东提出社会主义建设总路线。他期待着大风大雷，期待着打破沉闷的鸣叫，期待着新的世界，新的精神，期待着"最新最美的文字"、"最新最美的画图"。这一声万马齐喑中的长鸣，是面向历史的叩问，是面向时代的叩问，也是面向世人内心的叩问。

本诗中有两处值得仔细品味的地方，一处是毛泽东对于典故的创造性使用，另一处是毛泽东对待历史人物的态度。

"推翻历史三千载，自铸雄奇瑰丽词。"学古不泥古，破法不悖法，是毛泽东诗词的重要特征。毛泽东的诗词从来不是因循守旧，而是立异标新。本诗中就蕴含着毛泽东对于典故的创造性使用。诗中"万马齐喑叫一声"一句，上文已提到，是对清代龚自珍《己亥杂诗·九州生气恃风雷》一诗"万马齐喑究可哀"句的化用。龚诗全文为："九州生气恃风雷，万马齐喑究可哀。我劝天公重抖擞，不拘一格降人才。"这首诗表达的是龚自珍对清王朝上下一片晦暗无声的不满，对统治者限制选用人才的愤懑。他寄希望于风雷涌动，震响天地，荡涤污浊，让社会焕发出生机勃勃的景象，让人才自由而有活力地生长。毛泽东熟稔此诗，曾三次引用过这首诗歌，这在毛泽东用典中并不多见。毛泽东之所以在这首咏叹刘蕡的诗歌中再次联想到龚自珍的诗句，离不开刘、龚二人相似的人生经历与性格特征。刘、龚二人都是一介书生，渴望以科举入仕，匡扶朝政。尽管时代不同，但面对朝政积弊，他们都敢于在考试策论中直言进谏，勇气常人难及。二人也都因此遭到了当权者的迫害与打击，志不得抒，沉寂下僚。可以说，正是刘蕡和龚自珍二人精彩绝伦的策论、勇于进谏的精神、不畏强权的勇气，在 20 世纪的革命家和挑战者毛泽东心中留下了深刻的印记，也引起了他深沉的联想，并将之付诸诗歌创作中。

从"究可哀"到"叫一声"，这一声长鸣，抛洒一路血泪，裹挟一路呐喊，寄托着毛泽东对于打破沉闷的期望，永恒地镌刻在青史竹页上。

毛泽东，一生都在中国古代历史长河中披沙拣金。20 世纪 40 年代，一位国统区的记者到延安采访毛泽东后，曾得出结论：毛泽东"是最懂得中国历史的共产党的行动家"（陈晋著《独领风骚——毛泽东心路解读》，万卷出版公司 2004 年 1 月版）。在中南海的菊香书屋里，至今还摆放着一张特制木头大床，它的一半放着的是各种各样的书籍，它的另一半，才是毛泽东睡觉的地方。这些书，大部分都是历史典籍。周秦汉唐，宋元明清，历史上轮番上演的朝代更迭、人世悲欢，在毛泽东心中翻腾奔涌。

令人们感到惊奇的是，进入毛泽东视野的这些历史人物，往往具有一些相同的特征，即志大才高，命途多舛，却又独立不迁，高洁不屈。刘蕡如此，被毛泽东瞩目过的诸多历史人物更是如此。在毛泽东留下的众多圈点与批注中，仅这一类型的古代诗人，就有国破山河在的杜子美，泪洒青衫湿的白居易，心忧天下的范仲淹，挑灯看剑的辛弃疾……这些历史人物身上的人格独立性，引起了毛泽东的共鸣。毛泽东一生都是人格独立的坚守者。在第一次国共合作时，他始终主张在政治上保持共产党的独立性，反对盲目随从国民党的做法；在抗日民族统一战线建立过程中，他坚持"统一战线中的独立自主，既统一，又独立"的方针；在国家外交活动中，他始终主张大小国家一律平等，独立自主地开展外交活动。毛泽东的人生观中，从来没有"屈服"二字。为了崇高的人生追求，义无反顾，勇往直前，哪怕殒身送命亦无悔无憾，是毛泽东作为无产阶级革命家一生的情怀。

品读历史，刻写人生。这些独特的、深邃的对于历史人物的品评、认知，不会属于埋头故纸堆中的一般书生，只能属于栉风沐雨、披荆斩棘的革命家、军事家、政治家毛泽东。

孤鸿向长天，一叫千回首。

这是一曲孤绝之歌，一声天际长鸣，一首饱含着毛泽东希望与期冀的诗作。毛泽东在倾听，在感叹。历史的花园中，毛泽东用生命的真诚，浇筑着诗歌的种子。

（董晓彤）

七绝·屈原

一九六一年秋

屈子当年赋楚骚，
手中握有杀人刀。
艾萧太盛椒兰少，
一跃冲向万里涛。

这首诗根据作者审定的抄件刊印。最早发表在中央文献出版社
一九九六年九月版《毛泽东诗词集》。

‖ 注　释 ‖

屈子　指屈原。屈原（约前 340—前 278），名平，字原，战国
楚人，是我国最早的伟大诗人。司马迁《史记·屈原贾生列传》称其
"博闻强志，明于治乱，娴于辞令"。曾辅佐楚怀王，官至左徒、三闾
大夫，主张联齐抗秦，后遭谗去职。楚顷襄王时被放逐湘水之滨。因
无力挽救楚国的危亡，深感自己的政治理想无法实现，遂投汨罗江
而死。

楚骚　屈原创作的楚辞体《离骚》、《九章》、《九歌》等诗篇，称
"楚骚"或"骚体"。

手中握有杀人刀　喻指屈原《离骚》等作品所发挥的战斗作用。

艾萧太盛椒兰少　意为小人多贤士少。艾萧，即艾蒿、臭草，比喻

奸佞小人。椒兰，申椒和兰草，皆为芳香植物，比喻贤德之士。艾萧和椒兰都是《离骚》中的语词。

一跃冲向万里涛　意为屈原在悲愤和绝望中投汨罗江自尽，江涛涌向远方。

‖ 赏　析 ‖

斗争宣言，生命颂歌
——重读《七绝·屈原》

　　两千多年前，湘水之滨，汨罗之畔，一位诗人披发行吟，自沉而亡，留下千古绝唱。诗人投江的千年之后，同一片土地的钟灵毓秀，孕育了泱泱中华诗国另一位不朽的诗人。1961年的秋日，也许是诗心的相通，抑或是诗气的相投，两位诗人穿越时空，在诗中相遇，碰撞出这首慷慨悲壮的斗争宣言与生命颂歌——《七绝·屈原》。

　　这首《七绝·屈原》，是毛泽东在新中国内政外交都遭遇严重困难的时刻挥笔写就的。20世纪50年代末60年代初，诞生不久的新中国不仅面对着国外反华势力的进攻，同时也遭遇着国内经济社会发展的严峻危机。这样一个多事之秋，毛泽东的心绪穿过遥远时空，越过千年烟尘，想起了这位曾在他的家乡上下求索、九死未悔的诗人——屈原。于是，毛泽东起笔赋诗，以诗言志，借屈原的命运、精神与人格，立斗争誓言，振民族精神。

　　诗歌从哪里起笔，诗情便从哪里产生。首句"屈子当年赋楚骚"直陈其事，将时间拉回千年前的历史场景，阐述了屈原及其作品《离骚》在中国历史上的重要地位。屈原的一生，独立不迁，虽"信而见疑，忠而被谤"，却始终保持高洁品性，用满腔热血写就不朽爱国诗篇，开创了以《离骚》为代表的中国诗歌史上著名的"骚体"流派。屈原寄托在诗歌创作中的志向与人格，影响人心，折服人心，"虽与日月争光，可也"。次句"手中握有杀人刀"，将诗人诗笔比作杀人之刀，直指《离骚》具有的强大战斗威力。"艾萧太盛椒兰少"，隐喻屈原所处的政治环境，大道日衰，世风日下，奸佞当道，好人遭殃。末句"一跃冲向万里涛"，书写屈原不忍以自身的皓皓之白，蒙世俗之尘埃，一跃投身汨罗江，以身殉志。整首诗情感充沛、气势撼人，是毛泽东对屈原人格的诗化赞赏。

理解这首诗，可从以下三个方面把握。

这是一篇激昂顿挫的斗争宣言。

这首诗歌最具特色的就是"杀人刀"的比喻。毛泽东将屈原的作品比作"杀人刀"，新颖，直接，果敢，热烈，是对其中所蕴含的强烈斗争精神的形象表达。类似的比喻，毛泽东在1959年的庐山会议上也曾说起："骚体是有民主色彩的，属于浪漫主义流派，对腐败的统治者投以批判的匕首。屈原高据上游。"这里的"匕首"与"杀人刀"同义，都是对屈原作品中斗争精神与批判色彩的肯定。屈原以笔为刀，凛然站在邪恶的对立面，没有含蓄，没有闪躲，毫不留情地解剖着蝇营狗苟、卑劣污浊的"艾萧"小人。

"杀人刀"的比喻，血淋淋，赤裸裸，理直气壮，旗帜鲜明，这正是诗人毛泽东，也正是革命家毛泽东。毛泽东的诗词，描绘的从来不是和风细雨，而是战火风雷；他所奏响的从来不是靡靡软语，而是战斗凯歌。他笔下的水"浪遏飞舟"，他笔下的山"刺破青天"，他笔下的情"割断愁丝恨缕"，他笔下的志"敢教日月换新天"。他的诗歌中，充满着与自然斗争、与环境斗争、与情感斗争、与挫折斗争的种种现实经历与历史回望。"一万年以后，也要奋斗。"奋斗，是他一生的写照。

"杀人刀"的比喻，正是毛泽东斗争精神的集中体现。在这里，毛泽东不仅仅是将屈原的笔锋比作刀锋，更是以过去喻指现在，宣告中国所选择并坚持的正确道路，正是投向一切敌对势力的尖刀。这是中华民族自立于世界民族之林的豪迈宣誓，也是以毛泽东为代表的中国共产党人为捍卫真理而奋斗到底的生命告白与斗争宣言。

这是一曲慷慨悲壮的生命颂歌。

这首诗歌中，末句的一"跃"与一"冲"两个动词值得品味。

首先，正是这两个动词，让整首诗歌多了跌宕起伏，多了波澜跃动。"杀人刀"的对象本应是敌人，然而一"跃"一"冲"的转折，让这把"杀人刀"最终指向了屈原自己。"跃"与"冲"是两个极富跳跃性、冲击性的动词，突然的强力，突然的点醒，突然的转向，正是屈原生命的拐点。两词连用，将屈原的殉身明志、宁死不屈、刚毅果决，毫无预兆地推向了读者面前。这份自绝于世界的惨烈，让人们不由自主地为屈原的选择而扼腕悲叹：壮心不已的志士情怀，九死不悔的生命意志，独立苍茫的圣贤境界，谁能像他一样直面外界的碾压而决不屈服？谁能像他一样那么决绝，那么壮烈？滚滚江水，万里波涛，流淌着屈原不朽的人格，歌唱着屈原生命的赞歌。

其次，正是因为一"跃"一"冲"两个动词的使用，使整首诗虽悲亦壮，给人一种积极向上的情绪和力量。这也正是毛泽东诗词中所独具的悲壮美。历史上的诗人，往往借屈原一事哀叹坎坷征途和苦难现实，悲戚、愤懑、遗憾往往是诗歌主旨。而在毛泽东笔下，悲剧从来不仅仅是悲剧，即便是失败与死亡，也只不过是伟大征程的一个插曲。它的背后是胜利与希望，是险峰之上的无限风光，是万里无埃的澄清玉宇。

毛泽东在这首诗中所展现出的悲壮美，赋予了屈原悲剧人生更深刻的意涵，而这种于悲剧中展现出的积极、乐观与力量，恰是诗人自身气魄、胸襟、精神的体现，非毛泽东而不能为。这一悲壮美恰如马克思所言——"英雄之死与太阳落山相似"，留下的是今日灿烂的晚霞，昭示的是明日新升的太阳。

这是一盏相知相惜的长明灯火。

"感人心者，莫先乎情。"情感是诗的生命线，是诗的灵魂。毛泽东与屈原惺惺相惜，正因如此，这首诗歌才有了动人心魄的力量。

毛泽东一生，仅为三位历史人物赋诗，屈原便是其中之一。毛泽东对屈原的情感，早在青年时期便埋下了种子。毛泽东在湖南一师读书时，曾用工整隽秀的小楷抄录过屈原的《离骚》与《九歌》，这是青年时代的毛泽东热爱和苦学屈原的珍贵记录。1949 年 12 月，毛泽东在前往苏联的火车上，曾与苏联汉学家费德林谈到过屈原，这是迄今为止有据可循的毛泽东关于屈原最为完整的评述。毛泽东认为《诗经》之后，中国"首屈一指"的诗人便是屈原，称赞屈原为"第一位有创作个性的诗人"。毛泽东深情地说："屈原生活过的地方我相当熟悉，也是我的家乡么。所以我们对屈原，对他的遭遇和悲剧特别有感受。我们就生活在他流放过的那片土地上，我们是这位天才诗人的后代，我们对他的感情特别深切。"毛泽东用富有诗意的话语表达了对屈原人格的赞赏："他不仅是古代的天才歌手，而且是一名伟大的爱国者：无私无畏，勇敢高尚。他的形象保留在每个中国人的脑海里。无论在国内国外，屈原都是一个不朽的形象。我们就是他生命长存的

见证人。"(《费德林回忆录：我所接触的中苏领导人》，新华出版社1995 年 7 月版）

诗以情胜。毛泽东对屈原的赞赏，注入了自己浓厚的情感，并最终将这份情感，化作了不朽诗篇。毛泽东的诗歌成为了屈原"生命长存"的见证，而屈原留下的"路漫漫其修远兮，吾将上下而求索"，又何尝不是毛泽东一生的写照呢？

心灵的碰撞，激情的酝酿，诗意的总结，毛泽东为屈原赋诗，为自我立言。这首七言绝句从民族历史的幽深走来，向着民族未来的浩瀚走去。一叹千年，一阕千秋。

（董晓彤）

七绝二首·纪念鲁迅八十寿辰

一九六一年

博大胆识铁石坚，
刀光剑影任翔旋。
龙华喋血不眠夜，
犹制小诗赋管弦。

其 二

鉴湖越台名士乡，
忧忡为国痛断肠。
剑南歌接秋风吟，
一例氤氲入诗囊。

这两首诗根据抄件刊印。最早发表在中央文献出版社
一九九六年九月版《毛泽东诗词集》。

‖ 注 释 ‖

寿辰 生日，一般用于中老年人和尊者。这里指冥寿，即已故人的
寿辰。

博大胆识铁石坚 意为鲁迅具有广博伟大的胆气和见识，像铁石那
样坚硬。

刀光剑影任翔旋 意为鲁迅在敌人的刀光剑影中，任凭刀剑飞翔回旋，毫不畏惧，从容坦荡。

剑南歌接秋风吟 剑南歌，指南宋陆游的诗集《剑南诗稿》所收诗作。秋风吟，指清末革命家秋瑾作的《秋风曲》诗和被清政府杀害前书写的惟一供词"秋风秋雨愁煞人"。接，合，与。

诗囊 装诗稿的袋子。唐李商隐《李长吉小传》称，唐李贺"背一古破锦囊，遇有所得，即书投囊中"。

‖ **赏　析** ‖

"我跟鲁迅的心是相通的"

——重读《七绝二首·纪念鲁迅八十寿辰》

毛泽东一生看重鲁迅，他评价鲁迅："鲁迅在中国的价值，据我看要算是中国的第一等圣人。孔夫子是封建社会的圣人，鲁迅则是现代中国的圣人！"又以"鲁迅的方向，就是中华民族新文化的方向"作结论，确定了鲁迅在中国文化界的地位。1961 年 10 月 7 日，毛泽东在中南海勤政殿会见来访的日本朋友，谈到道路曲折而前途光明时，赠送了自己手写的鲁迅《无题》诗："万家墨面没蒿莱，敢有歌吟动地哀。心事浩茫连广宇，于无声处听惊雷。"并感慨道：这一首诗，是鲁迅在中国黎明前最黑暗的年代里写的，说明他在完全黑暗的统治下看到了光明。也是在一九六一年，毛泽东写下了《七绝二首·纪念鲁迅八十寿辰》。

《七绝二首·纪念鲁迅八十寿辰》是根据毛泽东办公室秘书林克

提供的抄件刊印的，应是毛泽东的未定稿，在格律上未加推敲和修改，其中有古句，即非律句。根据实际情况，可以判定这两首诗为七言古绝。七言古绝是绝句的一种，每篇四句，每句七个字。一般押仄声韵，不用律句的平仄，以致不粘、不对；也有押平声韵的，但不依律句的平仄，以致不粘、不对。这两首诗就属于后一种情况。

"博大胆识铁石坚，刀光剑影任翔旋。"盛赞鲁迅的广博胸襟、雄才胆略、远见卓识和铁石一般的坚强意志。"刀光剑影"，喻指国民党制造的严重白色恐怖和气势汹汹的文化"围剿"。"任翔旋"，生动形象地展现了鲁迅英勇无畏、巧妙周旋的战斗姿态和使用"钻网战术""壕堑战术"的高超斗争艺术。一个"任"字，彰显出了斗争中鲁迅的潇洒自如与敌人的无可奈何。1937年10月19日，毛泽东在陕北公学纪念鲁迅逝世一周年的会上作《论鲁迅》演讲，指出：鲁迅具有政治远见、斗争精神和牺牲精神，这三个特点形成了伟大的"鲁迅精神"。鲁迅用望远镜和显微镜观察社会，所以"看得远，看得真"，具有着政治远见。而鲁迅"在黑暗与暴力的进袭中，是一株独立支持的大树，不是向两旁偏倒的小草"，"一点也不畏惧敌人对于他的威胁、利诱与残害，他一点不避锋芒地把钢刀一样的笔刺向他所憎恨的一切。他往往是站在战士的血痕中，坚韧地反抗着、呼啸着前进"，这是鲁迅的斗争精神和牺牲精神的体现。

"龙华喋血不眠夜，犹制小诗赋管弦。"由虚转实。喋血，血流遍地，"龙华喋血"点出"左联五烈士"遇难事件。1931年2月7日深夜，国民党当局在上海龙华秘密杀害了包括"左联"作家柔石、胡也频、李伟森、白莽、冯铿在内的革命青年共二十余人。这使鲁迅在"三一八"惨案、"四一二"反革命政变之后，再一次受到巨大震动，他在《为了忘却的记念》一文中写道："在一个深夜里……我沉重的感到我失掉了很好的朋友，中国失掉了很好的青年，我在悲愤中沉静下去了，然而积习却从沉静中抬起头来，凑成了这样的几句：惯于长夜过春时，挈妇将雏鬓有丝。梦里依稀慈母泪，城头变幻大王旗。忍看朋辈成新鬼，怒向刀丛觅小诗。吟罢低眉无写处，月光如水照缁衣。"毛泽东所言"小诗"，就是借用和呼应鲁迅这首《无题·惯于长夜过春时》中"怒向刀丛觅小诗"里对自己诗作的称呼。"赋管弦"，是毛泽东对鲁迅这首七律的高度评价，意指《无题·惯于长夜过春时》可以谱曲传唱，一个"犹"字，更彰显出鲁迅不避风险、顽强抗争的硬骨头的鲜明形象。

毛泽东认为，鲁迅在三十年代上海文艺界的地位和所起的作用是无可替代的。国民党反动派的"剿共"战争时期，军事"围剿"和文化"围剿"双管齐下，而文化上的"围剿"和反"围剿"的标志就是鲁迅的杂文。毛泽东说：敌人的"碉堡"是建筑在学校里、书报杂志上以及社会文教团体里，也大有"稳扎稳打、步步为营"之势。关于这一点，我们只要看一看鲁迅先生的杂感，就可以知道。他的抨击时弊的战斗的杂文，就是反对文化"围剿"，反对压迫青年思想的。1940年1月9日，毛泽东在陕甘宁边区文化协会第一次代表大会上作报告，指出："共产主义者的鲁迅，却正在这一'围剿'中成了中国文化革命的伟人。""鲁迅的骨头是最硬的，他没有丝毫的奴颜和媚骨，这是殖民地半殖民地人民最可宝贵的性格。鲁迅是在文化战线上，代表全民族的大多数，向着敌人冲锋陷阵的最正确、最勇敢、最坚决、最忠实、最热忱的空前的民族英雄。"（《新民主主义论》）毛泽东说："我跟鲁迅的心是相通的。"

《七绝》其二讲到鲁迅的故乡绍兴以及绍兴的雄杰名士，揭示鲁迅崇高精神品格的历史文化渊源。

"鉴湖越台名士乡，忧忡为国痛断肠。剑南歌接秋风吟，一例氤氲入诗囊。""鉴湖"，在浙江绍兴西南方，附近有山阴（今绍兴）人南宋陆游吟诗处的快阁。陆游有诗集《剑南诗稿》，其中的许多诗篇揭露南宋朝廷的昏庸无能，很有战斗精神，"剑南歌"即指这部诗集中的作品。反清志士秋瑾也是山阴人，自号鉴湖女侠。秋瑾的许多诗作充满了革命热情和爱国主义精神，代表作之一就是《秋风曲》，秋瑾在被清政府杀害前书写的惟一供词也是"秋风秋雨愁煞人"，"秋风吟"就是指此，而鲁迅生前写的最后一首诗《亥年残秋偶作》也是咏秋之作。陆游、秋瑾、鲁迅，虽然时代相隔久远，但是有着一脉相承的深刻思想、革命精神和爱国主义传统。"越台"，即越王台，是春秋时期越王勾践在会稽（今绍兴）搭建来招揽贤士的。"名士"，既是实指浙江绍兴是古今名人荟萃之地，也是泛指中国历史上为国家进步、民族振兴做出贡献的仁人志士。"忧忡"，忧心忡忡，形容绍兴历代先贤有忧国忧民的美德，"痛断肠"，指这些雄杰名士在国运艰难、危机四伏的年代里痛心疾首。"一例"，即一律、一样。"氤氲"，形容烟或云气很盛，这里比喻陆游、秋瑾和鲁迅的诗作富有爱国诗风。"诗囊"，装诗歌的袋子。"一例氤氲入诗囊"可以理解为鲁迅继承了陆游、秋瑾的爱国诗风，将先贤的诗歌精华一律收入自己的诗囊，也可以理解为鲁迅的作品与陆游、秋瑾的诗作一样富有爱国情怀，可以载入诗歌史册。

《七绝二首·纪念鲁迅八十寿辰》各有侧重而又密切联系，语言高度精练而又形象生动，具有极高的艺术概括力和极强的艺术表现力，是一组富有特色的纪念诗。

（李雨檬）

杂言诗·八连颂

一九六三年八月一日

好八连，天下传。

为什么？意志坚。

为人民，几十年。

拒腐蚀，永不沾。

因此叫，好八连。

解放军，要学习。

全军民，要自立。

不怕压，不怕迫。

不怕刀，不怕戟。

不怕鬼，不怕魅。

不怕帝，不怕贼。

奇儿女，如松柏。

上参天，傲霜雪。

纪律好，如坚壁。

军事好，如霹雳。

政治好，称第一。

思想好，能分析。

分析好，大有益。

益在哪？团结力。
军民团结如一人，
试看天下谁能敌。

这首诗最早发表在一九八二年十二月二十六日《解放军报》。

‖ 注　释 ‖

好八连　1949 年 5 月，中国人民解放军某部八连进驻上海南京路。经过十四年，连队身居闹市，一尘不染，勤俭节约，克己奉公，热爱人民，助人为乐，受到驻地群众的高度赞扬。1963 年 4 月 25 日，国防部批准授予这个连队"南京路上好八连"的光荣称号。

刀、戟（jǐ）　喻指各种武器。戟，古代一种刺杀兵器，既能直刺，又能横击。

鬼、魅（mèi）、帝　喻指当时所说的"帝修反"，即帝国主义、修正主义、反动民族主义，是国际上的一股反华势力。魅，古代传说中的鬼怪。

贼　喻指国内的阶级敌人。

奇儿女，如松柏。上参天，傲霜雪　这四句是说我中华儿女英雄杰出，像长青的松柏高耸云天，傲视霜雪。上参天，汉曹植《升天行》诗"灵液飞素波，兰桂上参天"。松柏，《论语·子罕》："岁寒然后知松柏之后凋也"。

纪律好，如坚壁　意为纪律严明，就像铜墙铁壁，坚不可摧。

军事好，如霹雳　意为军事过硬，就像疾雷声势，威猛奋迅。如霹雳，唐王维《老将行》："汉兵奋迅如霹雳，虏骑崩腾畏蒺藜。"

‖ 赏　析 ‖

在古体诗、新诗、民歌之间的探索

——重读《杂言诗·八连颂》

　　这首诗写于 1963 年 8 月 1 日，是毛泽东唯一的一首民歌体杂言诗。诗的留存，则因为偶然的机会。毛泽东写诗有个习惯，如果不满意，就随手丢进字纸篓。毛泽东的秘书田家英深知毛泽东的这一习惯，每天都要从纸篓里捡出纸团，抚平装裱起来。日久天长，他积累了厚厚的一叠。1963 年，田家英为毛泽东编辑《毛主席诗词》一书时，拿出了从字纸篓里拣来的《七律·人民解放军占领南京》《满江红·和郭沫若同志》《八连颂》等诗，一起送呈毛泽东。毛泽东看到这些诗笑了。12 月 5 日，他给田家英回信，只说"钟山风雨"一首"似可加入诗词集"。所以，《八连颂》直到他去世后才发表。

　　1963 年 4 月 25 日，国防部发布命令，授予解放军驻守上海某部八连以"南京路上好八连"的称号。在 1949 年 5 月进驻上海南京路的这个连队，面对灯红酒绿，一尘不染，顶住了"糖衣炮弹"的进攻，保持着艰苦朴素的本色。12 月 16 日，毛泽东给林彪、贺龙、聂荣臻、罗瑞卿、萧华写了一封信说：国家工业各部门现在有人提议从上至下都学解放军，都设政治部、政治处和政治指导员，实行四个第一和三八作风。……看来不这样做是不行的，是不能振起整个工业部门（还有商业部门、还有农业部门）成百万成千万的干部和工人的革命精神的。由此，全国人民开展了学习解放军的热潮。

这是一首政治鼓动诗。从文学角度，有较深文史造诣的人，恐怕不会特别喜欢这首近似白开水的《八连颂》。这是毛泽东为新诗创新，改造古体诗词，借助民歌的大胆尝试。

毛泽东非常喜欢旧体诗词。他曾说："我冒叫一声，旧体诗词要发展，要改革，一万年也打不倒。因为这种东西，最能反映中华民族和中国人民的特性和风尚，可以兴观群怨嘛，怨而不伤。温柔敦厚嘛。"（《毛泽东和诗》，中央文献出版社1998年8月版）但是，他对于中国诗歌发展的方向，却主张发展新诗，不赞成年轻人写旧体诗词。他说："诗当然应以新诗为主体，旧诗可以写一些，但是不宜在青年中提倡，因为这种体裁束缚思想，又不易学。"（《毛泽东书信选集》，人民出版社1983年12月版）毛泽东对于新诗的现状，又是很不满意的。他曾说："你知道我是不看新诗的，……给我一百块大洋我也不看，……这些诗并不能打动我。"（《毛泽东和诗》）毛泽东对新诗的出路，寄很大希望于民歌。他说："用白话写诗，几十年来，迄无成功。民歌中倒是有一些好的。将来趋势，很可能从民歌中吸引养料和形式，发展成为一套吸引广大读者的新体诗歌。"（《毛泽东书信选集》）

毛泽东心中有最喜爱的几首民歌作为楷模。他曾在庐山会议上绘声绘色地向党的高级干部们介绍"敕勒川，阴山下，天似穹庐，笼盖四野。天苍苍，野茫茫，风吹草低见牛羊"，说"这也是一个一字不识的人（写的）"。他喜欢的另一首民歌是明代时尚小令《锁南枝·捏泥人》："和块黄泥儿捏咱两个。捏一个儿你，捏一个儿我。……将泥人儿摔破，着水儿重和过，再捏一个你，再捏一个我。哥哥身上也有妹妹，妹妹身上也有哥哥。"1957年11月，毛泽东率中国代表团访问苏联。在克里姆林宫的盛大宴会上，毛泽东即席祝酒说："我们开了两个很好的会，大家要团结起来，这是历史的需要，是各国人民的需要。中国有句话'两个泥菩萨，一起都打碎，用水一调和，再来做一个。我身上有你，你身上有我'。"（《毛泽东诗史》，中共中央党校出版社 1997 年 3 月版）各国的共产党政治家们还是第一次听到这样热情而又生动的语言，报以经久不息的掌声。

1958 年，毛泽东在成都会议讲话，要省市委书记回去收集民歌，发动全民写诗。于是，"大跃进"中开展了新民歌运动，农村工厂都举办赛诗会，作品汇编成《红旗歌谣》。编者周扬称之为"不朽的典范"。但毛泽东看完后大失所望，认为"水分太多"，惋惜地对周扬说："还是旧的民歌好。"1959 年 3 月，毛泽东在郑州会议上说："写诗也只能一年一年地发展。写诗不能每人都写，要有诗意，才能写诗。几亿农民都要写诗，那怎么行？这违反辩证法。故体育卫星、诗歌卫星，通通取消。"（《毛泽东诗史》）其后，他又对陈毅说：新诗的改革恐怕需要五十年。

他追求的是这样的民歌风格：流畅，活泼，不拘一格，朗朗上口，充满着智慧和情愫。"大跃进"中的民歌过于现实，缺少隽永的内涵，而古典诗词又没有通俗易懂的形式。他对新诗的设想，是继承中国古典诗词和民歌的传统，"新诗的形式应该是比较精炼，句子大体整齐。押大致相同的韵，也就是说，具有民歌的风格"（《毛泽东和诗》）。另一个要求，就是新诗"要用形象思维方法，反映阶级斗争与生产斗争"（《毛泽东书信选集》）。因此他写了《八连颂》作为一个尝试，诗的前五句和后半部分押不同的韵，显然是刻意为之。

《八连颂》全诗未公开发表，诗句"拒腐蚀，永不沾""军民团结如一人，试看天下谁能敌"就已经被报章广为引用和传诵。"不怕压，不怕迫。不怕刀，不怕戟。不怕鬼，不怕魅。不怕帝，不怕贼"则是针对当时的国际环境而发。1960 年，他指示编写了《不怕鬼的故事》，还以中国科学院文学研究所所长何其芳的名义亲自写序言说："世界上妖魔鬼怪还多得很"，"中国型的魔鬼残余还在作怪。"八十一个共产党和工人党在莫斯科举行代表会议，发表了反对帝国主义、反对反动派、反对修正主义的声明。这个"不怕鬼"的声明使全世界革命人民的声势为之大振，妖魔鬼怪感到沮丧，反华大合唱基本上摧垮。

如同至今仍在熠熠闪光的八连精神一样，《八连颂》中的铮铮硬骨诗句，时至今日也仍在被人们引用和传诵。是否在新诗创作上有了重大的突破，我们还不敢断言。毛泽东生前没有同意将《八连颂》收入他的诗词集，也许不甚满意。但其汇聚的思想和品德的结晶，与子弟兵的形象有机地结合起来，融成了一体，得以流传下去。

从这个角度说，《八连颂》是成功的。

（陈东林）

念奴娇·井冈山

一九六五年五月

参天万木，千百里，飞上南天奇岳。故地重来何所见，多了楼台亭阁。五井碑前，黄洋界上，车子飞如跃。江山如画，古代曾云海绿。　　弹指三十八年，人间变了，似天渊翻覆。犹记当时烽火里，九死一生如昨。独有豪情，天际悬明月，风雷磅礴。一声鸡唱，万怪烟消云落。

这首词最早发表在人民文学出版社一九八六年九月版《毛泽东诗词选》。

‖ 注　释 ‖

黄洋界　见《西江月·井冈山》注。

古代曾云海绿　意为这里古人曾说是海。海绿，犹绿海、碧海。

三十八年　从 1927 年 10 月毛泽东率领秋收起义部队上井冈山，到故地重游，已过去了三十八年。

烽火　古代传报敌人入侵的军事信号，在高台上燃火为之。现在泛指战火。

万怪　比喻形形色色的坏人。

念奴娇（飞）

一九六五年五月　井冈山

参天万木，千百里，飞上南天奇岳。故地重来何所见，多了楼台亭阁。五井碑前，黄洋界上，风雷动。江山如画，遍地英雄舞。

弹指三十八年，人间变了，似天渊翻覆。犹记当时烽火里，九死一生如昨。独有豪情，天际悬明月，风雷磅礴。一声鸡唱，万怪烟消云落。

万

井冈情结：犹记当时烽火里

——重读《念奴娇·井冈山》

　　《念奴娇·井冈山》最早发表于人民文学出版社1986年9月版《毛泽东诗词选》，收入"副编"，注明"根据手稿刊印"。1996年9月中央文献出版社出版《毛泽东诗词集》时，仍收入"副编"。这首词现在所见作者留存手迹一件，注明写作时间为"一九六五年五月"，手迹与正式发表稿有以下不同："千百里，飞上南天奇岳"句，手迹作"千百里"之后无标点符号；"车子飞如跃"句，手迹作"大道通如砥"；"古代曾云海绿"句，手迹作"遍地男红女绿"；"九死一生如昨"句，手迹为"九死一生"后空二字未写；"一声鸡唱，万怪烟消云落"句，手迹作"一声狮吼，万怪烟消雾落"。

　　1965年5月22日，毛泽东重上井冈山，一住就是一个星期，5月29日下午离开井冈山。其间，毛泽东创作了《念奴娇·井冈山》。这首词描写重上井冈山时所见到的翻天覆地的变化，回顾创建井冈山根据地以来筚路蓝缕的奋斗历程，满怀豪情地表达了夺取社会主义建设新胜利的坚定信心。

　　词的上阕写重上井冈山所见的巨大变化。"参天万木"，形容井冈山树密林深，郁郁葱葱。唐代王维《送梓州李使君》："万壑树参天，千山响杜鹃。""千百里"，井冈山在罗霄山脉中段，号称五百里井冈。"飞上南天奇岳"，南天，南方天空，这里指南方；奇岳，指奇伟高大的井冈山。此三句从空间角度描写山势的广袤和遒劲，同时也显示出诗人的视野开阔和胸襟博大，也反映出作者重上井冈山的急迫心情。"故地重来何所见，多了楼台亭阁"，重返曾经战斗生活的地方，见到了什么呢？增添了楼台亭阁。宋代周辉《清波别志》中卷："翠微寺本翠微宫，楼阁亭台数十重。"这里指井冈山陆续兴建的现代化宾馆和楼房建筑，以及修复保存的许多革命旧居旧址。

"五井碑前，黄洋界上，车子飞如跃。"五井，井冈山有大井、小井、上井、中井、下井。五井碑，明清以来立有纪修路为德的五井碑，后被毁。一说指新中国成立后修建在小井的纪念红军医院殉难烈士的红军烈士墓。车子飞如跃，黄洋界上修了公路，天堑变通途，汽车飞快行驶。"江山如画"，赞叹井冈山的秀美风光，语出宋代苏轼《念奴娇·赤壁怀古》"江山如画，一时多少豪杰"，苏轼《念奴娇·中秋》"江山如画，望中烟树历历"；宋代柳永《双声子》"江山如画，云涛烟浪，翻输范蠡扁舟"。"古代曾云海绿"，古代井冈山曾经是一望无际的绿色海洋，如今却是如画江山。

下阕写抚今追昔，展望未来。"弹指三十八年"，与《水调歌头·重上井冈山》中"三十八年过去，弹指一挥间"句意相同，感叹时间过得飞快，转瞬即逝。"人间变了，似天渊翻覆。"人间变了，指社会制度发生了巨变，推翻了旧社会，建立了新中国。天渊翻覆，天地翻覆，高天与深渊出现彻底变化。宋代宇文虚中《念奴娇》："干戈浩荡，事随天地翻覆。"毛泽东由井冈山的发展联想到中华大地所发生的沧桑巨变。"犹记当时烽火里，九死一生如昨"，毛泽东曾经戎马倥偬、南征北战，回首峥嵘岁月不免感慨良多。九死一生，化用屈原《离骚》"亦余心之所善兮，虽九死其犹未悔"，用以形容身处极其危险的境地，既言革命之艰险，亦言牺牲之巨大。

"独有豪情，天际悬明月，风雷磅礴"，革命豪情依然不减当年，如同高悬天际的明月永放光辉，普照人寰，而革命的风雷正继续磅礴激荡于天地之间。南朝梁沈约《郊居赋》："并豪情之所侈，非俭志之所娱。"天际悬明月，即志存高远，光明如同悬挂在天边的明月。唐代杜甫《后出塞》五首其二："中天悬明月，令严夜寂寥。"风雷磅礴，狂风雷暴具有浩大声势，正所谓"五洲震荡风雷激"。"一声鸡唱，万怪烟消云落。"一声鸡唱，化用唐代李贺《致酒行》"我有迷魂招不得，雄鸡一声天下白"诗句，雄鸡报晓，喻指革命斗争取得胜利，迎来光明。万怪，各种各样的妖魔鬼怪，喻指各种反动势力。烟消云落，即烟消云散，喻指各类妖魔鬼怪销声匿迹。结尾二句展望未来，诗人坚信有朝一日，兴风作浪的一切邪恶势力终将被正义力量一扫而空。

《水调歌头·重上井冈山》《念奴娇·井冈山》都是毛泽东1965年5月下旬重上井冈山时的感怀之作，但二者究竟孰先孰后，一些学者进行了颇多的揣测和考辨。既然是两首作品，势必存在有先有后。实事求是地说，这种考辨很难找到令人信服的佐证，况且对作品的解读本身也并无实质性的意义。但从毛泽东生前没有公开发表《念奴娇·井冈山》判断，他对《水调歌头·重上井冈山》似乎更为中意。

两首作品感情真挚，语言质朴，属于同时、同地、同题的作品，在意境、情感、格调、结构甚至用词方面，均有许多贴近或类似之处。两首作品都表达了以下几层诗意：第一，表达对井冈山的思念深、归心切。"千里来寻故地"，"千百里，飞上南天奇岳"，千里之遥，却割舍不下魂牵梦绕的那份牵挂，阻挡不了故地重游的兴致。第二，为井冈山发生巨变而欢欣鼓舞。昔日井冈山环境险恶，条件艰苦，而如今已是生机盎然。恰恰是这种巨变，使"千里来寻故地"的"寻"字显得更具回味余地，使"旧貌变新颜"的"变"字更具有称心如意的意味。第三，慨叹时间飞逝，往事如昨。井冈山斗争对毛泽东人生的意义、对中国革命的意义不会因为时间的飞逝而消逝，井冈山精神光耀千秋。第四，抒发壮心不已的凌云之志。这种"凌云志"正是《七律·到韶山》所表达的"为有牺牲多壮志，敢教日月换新天"。在纪念毛泽东同志诞辰 120 周年座谈会上的讲话中，习近平总书记指出："从纷然杂陈的各种观点和路径中，经过反复比较和鉴别，毛泽东同志毅然选择了马克思列宁主义，选择了为实现共产主义而奋斗的崇高理想。在此后的革命生涯中，不管是'倒海翻江卷巨澜'，还是'雄关漫道真如铁'，毛泽东同志始终都矢志不移、执着追求。"

历史不会随风而去，滚滚向前的时代也不会凭空而来。三十八年的光阴，没有减弱毛泽东的井冈情结。毛泽东先后为井冈山写了《西江月·井冈山》《水调歌头·重上井冈山》《念奴娇·井冈山》，而一次又同时写了两首词，这在毛泽东诗词创作中绝无仅有。毛泽东一而再再而三地吟咏井冈山，足见井冈山在毛泽东心目中的分量之重、感悟之深、情结之浓。

（汪建新）

七律·洪都

一九六五年

到得洪都又一年，祖生击楫至今传。
闻鸡久听南天雨，立马曾挥北地鞭。
鬓雪飞来成废料，彩云长在有新天。
年年后浪推前浪，江草江花处处鲜。

这首诗最早发表在一九九四年十二月二十六日《人民日报》。

‖ 注 释 ‖

祖生击楫至今传　此句暗喻中国共产党领导的南昌起义。祖生，即东晋名将祖逖（266—321）。304年，匈奴族刘渊在黄河流域建立汉国。中原大乱，祖逖率领亲党数百家来投镇守建邺（今南京市）的晋元帝司马睿。313年，祖逖要求率兵北伐，被任为奋威将军、豫州刺史，率部曲百余家渡江北上，中流击楫，立誓收复中原。击楫，敲打船桨，后用以形容有志报国的抱负和气概。

闻鸡久听南天雨　本句写作者于风雨如晦的岁月，在我国南方像闻鸡起舞那样，奋起行动，从事革命斗争。闻鸡，用闻鸡起舞的典故。参见《五古·挽易昌陶》注。雨，即风雨。《诗经·郑风·风雨》："风雨如晦，鸡鸣不已。"

立马曾挥北地鞭　本句取用刘琨恐祖逖先著鞭典，意为作者经过二万五千里长征，在我国北方指挥抗日战争和解放战争的戎马生涯。立马，即驻马。挥鞭，喻指率军作战。

彩云长在有新天 此句意为只要确保马克思主义真理和共产主义理想的存在，就会有社会主义的新天地。彩云，比喻美好的事物。

后浪推前浪 喻世事变动不居，如浪相推，一代胜过一代。

江草江花处处鲜 化用唐杜甫《哀江头》"江草（一作"水"）江花岂终极"和唐白居易《忆江南》"日出江花红胜火"句。此句形象地描绘了革命后继有人，事业前程似锦。

‖ 赏　析 ‖

不忘征途初心，坚信未来更好

——重读《七律·洪都》

新中国成立后，毛泽东先后 26 次莅临江西。1965 年就曾有两次。第一次是 5 月下旬重上井冈山，没有途经南昌。1965 年 11 月毛泽东离开北京前往南方，12 月 24 日从杭州来到南昌，在这里住了 13 天。1966 年 1 月 5 日离开南昌前往武汉。因此，中共中央文献研究室编写的《毛泽东年谱》将《洪都》定为 12 月下旬写于南昌。

这一首《洪都》是咏史明志的诗篇。洪都是南昌的古称。隋唐时期置洪州，以南昌为治所。初唐诗人王勃在《滕王阁序》中留下了脍炙人口的千古名句："豫章故郡，洪都新府""物华天宝""人杰地灵""老当益壮，宁移白首之心；穷且益坚，不坠青云之志""落霞与孤鹜齐飞，秋水共长天一色"。

　　第一句"到得洪都又一年"指的是 1964 年 4 月毛泽东曾经到南昌，听取江西省委第一书记杨尚奎等人关于农村社会主义教育运动等工作的情况汇报，因此称"又一年"。诗的第二句"祖生击楫至今传"，引出了一段"中流击楫"的成语典故。匈奴入犯中原，名将祖逖率领族人几百家南渡投奔南京的东晋政权。其后他请求北伐，收复失地，东晋元帝任命他为奋威将军，率部曲百余家渡长江北上。到中流，他击打船桨发誓说："祖逖不能清中原而复济者，有如大江！"表示不成功决不回还的决心。毛泽东早年有词云："到中流击水，浪遏飞舟！"击水与击楫都是在中流。宽阔的江面，眺望滚滚而去的滔滔江水，最容易激起人的豪迈气概。

　　由此，诗的第三、四句"闻鸡久听南天雨，立马曾挥北地鞭"又联系到祖逖与刘琨"闻鸡起舞""先吾著鞭"的典故。两人当时同为州主簿，志向相同，同被而眠。祖逖半夜听到荒野雄鸡报晓，说："此非恶声也！"蹬醒刘琨，起床舞剑练武。"北地鞭"出自《晋书·刘琨传》，说刘琨"吾枕戈待旦，志枭逆虏，常恐祖生先吾著鞭"。表现了两人争先恐后、鞭策奋进的迫切心情。这两个成语典故历来被用于形容慷慨悲歌的壮士成就大事业前的卧薪尝胆。

　　南昌是中国共产党领导下的武装革命打响第一枪的地方，第一支人民军队诞生于此，随后与毛泽东领导的秋收起义队伍共同创建了井冈山革命根据地。从此，毛泽东寸步未离武装斗争的道路，"枪杆子里面出政权"对中国来说意义深远。建国立业，是开天辟地的大事，中国历史上的风流英雄，无不以此为丰功伟绩。因此，毛泽东到得南昌，联想起当年中流击楫的誓言、闻鸡起舞的磨砺、立马挥鞭的出征，是很自然的。

　　诗的第五句意境又为之一改："鬓雪飞来成废料"，把自己比喻为双鬓雪白、老态龙钟的无用之人，即"废料"。历数几千年人类文明史，像毛泽东这样在占世界五分之一人口的国家里开创出一个新世界的英雄，确不多见。回顾往事，毛泽东比任何人都可以无愧。那么，他为什么突来嗟叹之感呢？除了谦逊，联系到 72 岁的他在南昌重温当年祖逖出征的铮铮誓言，我们似乎可以猜测到，他并不满足于过去的功业，还要干一番惊天动地的大事业，但又担心古稀之年能否如愿。因此，他才有"废料"的叹息。"廉颇老矣，尚能饭否？"

第六、七、八句"彩云长在有新天。年年后浪推前浪，江草江花处处鲜"。则表现出了毛泽东对中国革命、建设的未来充满着胜利的自信，坚信将来比过去更好。"年年后浪推前浪"化用南宋释文珦《潜山集·过茗溪》"只看后浪催前浪，当悟新人换旧人"。"江草江花处处鲜"，化用杜甫《哀江头》"人生有情泪沾臆，江草江花岂终极"。意境都是积极乐观的。

1965 年初，中国的社会主义建设事业在国民经济走向好转的形势下，进入了一个新的阶段。周恩来在三届全国人大一次会议上所作的政府工作报告中，根据毛泽东的提议，正式提出了建设"四个现代化"的战略目标：要在不太长的历史时期内，把中国建设成为一个具有现代农业、现代工业、现代国防和现代科学技术的社会主义强国。这个"四个现代化"的宏伟目标，是经毛泽东在 1957、1959 年两次提出和完善的。这时作为全党全国今后几十年主要任务正式提出，极大鼓舞了依靠自力更生、艰苦奋斗走出三年经济困难的中国人民，并成为他们前赴后继、接续奋斗的不懈动力。到毛泽东写作《洪都》的 1965 年底，国民经济建设已经取得了快速进展。国家计委向中央报告，按照这个速度，第三个五年计划可能三年就能完成。因此，毛泽东为之欢欣鼓舞，写下了"有新天""处处鲜"的诗篇。

1965 年又是毛泽东忧思中国革命前途的一年。西方敌对势力的长期军事威胁、经济封锁以及"和平演变"的企图，使毛泽东一直在考虑，如何保证中国的社会主义政权不改变颜色。1 月 9 日，毛泽东会见老朋友、美国作家斯诺谈到中国革命时，斯诺说："客观条件使革命变成不可避免的，现在没有这种条件了。现在中国条件不同了，下一代将怎样？"毛泽东若有所思地说："我也不知道，那是下一代的事。……将来的事由将来的人决定。从长远来看，将来的人要比我们聪明，如同资本主义时代的人比封建时代的人要聪明、要好一样。"

毛泽东诗词的权威研究者吴正裕曾说："当时正值史无前例的'文化大革命'的前夕，诗人创作的这首述怀明志的政治诗，表现了他对党内、国内政治形势的审视和展望，反映了他晚年的政治意志和艺术想象。"（《偏于豪放　不废婉约——读新发表的毛泽东诗词二首》，《人民日报》（海外版）1994 年 12 月 27 日）类似的解读也曾有不少。应该说，也是有道理的。

那么，今天我们重读这首《洪都》，侧重点应当放在哪里呢？

"诗无达诂。"毛泽东也不主张对诗词进行繁琐考证，作绝对结论。他曾说："太现实了就不能写诗了。"（《毛泽东和诗》，中央文献出版社 1998 年 8 月版）1975 年 7 月，为患有眼疾的毛泽东读书的教员芦荻，给毛泽东读了李商隐的《锦瑟》。一篇《锦瑟》解人难。后人注解有说是追怀亡妻的悼亡诗，有说是忆及仕途失意所作的政治抒情诗，有说是回顾其坎坷人生的自伤诗，甚至有说是写"瑟"这种乐器的。芦荻请教毛泽东怎么看。毛泽东说："不要做烦琐的钻牛角尖的研究，只要感觉文采非常美，徜徉迷离，给你一种美的享受就行了。这首诗为什么流传得这么久，自有它迷人的魅力。不要整天说它是悼亡还是托言，怎么说都可以，总之是寄托了作者内心的一种惆怅。"（《芦荻陪毛泽东读书的日子》，《辽宁人才报》1996 年 12 月 25 日）

因此，我们今天对《洪都》的解读也不必"我注六经"，而应当是"六经注我"，体会到以下两点即可：

一是借祖逖北伐"中流击楫、闻鸡起舞"抒发诗人的博大心胸、凌云壮志。这个志向，是喷薄的感情，而不是周密的计划；是"反修防修"的决心，而不是"成竹在胸"的布置。联系到毛泽东六十年代以来诗词中的清扫"鬼怪"："玉宇澄清万里埃""要扫除一切害人虫""一声鸡唱，万怪烟消云落"……也许说成他击破反华敌对势力大合唱的意志更为合适。

二是歌颂新中国欣欣向荣、蒸蒸日上，对未来的接班人会把中国建设得更好，充满信心。1964 年 6 月毛泽东在中共中央工作会议上，提出了如何反修防修、怎样培养无产阶级革命接班人的五个条件：一、要教育干部懂得一些马列主义；二、要为大多数人民谋利益；三、要能够团结大多数人；四、要讲民主，不搞"一言堂"；五、自己有了错误，要作自我批评。革命事业接班人要在大风大浪中成长。这是他自信"后浪推前浪"的依据。

将近六十年过去，中国已经发生了翻天覆地的变化，中华民族的伟大复兴已经喷薄欲出。正像毛泽东在诗中描述的那样："彩云长在有新天""江草江花处处鲜"。

（陈东林）

七律·有所思

一九六六年六月

正是神都有事时，又来南国踏芳枝。
青松怒向苍天发，败叶纷随碧水驰。
一阵风雷惊世界，满街红绿走旌旗。
凭阑静听潇潇雨，故国人民有所思。

这首诗根据作者审定的抄件刊印。最早发表在中央文献出版社
一九九六年九月版《毛泽东诗词集》。

‖ 注 释 ‖

有所思 汉无名氏乐府《有所思》，首句为"有所思，乃在大海南"。
诗题本于此。

青松怒向苍天发，败叶纷随碧水驰 看到青松，让它奋发地向苍天
发展；看见败叶，让它纷纷随着碧水流走。

满街红绿走旌旗 红绿，代指红男绿女，即穿红着绿的青年男女，
这里指大、中学生。旌旗，旗帜的通称。

有所思

一九六六年六月

正是神都有事时，
又来南国踏芳枝。
青松怒向苍天发，
败叶纷随碧水驰。
一阵风雷惊宇宙，
满街红绿走旌旗。
凭阑静听潇潇雨，
故国人民有所思。

‖ 赏　析 ‖

深沉忧思：正是神都有事时

——重读《七律·有所思》

　　《七律·有所思》最早发表于 1996 年 9 月中央文献出版社出版的《毛泽东诗词集》，收入"副编"，并注明"这首诗根据作者审定的抄件刊印"。此诗原题为《颂大字报》，后改为《有所思》。这首诗现在所见作者存留手迹一件，标注创作时间为"一九六六年六月"，手迹与正式发表稿有以下不同："又来南国踏芳枝"句，手迹为"又来南国踏丛枝"；"败叶纷随碧水驰"句，手迹为"败叶纷随碧水之"；"一阵风雷惊世界"句，手迹为"一阵风雷惊宇宙"；"故国人民有所思"句，手迹为"七亿人民有所思"。

　　1966 年 5 月 4 日至 26 日，中共中央政治局扩大会议在北京召开，处理"彭（真）、罗（瑞卿）、陆（定一）、杨（尚昆）反党集团"，通过《五一六通知》，"文化大革命"运动正式开始。接着北京大学贴出所谓"全国第一张马列主义大字报"，造了北京市委、北大党委的反。六月初，北京市委向各高校派出工作组，随后，作者又召开中央工作会议，批评派工作组的决定。当时，毛泽东一直在南方几省视察。5 月 15 日，他来到杭州，6 月 15 日离开；经长沙于 17 日回到故乡韶山，在滴水洞住了 11 天；28 日赴武汉。在滴水洞，他写下了《七律·有所思》。逢先知、金冲及主编的《毛泽东传》记载："对各大中学校迅猛掀起的'革命'浪潮，毛泽东是十分满意的。他写下了一首题为《有所思》的七律诗。"

"正是神都有事时"，神都，古代指京城，此处指北京。唐代杜甫《赠李八秘书别三十韵》："玄朔巡天步，神都忆帝车。"有事时，发动"文化大革命"的时候。"又来南国踏芳枝"，南国，中国南方的泛称。战国屈原《九章·橘颂》："受命不迁，生南国兮。"王逸注："南国，谓江南也。"三国曹植《杂诗》："南国有佳人，容华若桃李。"芳枝：芳香的花枝或树枝。作者写这首诗的前后，正在南方视察。首联交待了写作的时间、地点和缘起。

"青松怒向苍天发"，青松的枝干长势极为强盛，向上奋发，直指天空。青松：喻指革命者。"败叶纷随碧水驰"，衰败凋落的叶子纷纷随着绿水漂流而去。败叶：干枯凋落的叶子。清代田兰芳《明河南参政袁公墓志铭》："（袁可立子袁枢）群力竞奋，积尸齐墉。贼如败叶，纷披随风。"驰：本义是奔跑，这里引申为漂流。颔联借"青松""败叶"表达作者的政治理念。

"一阵风雷惊世界"，刚刚掀起的一场风暴雷霆震惊了整个世界。风雷：狂风暴雷，这里喻指"文化大革命"。"满街红绿走旌旗"，满街都是身穿绿军装、臂戴红袖章，举着各种组织旗号的游行队伍。颈联描写运动的声势与场面。

"凭阑静听潇潇雨"，凭阑：凭栏。南唐李煜《浪淘沙·帘外雨潺潺》："独自莫凭阑，无限江山。"静听：静静地倾听、观察事件的发展动向。潇潇雨：骤急的雨声，化用宋代岳飞《满江红》"怒发冲冠，凭栏处、潇潇雨歇"。"故国人民有所思"，化用唐代杜甫《秋兴》八首其四："鱼龙寂寞秋江冷，故国平居有所思"句。故国，《秋兴》诗中指京城长安；本句指祖国，因手稿原作"七亿人民有所思"。尾联是诗眼，写作者兴奋之余的沉思。他凭阑远眺，静听潇潇雨声，不禁对祖国和人民的命运深深忧虑。当时，"文化大革命"刚刚拉开帷幕，后来的严重恶果，毛泽东也始料未及。

法国哲学家勒内·笛卡尔有一句名言："我思故我在。"汉乐府古辞中本有《有所思》，是一首表现女主人公在爱情遭遇波折前后情绪变化的情诗，毛泽东借用这个古题作为诗题，描绘作者发动"文化大革命"时深沉而复杂的心境，不仅比原题更切合全诗的内容，内蕴更丰富，而且更富有诗意。《七律·有所思》是公开发表的毛泽东直接描写"文化大革命"的唯一一首诗作，透露了他在重大历史关头的内心独白，有着重要的文献和历史价值。

《七律·有所思》直接描写运动初期的热烈情景，表达诗人对这场运动的兴奋与期待，同时折射出诗人对其前景没有十足的信心，以及深沉悲壮的忧患心绪。从全诗看，虽有颂大字报的内容，如颔联所描述的情景，但远非仅仅颂大字报。"一阵风雷惊世界，满街红绿走旌旗"，绝非仅写大字报的影响，而是写作者所设想的"文化大革命"浪潮甚至胜利时的声威和盛况。据此判断，他当时设想的"文化大革命"不是长期的，只搞"一阵"而已。说是"设想"，因为写此诗时，"文化大革命"尚未蔓延到满街红绿、红旗招展的群众游行阶段。

关于"文化大革命"，1981年6月27日中国共产党第十一届中央委员会第六次全体会议通过的《关于建国以来党的若干历史问题的决议》明确指出："历史已经判明，'文化大革命'是一场由领导者错误发动，被反革命集团利用，给党、国家和各族人民带来严重灾难的内乱。"《七律·有所思》是在特定历史背景下创作的，所表达的情感与"文化大革命"有千丝万缕的联系，存在必须否定的内容。但是，诗词作为艺术作品，有其自身的规律与特点。不能简单地认为《七律·有所思》就是歌颂"文化大革命"；更不能将其与"文化大革命"的错误理论相提并论。

《七律·有所思》情调富于变化，时而开朗洒脱，时而峻急激切，时而昂扬振奋，时而冷静沉思。既有李白的潇洒飘逸，也有岳飞的壮怀激烈；既有曹操的悲凉慷慨，也有杜甫的沉郁悲壮。曲折含蓄，耐人寻味，反映出作者的复杂心境，给人丰富的审美感受。从平仄声韵规范和用字用典技巧来看，在平仄、对仗、押韵等基本要素方面，《七律·有所思》严格遵守了格律要求，仄起平收，对仗工整，一韵到底，无可挑剔。从用典方面看，可以说用得贴切自然，不露痕迹，如同己出，无可非议。从艺术造诣看，起承转合得体，结构紧凑完整，叙事写景自如，抒情议论交融，比喻象征蕴藉，遣词造句从容。2002年第5期《党的文献》安建设《略论毛泽东的七言律诗》一文认为："从诗的本身来看，它在意境、手法等方面确实达到了'巅峰'，当入毛泽东七律诗中的拔筹之列。"龚育之在吴正裕主编《毛泽东诗词全编鉴赏》一书中的《所思的是故国和人民——读〈七律·有所思〉》一文中指出：从诗的艺术境界上来说，这首诗是1996年新收入《毛泽东诗词集》中的"十七首诗中最出色的一首"。客观公允地说，此诗在艺术方面达到了很高水准，不失为一篇上乘之作。

（汪建新）

七绝·贾谊

贾生才调世无伦，
哭泣情怀吊屈文。
梁王堕马寻常事，
何用哀伤付一生。

这首诗根据抄件刊印。最早发表在中央文献出版社
一九九六年九月版《毛泽东诗词集》。

‖ 注 释 ‖

贾生才调世无伦 本句用唐李商隐《贾生》"宣室求贤访逐臣，贾生才调更无伦"。贾生，指贾谊（前200—前168），洛阳（今河南洛阳东）人，时称贾生，西汉政论家、文学家。初被汉文帝召为博士，不久迁为太中大夫。文帝想任其为公卿，因遭大臣周勃、灌婴等排挤，被贬为长沙王太傅。才调，犹才气，多指文才。唐李商隐《读任彦昇碑》："任昉当年有美名，可怜才调最纵横。"

哭泣情怀 贾谊在《治安策》中说："臣窃惟事势，可为痛哭者一，可为流涕者二。"贾谊在梁怀王堕马死后，"哭泣岁余，亦死"。

吊屈文 贾谊贬为长沙王太傅后，渡湘江时有感于屈原忠而见疏，作《吊屈原赋》，"因自喻"。

梁王堕马寻常事，何用哀伤付一生 贾谊后被征拜为梁怀王太傅，

因梁怀王堕马而死，他认为自己"为傅无状"，忧郁自伤，不久去世。作者非常赞赏贾谊的才华，认为他因哀伤而死不值得，对此感到很惋惜。

‖ 赏　析 ‖

让个人才华之花在广阔的社会实践中绽放
——重读《七绝·贾谊》

　　《七绝·贾谊》是毛泽东关于贾谊的两首诗作之一，与另一首《七律·咏贾谊》构成姊妹篇。这首诗最早公开发表于中央文献出版社 1996 年 9 月出版的《毛泽东诗词集》，收入"副编"中，没有标明创作时间，一般认为是新中国成立后毛泽东读史有感而作。

　　这首诗直接以历史人物的名字"贾谊"为题，既非"咏"非"颂"，亦非"伤"非"悼"，而是通过白描的手法，凝练概括和评价了贾谊的一生，并由此生发开去，对个人才华之用进行了深刻思考、提出了睿智洞见。

　　关于绝句起承转合之要领和妙处，恰如元代学者范德玑的《诗格》所言："起要平直，承要春容，转要变化，合要渊永。"毛泽东这首七绝即颇合这样的要领和妙处。

　　第一句"贾生才调世无伦"，平直起笔，开门见山，破题而出，点明该诗的主要议论对象是"贾生才调"。这一句化用唐代诗人李商隐的绝句《贾生》中的"贾生才调更无伦"一句，只把"更"字改成了"世"字，意在突出强调贾谊的才华和风调，在西汉文帝时期，是无与伦比、首屈一指的，表达了诗人对贾谊杰出才华和高雅风调的高度认可，明确了全诗的主要议论对象，为全诗后三句的展开奠定了基础。

第二句"哭泣情怀吊屈文"，春容承笔，既舒缓自然，又洪亮有力，对"才调世无伦"的贾谊的人生遭遇作了进一步铺陈和渲染。贾谊举世无伦的才调受到汉文帝的赏识，遂征召其为博士，后又超迁为太中大夫。任职期间，贾谊针对时弊向汉文帝提出了多项改革建议，但这些改革建议如施行将触动守旧势力的既得利益，于是他们心生嫉恨并向汉文帝进谗言而中伤贾谊，由此贾谊见疏而被贬为长沙王太傅。公元前 176 年，贾谊被贬赴长沙途中，在渡过湘江之地时，思及屈原被谗言中伤而遭放逐、自投汨罗而死，心中不免感伤，遂以"哭泣情怀"作《吊屈原赋》，"追伤之，因自喻"。该赋是以骚体写成的抒怀之作，也是汉人最早的吊屈之作，开汉代辞赋家追怀屈原的先例，在汉赋发展史上占有重要一席。全赋感情沉郁却气势激荡，既表达了对屈原不幸遭遇的同情和伤悼，对善恶颠倒、是非不分的黑暗世界的愤慨和批判，同时也表达了对屈原愤懑投江以身殉国的不赞同，主张面对世事浑浊的局面应该"自引而远去"，"远浊世而自藏"，以此保全自己，认为这才合乎"圣人之神德"。这一句承前启后，既深化了上一句的意涵，又为下一句的转折留出了空间。

第三句"梁王堕马寻常事"，陡然转笔，前两句的铺陈和渲染至此陡然一转，诗意转到了"梁王堕马"这一本来寻常却导致贾谊英年早逝的事情上。在被贬谪到长沙三年多后，贾谊被汉文帝召回长安，拜为汉文帝小儿子梁怀王刘揖的太傅。能为皇子老师，把毕生之学"货与帝王家"，本该是贾谊发挥举世无伦才调、实现人生宏大抱负的理想职位，但公元前 169 年梁怀王在一次骑马时不慎堕马而亡，偶然发生的这一意外之事却永远地改变了贾谊的人生轨迹。"寻常"是这一句的关键词，意在强调堕马之事实属意外，与贾谊并无直接的关系。这也就为末句收尾留下了伏笔。

第四句"何用哀伤付一生"，渊永合笔，没有平铺直叙地去陈述贾谊因梁王堕马哀伤付一生的具体史实，而是以"何用"的反问表达了诗人对贾谊因此殒命的惋惜之情，意味隽永深长。梁王堕马而亡后，贾谊认为自己没有很好地尽到太傅的职责，因此为梁王之死自责不已，陷入到深深的苦痛、忏悔、忧郁之中，最终竟然于一年后的公元前168年抑郁自伤过度而逝。人生的际遇就是这样变幻，几年前在湘江边凭吊屈原时，贾谊还在为屈原被谗含冤投江而颇感不值，发出"瞰九州而相君兮，何必怀此都也"的规劝，然而，几年后贾谊在面对梁王堕马而亡之事时，却做出了此前他自己并不赞同也颇感不值的举动，因自责哀伤而付出了生命。这怎能不令人唏嘘和感叹呢？

全诗短短28个字，从指出贾谊才调举世无伦，说到贾谊借凭吊屈原以表明心志，再说到偶然发生的梁王堕马一事，最后提出"何用哀伤付一生"的反问，起承转合自然流畅、陈陈相因，用语凝练考究，意蕴悠长隽永，启人思考、发人深省。在面对寻常事、何须付一生的字面反问之外，生发着许多弦外之音，不仅表达了对贾谊英年早逝的无限惋惜，而且提出了对贾谊哀伤付一生的委婉批评，蕴含着关于个人应该如何正确看待自己才华问题的深刻哲思。

人之才华，贵在应用，用得其所。才华既是认识范畴的概念，也是实践范畴的概念，是否有才华，是要经过实践检验的。作为个人来讲，只有把自己所学应用到实践中，经过实践的检验和淬炼，并能够在实践中发挥积极作用，也即是通过实践把改造主观世界与改造客观世界统一起来，实现认识与实践、主观与客观的良性互动和有机结合，才算是真正的有才华。这里不仅有一个在实践中应用的问题，而且还有一个经得住复杂的实践环境的考验，使才华用得其所的问题。一个人，如果只是腹有诗书、满腹经纶，但不能把这些诗书经纶应用到实践中，或者面对实践环境中出现的挫折和逆境无所适从，陷入到一时一事中无法自拔，甚至因为一些不值得的"平常事"而枉付一生，这样的才华是黯淡失色的，只是让人徒生感叹罢了。

正确认识自己的才华并将之积极运用到具体实践中，为国为民为社会做些风吹不走的有益之事，让个人才华之花在广阔的社会实践中充分绽放，这或许应该是今天我们重读毛泽东这首绝句应该着重思考和把握的问题。

（高长武）

七律·咏贾谊

少年倜傥廊庙才，壮志未酬事堪哀。

胸罗文章兵百万，胆照华国树千台。

雄英无计倾圣主，高节终竟受疑猜。

千古同惜长沙傅，空白汨罗步尘埃。

这首诗根据抄件刊印。最早发表在中央文献出版社

一九九六年九月版《毛泽东诗词集》。

‖ 注　释 ‖

少年倜傥（tìtǎng）廊庙才　倜傥，卓异，不同寻常。《资治通鉴·晋惠帝永宁元年》："（刘殷）博通经史，性倜傥有大志。"少年倜傥，即是说贾谊年少有才，为人豪爽洒脱。据《汉书·贾谊传》载，贾谊十八岁时，以能诵读诗书，善文章，为郡人所称；二十多岁任博士，一年之内超迁为太中大夫。廊庙，指朝廷。廊庙才，亦作"廊庙材"，比喻能担负起治国重任的优秀人才。

壮志未酬事堪哀　壮志未酬，宏伟的志向未能实现。酬，实现。唐李频《春日思归》："壮志未酬三尺剑，故乡空隔万重山。"堪，经得起，引申为可、能。堪哀，可哀。

胸罗文章兵百万　胸罗文章，指贾谊胸有锦绣文章。他的政论文如《过秦论》、《治安策》、《论积贮疏》等，提出了一系列治国策略和改革制度的主张，表现出卓越的政治远见和才能。兵百万，比喻贾谊的治国策

略好像统军韬略，能指挥百万军队。

胆照华国树千台 胆照，肝胆相照。华国，即华夏，这里指汉王朝。树千台，建立众多的诸侯国，意为加强中央集权，削弱诸侯王的势力。汉制设立"三台"，即尚书为中台，主行政；御史为宪台，主监察；谒者为外台，主外交。建立众多的诸侯国则势将设立"千台"。贾谊在《治安策》有"欲天下之治安，莫若众建诸侯而少其力"句，即主张以王国分封众子的方式，达到削弱诸侯势力的目的。

雄英无计倾圣主 雄英，出类拔萃的人。三国魏曹植《大司马曹休诔》："年没弱冠，志在雄英。高揖名师，发言有章。"倾，本义为倾斜、不正，引申为倾倒、佩服、吸引。圣主，借用古代称颂帝王的惯用语，这里指汉文帝。倾圣主，即令皇帝信服。

长沙傅 指被贬谪为长沙王太傅的贾谊。

空白汨罗步尘埃 本句意为贾谊对屈原投江的认识与议论只是徒然，他因梁怀王堕马之死而忧伤亡故，还是步了屈原投江自尽之举的后尘。空白，徒然说。汨罗，即汨罗江，在湖南省东北部。这里化用屈原自沉汨罗江的典故。步尘埃，即步后尘。贾谊在《吊屈原赋》中对屈原选择投江殉国的归宿，颇不以为然，说"所贵圣之神德兮，远浊世而自藏"。

‖ 赏　析 ‖

莫让廊庙之才"步尘埃"

——重读《七律·咏贾谊》

《七律·咏贾谊》是毛泽东关于贾谊的又一首诗作，与另一首

《七绝·贾谊》一样，也是最早公开发表于中央文献出版社 1996 年 9 月出版的《毛泽东诗词集》，收入"副编"中，亦没有标明创作时间，一般认为与《七绝·贾谊》是同时期作品，均为新中国成立后毛泽东读史时有感而作。

这首七律与另一首七绝虽然体裁上不同，但内容上相互补充、相映成趣，共同反映了诗人毛泽东对贾谊的评价以及由此引发的对人才问题的深刻思考。只不过，这首七律侧重对贾谊的咏叹，并由此延伸到对人才选用问题的思考，而另一首七绝则侧重对贾谊进行兼有赞誉、惋惜、批评的综合性的评价，并由此落脚到个人应该如何看待自己的才华问题的思考。

首联"少年倜傥廊庙才，壮志未酬事堪哀"，概述贾谊的杰出才华和壮志未酬的遭遇。据史书记载，贾谊 18 岁时就因学识渊博、文采出众而为郡人所称道，21 岁时被汉文帝任命为博士，步入廊庙，成为汉文帝的智囊和参谋。由于每逢汉文帝询问，贾谊往往能提出富有远见和建设性的意见，因此很快被破格提拔为太中大夫，可谓年少得志、意气风发。但是，贾谊的超众才华遭到了一些权臣的嫉妒，特别是他向汉文帝提出的一些改革建议更是招致一些守旧势力的不满，他们联合起来攻击和诋毁贾谊，汉文帝受到了影响，遂贬贾谊为长沙太傅。几年后，贾谊被汉文帝召回长安拜为梁怀王太傅，然其后因梁怀王堕马而亡之事伤心、自责不已，终至壮志未酬、英年早逝。贾谊这样的遭遇实在是令人悲哀惋惜！

颔联"胸罗文章兵百万，胆照华国树千台"，是对首联出句的具体展开，从其政治创见细论贾谊确乃廊庙之才。贾谊满腹经纶、胸有锦绣，在其政论和史论《过秦论》、《治安策》、《论积贮疏》等著作中，提出了一系列治国策略和改革建议，比如，在社会治理政策上，指出秦朝二世而亡的主要原因在于"仁义不施",故而必须实行仁政;在经济政策上,指出农业是"富安天下"之本,因此要重视农业生产,以增加积贮;在政治体制上,提出"欲天下之治安,莫若众建诸侯而少其力"的建议,主张设置"千台",分封更多的诸侯国,以削弱实力大的诸侯国、加强中央集权;在外交政策上,主张改变对匈奴的怀柔政策,采取强硬的抵御和制服政策。这些政策主张,虽然没有得到汉文帝采纳,但基本上被此后的汉景帝、汉武帝等所采纳,对汉朝历史乃至整个中国历史的发展产生了深远影响。贾谊的政治远见颇为毛泽东所看重,特别是其《治安策》,毛泽东更是给予"两汉一代最好的政论"的高度评价。

颈联"雄英无计倾圣主,高节终竟受疑猜",是对首联对句的具体展开,阐述贾谊壮志未酬的悲哀。在一些权臣和守旧势力的攻击和中伤下,贾谊没有办法和计策再得到汉文帝的宠信,虽富有才华且高风亮节却究竟受到汉文帝的猜忌和疑虑。也正是因为如此,贾谊胸中郁闷,背负了极大的心理压力,终于,梁怀王堕马而亡这么一件寻常事却成了压垮他的最后一根稻草,由此悲伤过度,溘然而逝。

尾联"千古同惜长沙傅,空白汨罗步尘埃",是对前面三联诗意的进一步生发,在指出后世对贾谊人生际遇的惋惜的同时,实际上暗含了对人才选用问题的深邃思考。这一联的出句,意思清晰明了,意在说明贾谊去世后的两千多年间,人们无不为其遭遇同情和惋惜;但关于对句的意思,学界多理解为,贾谊徒然地凭吊评论屈原投汨罗江而亡并颇不以为然,但他最后还是步了屈原后尘,忧郁哀伤而去。然而,笔者以为,如果对此句的理解仅限于此,则并未探得诗人深意。在笔者看来,此联出句与对句在语意上不是递进关系,而是转折关系,意在强调千古以来人们都在惋惜贾谊,但也只是徒然地说说他步了屈原后尘而已。此联弦外之音是，人们不应只是空洞地泛泛地惋惜一通、评说一番，而应由此有所镜鉴、有所思考，特别是对于为政者而言，尤其要以贾谊之例为鉴，在选人用人上下一番真功夫，正确识才选才用才爱才，使人尽其才、才尽其用，充分发挥人才的作用。

人才是治国理政的第一资源，任何事业的发展都离不开人才的支撑。而同样，人才的发现并发挥作用，也离不开良好的选人用人环境。存在着人才却令人才遭到无视，得不到选用，是巨大浪费；发现了人才却用非其所，人才之才得不到充分发挥，同样是巨大浪费。像贾谊这样的廊庙之才，落得"壮志未酬""步尘埃"的结局，既有其个人认识和格局的局限问题，更有人才成长和发挥作用的外部环境的束缚问题。如果有识才选才用才爱才的顺畅机制，形成有利于人才成长和进步的外部环境，或许贾谊的悲剧就不会发生了。

新中国的成立开启了中国历史发展的新纪元，也标志着中国共产党领导中国人民在摧枯拉朽打碎一个旧世界的基础上，开始投入到建设一个新世界的伟大奋斗中。随着大规模社会主义建设的展开，对各方面人才的需求越来越迫切，人才选用的重要性也愈发凸显。每当读到贾谊怀才不遇的历史时，毛泽东自然会思古怀今，有所感慨，有所思考。基于这样的角度来分析，建立识才选才用才爱才的顺畅机制，使各方面人才不断涌现，形成选贤与能、人尽其才、才尽其用、用得其所的生动局面，莫让人才怀才不遇、报国无门，这应该是毛泽东创作《七律·咏贾谊》的深层用意所在。

（高长武）

附 录

致臧克家等^①

（一九五七年一月十二日）

克家同志和各位同志：

　　惠书早已收到，迟复为歉！遵嘱将记得起来的旧体诗词，连同你们寄来的八首，一共十八首，抄寄如另纸，请加审处。

　　这些东西，我历来不愿意正式发表，因为是旧体，怕谬种流传，贻误青年；再则诗味不多，没有什么特色。既然你们以为可以刊载，又可为已经传抄的几首改正错字，那末，就照你们的意见办吧。

　　《诗刊》出版，很好，祝它成长发展。诗当然应以新诗为主体，旧诗可以写一些，但是不宜在青年中提倡，因为这种体裁束缚思想，又不易学。这些话仅供你们参考。

　　同志的敬礼！

毛泽东

一九五七年一月十二日

‖ 注　释 ‖

　　① 这是毛泽东同志写给《诗刊》主编臧克家同志和其他编委的信。这封信连同作者十八首诗词一并在 1957 年 1 月 25 日出版的《诗刊》创刊号上发表。《诗刊》的《编后记》里说：

　　"这一期，我们发表了毛泽东主席交给我们的十八首旧体诗词和关于诗的一封信……"

"这十八首诗词，大部分是近作和未发表过的作品，其中有几首旧作曾在一些报刊出版物中发表过，另外有几首则经过传抄，也已经广泛地流传。但在那些报刊出版物上发表时，在传抄时，大都出现过一些错字。这一次，我们发表的是经过毛主席亲手校订了的。"

"毛主席给编委的信，我们在征得他的同意后，同他的作品一起发表在创刊号上。这封信对于新诗、旧体诗词，新诗和旧体诗词的关系，表示了明确的意见。这封信，对于我们的诗歌运动、诗歌创作，都是极为重要的。"

"我们相信，这些诗词和来信的发表，在我们的生活和斗争中，在我们的文学事业中所要发生的深刻的影响，将是不可估量的。"

致李淑一

（一九五七年五月十一日）

淑一同志：

惠书收到。过于谦让了。我们是一辈的人，不是前辈后辈关系，你所取的态度不适当，要改。已指出"巫峡"，读者已知所指何处，似不必再出现"三峡"字面。大作①读毕，感慨系之。开慧所述那一首②不好，不要写了吧。有《游仙》一首为赠。这种游仙，作者自己不在内，别于古之游仙诗。但词里有之，如咏七夕之类。我失骄杨君失柳，杨柳轻飏直上重霄九。问讯吴刚何所有，吴刚捧出桂花酒。　　寂寞嫦娥舒广袖，万里长空且为忠魂舞。忽报人间曾伏虎，泪飞顿作倾盆雨。

暑假或寒假你如有可能，请到板仓代我看一看开慧的墓。此外，你如去看直荀的墓的时候，请为我代致悼意。你如见到柳午亭③先生时，请为我代致问候。午亭先生和你有何困难，请告。

为国珍摄！

毛泽东

一九五七年五月十一日

‖ 注　释 ‖

① 指李淑一作的《菩萨蛮·惊梦》词："兰闺索寞翻身早，夜来

触动离愁了。底事太难堪，惊侬晓梦残。　　征人何处觅？六载无消息。醒忆别伊时，满衫清泪滋。"

② 指《虞美人·枕上》。

③ 柳午亭是柳直荀之父。

读范仲淹①两首词的批语

（一九五七年八月一日）

　　词有婉约、豪放两派，各有兴会，应当兼读。读婉约派久了，厌倦了，要改读豪放派。豪放派读久了，又厌倦了，应当改读婉约派。我的兴趣偏于豪放，不废婉约。婉约派中有许多意境苍凉而又优美的词。范仲淹的上两首，介于婉约与豪放两派之间，可算中间派吧；但基本上仍属婉约，既苍凉又优美，使人不厌读。婉约派中的一味儿女情长，豪放派中的一味铜琶铁板②，读久了，都令人厌倦的。人的心情是复杂的，有所偏但仍是复杂的。所谓复杂，就是对立统一。人的心情，经常有对立的成分，不是单一的，是可以分析的。词的婉约、豪放两派，在一个人读起来，有时喜欢前者，有时喜欢后者，就是一例。睡不着，哼范词，写了这些。江青看后，给李讷看一看。

一九五七年八月一日

‖注　释‖

　　① 范仲淹（989—1052），字希文，北宋吴县（今江苏苏州）人。历任陕西经略副使、参知政事、河东陕西宣抚使等。他是北宋著名的政治家、文学家、军事家。

　　② 铜琶铁板，相传宋苏轼问歌者："我词比柳（永）词何如？"对曰："柳中郎词只好十七八女儿执红牙拍板，歌'杨柳岸晓风残

月'；学士词，须关西大汉抱铜琵琶，执铁绰板，唱'大江东去'。"
见宋俞文豹《吹剑续录》。

◎ **附：范仲淹词二首**

苏幕遮

碧云天，黄叶地，秋色连波，波上寒烟翠。山映斜阳天接水，芳草无情，
更在斜阳外。　　黯乡魂，追旅思，夜夜除非，好梦留人睡。明月楼高
休独倚。酒入愁肠，化作相思泪。

渔家傲

塞下①秋来风景异，衡阳雁去无留意。四面边声②连角③起。千嶂里，
长烟落日孤城闭。　　浊酒一杯家万里，燕然未勒④归无计。羌管悠悠
霜满地。人不寐，将军白发征夫泪。

‖ 附诗注释 ‖

① 塞（sài）下，指西北边地。
② 指边地的军号声等。
③ 军中的号角声，即军号声。古代用角作军号。
④ 燕然山，即今蒙古国的杭爱山。据《后汉书·窦宪传》，窦宪
出击匈奴，登燕然山，刻石纪功而还。勒，刻石。这里指大功未成。

致胡乔木

（一九五八年七月一日）

乔木同志：

　　睡不着觉，写了两首宣传诗 ①，为灭血吸虫而作。请你同《人民日报》文艺组同志商量一下，看可用否？如有修改，请告诉我。如可以用，请在明天或后天《人民日报》上发表，不使冷气。灭血吸虫是一场恶战。诗中坐地、巡天、红雨、三河之类，可能有些人看不懂，可以不要理他。过一会，或须作点解释。

毛泽东

七月一日

‖ 注　释 ‖

　　① 指《七律二首·送瘟神》。

《七律二首·送瘟神》后记

（一九五八年七月一日）

六月三十日《人民日报》发表文章说：余江县基本消灭了血吸虫，十二省、市灭疫大有希望。我写了两首宣传诗，略等于近来的招贴画，聊为一臂之助。就血吸虫所毁灭我们的生命而言，远强于过去打过我们的任何一个或几个帝国主义。八国联军，抗日战争，就毁人一点来说，都不及血吸虫。除开历史上死掉的人以外，现在尚有一千万人患疫，一万万人受疫的威胁。是可忍，孰不可忍？然而今之华佗们在早几年大多数信心不足，近一二年干劲渐高，因而有了希望。主要是党抓起来了，群众大规模发动起来了。党组织，科学家，人民群众，三者结合起来，瘟神就只好走路了。

致周世钊

（一九五八年十月二十五日）

惇元兄：

赐书收到，十月十七日的，读了高兴。受任新职，不要拈轻怕重，而要拈重鄙轻。古人有云：贤者在位，能者在职，二者不可得而兼。我看你这个人是可以兼的。年年月月日日时时感觉自己能力不行，实则是因为一不甚认识自己；二不甚理解客观事物——那些留学生们，大教授们，人事纠纷，复杂心理，看不起你，口中不说，目笑存之，如此等类。这些社会常态，几乎人人要经历的。此外，自己缺乏从政经验，临事而惧，陈力而后就列，这是好的。这些都是实事，可以理解的。我认为聪明、老实二义，足以解决一切困难问题。这点似乎同你谈过。聪谓多问多思，实谓实事求是。持之以恒，行之有素，总是比较能够做好事情的。你的勇气，看来比过去大有增加。士别三日，应当刮目相看了。我又讲了这一大篇，无非加一点油，添一点醋而已。坐地日行八万里，蒋竹如讲得不对，是有数据的。地球直径约一万二千五百公里，以圆周率三点一四一六乘之，得约四万公里，即八万华里。这是地球的自转（即一天时间）里程。坐火车、轮船、汽车，要付代价，叫做旅行。坐地球，不付代价（即不买车票），日行八万华里，问人这是旅行吗，答曰不是，我一动也没有动。真是岂有此理！囿于习俗，迷信未除。完全的日常生活，许多人却以为怪。巡天，即谓我们这个太阳系（地球在内）每日每时都在银河系里穿来穿去。银河一河也，河则无限，"一千"言其多而已。我们人类只是"巡"在一条河中，"看"则可以无数。牛郎晋人，血吸虫病，蛊病，俗名鼓胀病，周秦汉累见书传，牛郎自然关心他的乡人，要问瘟神情况如何了。大熊星座，俗名牛郎星（是否记错了？），属银河系。① 这些解释，请向竹如道之。有不同意见，可以辩论。十一月我不一定在京，不见也可吧！

毛泽东
一九五八年十月二十五日

‖ 注　释 ‖

　　① 牛郎星不属大熊星座，它是天鹰星座中的 α 星。大熊星座中的星和牛郎星都属银河系。

在《毛主席诗词十九首》上的批注*

（一九五八年十二月二十一日）

一

我的几首歪词，发表以后，注家蜂起，全是好心。一部分说对了，一部分说得不对，我有说明的责任。一九五八年十二月，在广州，见文物出版社一九五八年九月刊本，天头甚宽，因而写了下面的一些字，谢注家，兼谢读者。鲁迅①一九二七年在广州，修改他的《古小说钩沉》，然后说道：于时云海沉沉，星月澄碧，饕蚊遥叹，予在广州。②从那时到今天，三十一年了，大陆上的饕蚊灭得差不多了，当然，革命尚未全成，同志仍须努力。港台一带，饕蚊尚多，西方世界，饕蚊成阵。安得起全世界各民族千百万愚公，用他们自己的移山办法，把蚊阵一扫而空，岂不伟哉！试仿陆放翁③曰：人类今娴上太空，但悲不见五洲同。愚公尽扫饕蚊日，公祭无忘告马翁。

毛泽东

一九五八年十二月二十一日上午十时

---

*这是毛泽东在文物出版社 1958 年 9 月刻印的大字本《毛主席诗词十九首》的书眉上写的批注。其中二至十三，已分别采录到本集有关诗词的注释中，标为"作者自注自解"。

二

击水：游泳。那时初学，盛夏水涨，几死者数。一群人终于坚持，直到隆冬，犹在江中。当时有一篇诗，都忘记了，只记得两句：自信人生二百年，会当水击三千里。④

三

心潮：一九二七年，大革命失败的前夕，心情苍凉，一时不知如何是好，这是那年的春季。夏季，八月七号，党的紧急会议，决定武装反抗，从此找到了出路。⑤

四

踏遍青山人未老：一九三四年，形势危急，准备长征，心情又是郁闷的。这一首《清平乐》，如前面那首《菩萨蛮》一样，表露了同一的心境。⑥

五

万里长征，千回百折，顺利少于困难不知有多少倍，心情是沉郁的。过了岷山，豁然开朗，转化到了反面，柳暗花明又一村了。以下诸篇，反映了这一种心情。⑦

六

水拍：改浪拍。这是一位不相识的朋友建议如此改的，他说不要一篇内有两个浪字，是可以的。

三军：红军一方面军，二方面军，四方面军。不是海、陆、空三军，也不是古代晋国所谓上军、中军、下军的三军。⑧

七

苍龙：蒋介石，不是日本人。因为当前全副精神要对付的是蒋不是日。⑨

八

昆仑：主题思想是反对帝国主义，不是别的。改一句：一截留中国，改为一截还东国。忘记了日本人是不对的。这样，英、美、日都涉及了。别的解释，不合实际。⑩

九

雪：反封建主义，批判二千年封建主义的一个反动侧面。文采、风骚、大雕，只能如是，须知这是写诗啊！难道可以谩骂这一些人们吗？别的解释是错的。末三句，是指无产阶级。⑪

十

三十一年：一九一九年离开北京，一九四九年还到北京。

旧国：国之都城。不是 State，也不是 Country。⑫

十一

乐奏：这里误植为奏乐，应改。⑬

十二

长沙水：民谣：常德德山山有德，长沙沙水水无沙。所谓长沙水，地在长沙城东，有一个有名的"白沙井"。

武昌鱼：三国孙权一度从京口（镇江）迁都武昌，官僚、绅士、地主及其他富裕阶层不悦，反对迁都，造作口号云：宁饭扬州水，不食武昌鱼。那时的扬州人心情如此。现在变了，武昌鱼是颇有味道的。⑭

十三

上下两韵，不可改，只得仍之。⑮

‖ 注 释 ‖

① 鲁迅，见《七绝二首·纪念鲁迅八十寿辰》注。

② 毛泽东引用鲁迅的这句话，是凭记忆写的。鲁迅 1927 年在广州编校《唐宋传奇集》，作《序例》，文末题记说："时大夜弥天，璧月澄照，饕蚊遥叹，余在广州。"《唐宋传奇集》上册于 1927 年 12 月由北新书局出版，下册于 1928 年 2 月出版。

③ 指仿陆游《示儿》诗："死去元知万事空，但悲不见九州同。王师北定中原日，家祭无忘告乃翁。"

④ 这是对《沁园春·长沙》的批注。

⑤ 这是对《菩萨蛮·黄鹤楼》的批注。

⑥ 这是对《清平乐·会昌》的批注。《菩萨蛮》，指《菩萨蛮·大柏地》。

⑦ 这是对《忆秦娥·娄山关》的批注。"以下诸篇"，指《十六字令三首》（此篇在《毛主席诗词十九首》中排在《忆秦娥·娄山关》之后）、《七律·长征》《念奴娇·昆仑》《清平乐·六盘山》。

⑧ 这是对《七律·长征》的批注。

⑨ 这是对《清平乐·六盘山》的批注。

⑩ 这是对《念奴娇·昆仑》的批注。

⑪ 这是对《沁园春·雪》的批注。

⑫ 这是对《七律·和柳亚子先生》的批注。

⑬ 这是对《浣溪沙·和柳亚子先生》的批注。

⑭ 这是对《水调歌头·游泳》的批注。这条批注有误记，据《三国志·吴书》记载，吴主孙皓一度从建业迁都武昌，反对迁都者造的

童谣说："宁饮建业水，不食武昌鱼。"

⑮ 这是对《蝶恋花·答李淑一》的批注。"上下两韵"，指本词的韵脚字"柳、九、有、酒、袖"与"舞、虎、雨"不同韵。

致胡乔木

（一九五九年九月七日）

乔木同志：

诗两首①，请你送给郭沫若同志一阅，看有什么毛病没有？加以笔削，是为至要。主题虽好，诗意无多，只有几句较好一些的，例如"云横九派浮黄鹤"之类。诗难，不易写，经历者如鱼饮水，冷暖自知，不足为外人道也。

毛泽东

九月七日

‖ 注　释 ‖

① 指毛泽东 1959 年 6 月写的《七律·到韶山》和同年 7 月写的《七律·登庐山》。

致胡乔木

（一九五九年九月十三日）

乔木同志：

沫若同志两信都读，给了我启发。两诗^①又改了一点字句，请再送陈^②沫若一观，请他再予审改，以其意见告我为盼！

毛泽东

九月十三日早上

"霸主"指蒋介石。这一联写那个时期的阶级斗争。通首写三十二年的历史。

‖ 注 释 ‖

① 指毛泽东 1959 年 6 月写的《七律·到韶山》和同年 7 月写的《七律·登庐山》。

② 送陈，即送予、送给。陈，唐颜师古注引东汉应劭曰："陈，施也。"《广雅·释诂三》："施，予也。"

《词六首》①引言

（一九六二年四月）

　　这六首词，年深日久，通忘记了。《人民文学》编辑部搜集起来，要求发表，因以付之。②回忆了一下，这些词是在一九二九至一九三一年在马背上哼成的。文采不佳，却反映了那个时期革命人民群众和革命战士们的心情舒快状态，作为史料，是可以的。

‖ 注　释 ‖

　　①《词六首》指《清平乐·蒋桂战争》《采桑子·重阳》《减字木兰花·广昌路上》《蝶恋花·从汀州向长沙》《渔家傲·反第一次大"围剿"》《渔家傲·反第二次大"围剿"》。引言是作者原为这六首词在《人民文学》1962 年 5 月号上发表而写的，后未发，改刊一则较短的，全文为："这六首词，是一九二九年——一九三一年在马背上哼成的，通忘记了。《人民文学》编辑部的同志们搜集起来寄给了我，要求发表。略加修改，因以付之。"

　　② 1962 年 1 月 15 日，《人民文学》编辑部给毛泽东主席的信中说"最近我们辗转搜寻，找到了您的几首诗词。正因为是辗转搜寻到的，所以不知是否有无讹误，也不知您是否愿意将其发表，或者是不是还需要修改，因此抄寄一份给您，请您指示，并请注上题目和写作年月"。

《忆秦娥·娄山关》的写作背景 *

（一九六二年五月）

我对于《娄山关》这首词作过一番研究，初以为是写一天的事。后来又觉得不对，是在写两次的事，头一阕一次，第二阕一次。我曾在广州文艺座谈会^①上发表了意见，主张后者（写两次的事），而否定前者（写一天），可是我错了。这是作者告诉我的。一九三五年一月党的遵义会议以后，红军第一次打娄山关，胜利了，企图经过川南，渡江北上，进入川西，直取成都，击灭刘湘^②，在川西建立根据地。但是事与愿违，遇到了川军的重重阻力。红军由娄山关一直向西，经过古蔺、古宋诸县打到了川滇黔三省交界的一个地方，叫做"鸡鸣三省"，突然遇到了云南军队的强大阻力，无法前进。中央政治局开了一个会，立即决定循原路反攻遵义，出敌不意，打回马枪，这是当年二月。在接近娄山关几十华里的地点，清晨出发，还有月亮，午后二三时到达娄山关，一战攻克，消灭敌军一个师，这时已近黄昏了。乘胜直追，夜战遵义，又消灭敌军一个师。此役共消灭敌军两个师，重占遵义。词是后来追写的，那天走了一百多华里，指挥作战，哪有时间和精力去哼词呢？南方有好多个省，

---

　　* 1962 年《人民文学》准备在五月号发表毛泽东的《词六首》，郭沫若应约于 5 月 1 日撰写了《喜读毛主席〈词六首〉》一文。5 月 9 日，郭沫若将该文清样送毛泽东审改。毛泽东阅后将这篇文章中关于《忆秦娥·娄山关》写作背景的一段话全部删去，以郭沫若的口吻重新写了本篇的文字。由于时间紧迫，毛泽东的这段改文未能交给郭沫若和《人民文学》，所以当时《人民文学》发表的仍是郭沫若的原稿。毛泽东这段改文，直到 1991 年 12 月 26 日才首次在《人民日报》上发表。

冬天无雪，或多年无雪，而只下霜，长空有雁，晓日不甚寒，正像北方的深秋，云贵川诸省，就是这样。"苍山如海，残阳如血"两句，据作者说，是在战争中积累了多年的景物观察，一到娄山关这种战争胜利和自然景物的突然遇合，就造成了作者自以为颇为成功的这两句话。由此看来，我在广州座谈会上所说的一段话，竟是错了。解诗之难，由此可见。

‖ 注　释 ‖

① 指 1962 年 2 月初在广州召开的诗歌座谈会。

② 刘湘，1933 年任国民党军四川"剿匪"总司令部总司令，1934 年并任国民党四川省政府主席。

对《毛主席诗词》中若干词句的解释*

（一九六四年一月二十七日）

一、"怅寥廓，问苍茫大地，谁主沉浮？"

这句是指：在北伐以前，军阀统治，中国的命运究竟由哪一个阶级做主？

二、"到中流击水"。

"击水"指在湘江中游泳。当时我写的诗有两句还记得："自信人生二百年，会当水击三千里。"那时有个因是子（蒋维乔），提倡一种静坐法。

三、"山下旌旗在望，山头鼓角相闻。"

"旌旗"和"鼓角"都是指我军。黄洋界很陡，阵地在山腰，指挥在山头，敌人仰攻。山下并没有都被敌人占领，没有严重到这个程度。"旌旗在望"，其实没有飘扬的旗子，都是卷起的。

四、"一枕黄粱再现"。

指军阀的黄粱梦。

五、"国际悲歌歌一曲"。

"悲"是悲壮之意。

六、"枯木朽株齐努力。枪林逼，飞将军自重霄入。"

"枯木朽株"，不是指敌方，是指自己这边，草木也可帮我们忙。"枪

---

* 1963 年《毛主席诗词》出版后，外国文书籍出版局立即组织翻译出版英译本。1964 年 1 月，毛泽东应英译者的请求，就自己诗词中的一些词句，一一作了口头解释。这是根据英译者当时对毛泽东答复所作记录的要点整理的。

林逼"也是指自己这边。"枪林逼，飞将军自重霄入"是倒装笔法，就是："飞将军自重霄入，枪林逼。"

七、"莫道君行早"。

"君行早"的"君"，指我自己，不是复数，要照单数译。会昌有高山，天不亮我就去爬山。

八、"离天三尺三"。

这是湖南常德的民谣。

九、"西风烈，长空雁叫霜晨月。……雄关漫道真如铁，而今迈步从头越。"

这首词上下两阕不是分写两次攻打娄山关，而是写一次。这里北有大巴山，长江、乌江之间也有山脉挡风，所以一二月也不太冷。"雁叫"、"霜晨"，是写当时景象。云贵地区就是这样，昆明更是四季如春。遵义会议后，红军北上，准备过长江，但是遇到强大阻力。为了甩开敌军，出敌不意，杀回马枪，红军又回头走，决心回遵义，结果第二次打下了娄山关，重占遵义。过娄山关时，太阳还没有落山。

十、"五岭逶迤腾细浪，乌蒙磅礴走泥丸。"

把山比作"细浪"、"泥丸"，是"等闲"之意。

十一、"天若有情天亦老"。

这是借用李贺的句子。与人间比，天是不老的。其实天也有发生、发展、衰亡。天是自然界，包括有机界，如细菌、动物。自然界、人类社会，一样有发生和灭亡的过程。社会上的阶级，有兴起，有灭亡。

十二、"一片汪洋都不见，知向谁边？"

是指渔船不见。

十三、"泪飞顿作倾盆雨"。

是指高兴得掉泪。

十四、"坐地日行八万里，巡天遥看一千河。"

人坐在地球这颗行星上，不要买票，在宇宙里旅行。地球自转的里数，就是人旅行的里数。地球直径为一万二千七百多公里，乘以圆周率，即赤道长，约四万公里，再折合成华里，约八万里。人在二十四小时内走了八万里。

十五、"牛郎欲问瘟神事"。

牛郎织女是晋朝人的传说。

十六、"红雨随心翻作浪，青山着意化为桥。"

"红雨"指桃花。写这句是为下句创造条件。"青山着意化为桥"，指青山穿洞成为桥。这两句诗有水有桥。

十七、"别梦依稀咒逝川，故园三十二年前。……黑手高悬霸主鞭。"

"咒逝川"、"三十二年前"，指大革命失败，反动派镇压了革命。这里的"霸主"，就是指蒋介石。

十八、"冷眼向洋看世界"。

"冷眼向洋"就是"横眉冷对"。

十九、"云横九派浮黄鹤"。

"黄鹤"不是指黄鹤楼。"九派"指这一带的河流，是长江的支流。明朝李攀龙有一首送朋友的诗《怀明卿》："豫章西望彩云间，九派长江九叠山。高卧不须窥石镜，秋风憔悴侍臣颜。"李攀龙是"后七子"之一。明朝也有好诗，但《明诗综》不好，《明诗别裁》好。

二十、"浪下三吴起白烟"。

"白烟"为水。

二十一、"陶令不知何处去，桃花源里可耕田？"

陶渊明设想了一个名为桃花源的理想世界，没有租税，没有压迫。

二十二、《七律·答友人》的"友人"指谁？

"友人"指周世钊。

二十三、"九嶷山上白云飞。"

"九嶷山",即苍梧山,在湖南省南部。

二十四、"红霞万朵百重衣"。

"红霞",指帝子衣服。

二十五、"洞庭波涌连天雪"。

"洞庭波",取自《楚辞》中的《九歌·湘夫人》:"洞庭波兮木叶下"。

二十六、"长岛人歌动地诗"。

"长岛"即水陆洲,也叫橘子洲,长沙因此得名,就像汉口因在汉水之口而得名一样。

二十七、"芙蓉国里尽朝晖"。

"芙蓉国",指湖南,见谭用之诗"秋风万里芙蓉国"。"芙蓉"是指木芙蓉,不是水芙蓉,水芙蓉是荷花。谭诗可查《全唐诗》。

二十八、"暮色苍茫看劲松,乱云飞渡仍从容。"

是云从容,不是松从容。

二十九、"僧是愚氓犹可训,妖为鬼蜮必成灾。"

郭沫若原诗针对唐僧。应针对白骨精。唐僧是不觉悟的人,被欺骗了。我的和诗是驳郭老的。

三十、"蚂蚁缘槐夸大国"。

"大槐安国"是汤显祖《南柯记》里的故事。

三十一、"正西风落叶下长安,飞鸣镝。"

"飞鸣镝"指我们的进攻。"正西风落叶下长安",虫子怕秋冬。形势变得很快,那时是"百丈冰",而现在正是"四海翻腾云水怒,五洲震荡风雷激"了。从去年起,我们进攻,九月开始写文章,一评苏共中央的公开信。

三十二、"天地转，光阴迫。一万年太久，只争朝夕。"

你要慢，我就要快，反其道而行之。你想活一万年？没有那么长。我要马上见高低，争个明白，不容许搪塞。但其实时间在我们这边，"只争朝夕"，我们也没有那么急。

致陈毅

（一九六五年七月二十一日）

陈毅同志：

你叫我改诗，我不能改。因我对五言律，从来没有学习过，也没有发表过一首五言律。你的大作，大气磅礴。只是在字面上（形式上）感觉于律诗稍有未合。因律诗要讲平仄，不讲平仄，即非律诗。我看你于此道，同我一样，还未入门。我偶尔写过几首七律，没有一首是我自己满意的。如同你会写自由诗一样，我则对于长短句的词学稍懂一点。剑英善七律，董老善五律，你要学律诗，可向他们请教。

西 行

万里西行急，乘风御太空。
不因鹏翼展，哪得鸟途通。
海酿千钟酒，山裁万仞葱。
风雷驱大地，是处有亲朋。

只给你改了一首，还很不满意，其余不能改了。

又诗要用形象思维，不能如散文那样直说，所以比、兴两法是不能不用的。赋也可以用，如杜甫之《北征》，可谓"敷陈其事而直言之也"，然其中亦有比、兴。"比者，以彼物比此物也"，"兴者，先言他物以引起所咏之词也"。韩愈以文为诗；有些人说他是完全不知诗，则未免太过，如《山石》,《衡岳》,《八月十五酬张功曹》之类，还是可以的。据此可以知为诗之不易。宋人多数不懂诗是要用形象思维的，一反唐人规律，所以味同嚼蜡。以上随便谈来，都是一些古典。要作今诗，则要用形象思维方法，反映阶级斗争与生产斗争，古典绝不能要。但用白话写诗，几十年来，迄无成功。民歌中倒是有一些好的。将来趋势，很可能从民歌中吸引养料和形式，发展成为一套吸引广大读者的新体诗歌。又李白只有很少几首律诗，李贺除有很少几首五言律外，七言律他一首也不写。李贺诗很值得一读，不知你有兴趣否？

祝好！

毛泽东

一九六五年七月二十一日

编后记

　　毛泽东，中国人民注定无法淡忘的一个名字，他的革命理想、个性气质，沉淀出独特的诗词意气，凝聚成一个又一个说不完道不尽的话题。读懂毛泽东诗词，才能真正读懂毛泽东。

　　《重读毛泽东诗词》的出版，是新时代背景下对毛泽东诗词进行的新阐释、新表达，既有助于人们理解其中蕴含的丰富意象与深刻哲理，也能够使人们对中华优秀传统文化与红色革命文化共同承载的时代精神、中国智慧有更加深刻的认识。

　　二十世纪以来，文化界围绕毛泽东诗词开展的传播、普及、研究工作，累积了一批著作成果。在这个过程中，涌现出许多有代表性的毛泽东诗词赏析著作。其中，由臧克家讲解、周振甫作注的《毛主席诗词十八首讲解》（1957 年 10 月初版，1958 年增订出版时更名为《毛主席诗词讲解》），采用"注释""讲解"的体例，开了毛泽东诗词解读版本的先河；1963 年，人民文学出版社出版了《毛主席诗词》，与此同时，文物出版社以集宋版书字体出版了《毛主席诗词三十七首》线装本，两个出版社的诗词集内容相同，一般统称为"六三年版"，这是毛泽东亲自编定的诗词集版本；1986 年，在胡乔木同志亲自指导下，由中共中央文献研究室编注、人民文学出版社出版的《毛泽东诗词选》，对六三年版（1976年《毛主席诗词三十七首》再版时，已将原三十七首增补为三十九首）增补至五十首；1996 年，中共中央文献研究室编注、中央文献出版社出版的《毛泽东诗词集》，将所收诗词增至六十七首。进入二十一世纪后，中华书局版《毛泽东诗词欣赏》面世，系周振甫所著，对《毛泽东诗词集》收录的六十七首诗词作了欣赏，并对附录部分的书信、批语、引言、后记、谈话等作了简注。中共中央文献研究室、人民文学出版社分别推出《毛泽东诗词全编鉴赏》以及《毛泽东诗词全编鉴赏（增订本）》，前者在六十七首版的基础上，以附录的形式增收了五首七律，后者进一步增补了六首毛泽东诗词，使得收录诗词达到七十八首。

这本《重读毛泽东诗词》，以较为经典的中共中央文献研究室《毛泽东诗词集》（六十七首版）为底本，延用了【正编】【副编】【附录】的体例结构，【正编】四十二首诗词，【副编】二十五首诗词，均按创作时间顺序进行编排，【附录】收录了书信、批语（注）、后记、引言、谈话等。

本书能够顺利问世，离不开毛新宇、刘滨伉俪的热情关怀与鼎力支持。毛新宇对本书进行了全面审定，并向编辑部提供了珍贵的毛主席生平影像资料。

本书对应诗词作品的赏析文章，经中国毛泽东诗词研究会牵头，由国内从事毛泽东思想及诗词研究、中共党史研究、古典文学研究的 11 位专家学者撰写而成。他们分别是：中国毛泽东诗词研究会会长陈晋，副会长李琦、汪建新，常务理事高长武、陈东林，理事钟波、董晓彤、李雨檬；北京师范大学文学院教授、博士生导师康震，北京师范大学文学院副教授谢琰，南京师范大学教授、清华大学特聘教授、中国韵文学会原会长钟振振。

为了让广大读者更充分地、沉浸式地领略毛泽东诗词的传承价值与文化魅力，我们联合中国传媒大学播音主持艺术学院全力邀请了国内播音主持界老中青三代名家，为毛泽东诗词的诵读献声。他们分别是（按姓氏音序排列）：葛兰、金北平、敬一丹、李洪岩、李修平、刘鹏、冉迪、瞿弦和、肖玉、杨波、姚喜双、张筠英、赵俐。此外，还特邀中国文化研究会秘书长、音乐家冼凡女士担任音乐指导。

　　在此，谨向以上各位专家学者和艺术家的大力支持表示最真挚的感谢！

　　本书力求注释精准、赏析精心、史料可靠，由于水平有限，难免存在不当或疏漏之处，希望读者朋友不吝指教，以便改正。

中华书局

2024 年 5 月